HANNO BECK/ALOYS PRINZ
ZAHLUNGSBEFEHL

HANNO BECK / ALOYS PRINZ

ZAHLUNGSBEFEHL

VON MORD-STEUERN,
KARUSSELL-GESCHÄFTEN
UND MILLIONÄRS-OASEN

HANSER

Das für dieses Buch verwendete FSC-zertifizierte Papier Munken Premium liefert Arctic Paper Mochenwangen GmbH.

Bibliografische Information der Deutschen Nationalbibliothek
Die Deutsche Nationalbibliothek verzeichnet diese Publikation in der Deutschen Nationalbibliografie; detaillierte bibliografische Daten sind im Internet über http://dnb.d-nb.de abrufbar.

1   2   3   4   5   6   13   12   11   10

© 2010 Carl Hanser Verlag München
Internet: http://www.hanser.de
Lektorat: Martin Janik
Herstellung: Ursula Barche
Umschlaggestaltung: Keitel & Knoch GbR, München
Satz: Manuela Treindl, Laaber
Druck und Bindung: Friedrich Pustet, Regensburg
Printed in Germany

ISBN 978-3-446-42343-5

Vorwort

Was haben Al Capone, Napoleon und Spaniens Königreich gemeinsam? Nicht höhere Mächte, sondern irdische Steuern wurden ihnen zum Verhängnis. Capone wanderte nicht wegen organisierter Kriminalität, sondern wegen Steuerhinterziehung hinter Gitter, Napoleon wurde von einer Steuer besiegt, und eine Steuer half dabei, das spanische Weltreich zu zerstören. Steuern waren es, die Maria und Josef nach Bethlehem trieben, Steuern waren an der Entstehung des Zölibats beteiligt, und eine Steuer war der Auslöser für die Gründung der Vereinigten Staaten von Amerika. Seit Menschen über Menschen herrschen, besteuern Menschen andere Menschen – mit Folgen von bisweilen historischen Dimensionen.

Heute, im Jahr 2010, leben wir wieder in einer solchen historischen Zeit, deren Folgen uns noch über Jahre hinweg beschäftigen werden. Und eine dieser Folgen werden wir am eigenen Leib, in der eigenen Brieftasche spüren: Mit einer Wirtschaftskrise vor Augen und einer Rekordverschuldung im Rücken wird der Staat – allen anderslautenden Bekenntnissen zum Trotz – nicht umhinkommen, seinen Bürgern tiefer in die Tasche zu greifen und die Steuern zu erhöhen.

Nur zwei Dinge im Leben sind sicher: der Tod und die Steuer. Jeder muss Steuern zahlen, zahlt Steuern, ärgert sich über Steuern. Doch das ist auch schon alles, was die meisten von uns über Steuern wissen – angesichts der vielen Milliarden, die der Staat jedes Jahr von seinen Bürgern eintreibt und in den kommenden Jahren eintreiben wird, erschreckend wenig. Die meisten von uns zahlen schicksalsergeben an den Fiskus, ohne zu fragen, warum, wieso, wofür und weshalb. Warum zahlen wir Steuern? Welche Steuern gab und gibt es? Können Steuern gerecht sein? In welchem Zustand ist das deutsche Steuerwesen, wie gerecht ist es, und was muss, was sollte, was kann man ändern? Und was erwartet den deutschen Steuerzahler in den kommenden Jahren?

Diese Fragen wollen wir in diesem Buch diskutieren und noch mehr: Wir wollen die Wege diskutieren, die wir in den kommenden Jahren werden gehen müssen. Wir wollen ohne Fachjargon und Gesetzeskauderwelsch jedem Bürger helfen, der Steuern zahlt und endlich verstehen will, was der Staat ihm jeden Tag abverlangt, der wissen möchte, wie gerecht unser Steuersystem ist und wie es aussehen müsste, um mehr Zufriedenheit, Wohlstand und Wachstum zu schaffen. Das Buch richtet sich auch an alle, die Interesse daran haben, zu erfahren, wie Wirtschaft und Politik funktionieren, wenn es um die Einnahmen des Staates geht, an alle, die das ungute Gefühl haben, dass nicht alles, was das Finanzamt tut, richtig ist, und an alle, die endlich verstehen wollen, warum sie für ihre Steuererklärung immer mehr Zeit brauchen. Nehmen Sie sich ein wenig Zeit, um zu verstehen, warum Weltreiche entstehen oder vergehen, was uns in den kommenden Jahren erwartet und was wir tun sollten.

Inhalt

1 | Zahltag oder: Auf dem Weg in den Steuerstaat

Ein ganz besonderer Tag

Der 14. Juli 2009 war ein besonderer Tag in Deutschland. Als die Uhren in den Büros, Amtsstuben, Wohnzimmern und Werkstätten des Landes 8.42 Uhr anzeigten, war es so weit: Das ganze Jahr, vom 1. Januar, null Uhr bis zu diesem 14. Juli, 8.42 Uhr hatten die deutschen Sachbearbeiter, Beamten, Selbständigen, Handwerker und alle anderen Werktätigen gearbeitet, ohne dafür einen einzigen Cent zu sehen. Erst als die Ziffernblätter und Digitalanzeigen 8.43 Uhr anzeigten, begannen die Deutschen, auf eigene Rechnung zu arbeiten – von nun an sollte bis zum Rest des Jahres alles Geld, das sie verdienen, ihnen gehören.

„Steuerzahler-Gedenktag" nennt der Bund der Steuerzahler diesen besonderen Tag: Mithilfe von volkswirtschaftlichen Statistiken lässt sich ausrechnen, wie viel der Staat vom Einkommen der Bürger und Unternehmen über Steuern und Sozialabgaben rein rechnerisch einbehält. Für das Jahr 2009 waren das 53,3 Prozent – mehr als die Hälfte der Einkommen seiner Bürger steckt der Staat ein. Mithilfe dieser Quote lässt sich der 14. Juli, 8.42 Uhr, als derjenige Zeitpunkt berechnen, bis zu dem die Steuer- und Abgabenzahler für den Staat arbeiten müssen – dann sind genau 53,3 Prozent des Jahres vorüber. Und dieser Tag ist der Steuerzahler-Gedenktag – ab diesem Tag arbeiten die Deutschen rein rechnerisch für die eigene Tasche. Von jedem Euro, den der Bürger verdient, bleiben ihm am Ende des Tages 46,7 Cent – demgegenüber fallen 20,6 Cent für Rente, Gesundheit, Arbeitslosigkeit und Pflege, 10,8 Cent für Lohn- und Einkommensteuer, 7,2 Cent für Mehrwertsteuer und 14,7 Cent für sonstige Steuern an. Kein Wunder, dass der Steuerzahler-Gedenktag erst im Juli ist.

Noch im Vorjahr lag der Steuerzahler-Gedenktag ganze sechs Tage früher, gegenüber dem Vorjahr mussten die Deutschen also rund eine Woche länger für den Staat arbeiten. Das wird sich in den kommenden Jahren nicht ändern – der Steuerzahler-Gedenktag dürfte kaum noch am 14. Juli stattfinden, die ein oder andere Woche wird sich dazugesellen, um den exzessiven Mittelbedarf des Staates zu stillen, der seit dem Jahr 2008 mit der schwersten Wirtschaftskrise der Nachkriegsgeschichte zu kämpfen hat. Milliarden Euros für die Banken, Milliarden Euros dafür, dass Bürger ihre Autos zerstören, Geld für Kurzarbeit, für Arbeitslose – mit beiden Händen haben Politiker in den vergangenen 18 Monaten das Geld rausgeworfen und die Staatsverschuldung auf neue Rekordhöhen getrieben. Dass die Finanzkrise mitten in ein Wahljahr hineinplatzte, war dabei wenig hilfreich. All diese Ausgabenexzesse müssen bezahlt werden, und dies wird über Steuern geschehen. Angesichts der enormen Belastungen, die auf die Deutschen zukommen, dürfte der Steuerzahler-Gedenktag in nicht allzu ferner Zukunft weiter in Richtung Herbst wandern. Offen ist lediglich die Frage, wie man die Steuerzahlergans mit möglichst wenig Geschrei rupft.

Doch es sind nicht nur die enormen Belastungen, die den Bürgern Kopfschmerzen mit dem Finanzamt bereiten: Das deutsche Steuersystem ist längst aus dem Ruder gelaufen, es ist in einem beklagenswerten Zustand – wäre es ein Gebäude, würde man es wegen Baufälligkeit schließen und abreißen. Im weltweiten Vergleich ist das deutsche Steuersystem weit abgeschlagen, der *Global Competitiveness Report 2009–2010* des World Economic Forum sieht das deutsche Steuersystem, was Ausmaß und der Auswirkungen der (Unternehmens-)Besteuerung angeht, auf Platz 106 von 133 Ländern. Das deutsche Steuerrecht ist hochgradig widersprüchlich, inkonsistent, intransparent und teuer. Haushalte und Unternehmen wissen ebenso wenig wie deren Steuerberater, wie hoch der Steuerbescheid ausfallen wird – Profis sagen, dass die Höhe des Steuerbescheids auch davon abhängt, bei welchem Finanzamt man seine Steuererklärung einreicht und mit welchem Fuß der Sachbearbeiter morgens aufgestanden ist. Konsistenz und Transparenz sehen anders aus.

Diese Irrungen und Wirrungen des deutschen Steuerrechts setzen sich auch auf internationaler Ebene fort: Die Ökonomen Wolfgang Kessler und Christoph Spengel haben in einer Checkliste alle Regelungen des deutschen direkten Steuerrechts zusammengestellt, die potenziell rechtswidrig sind, da sie sich nicht mit dem Europarecht vertragen. Die Liste der potenziell EG-rechtswidrigen Normen des deutschen direkten Steuerrechts umfasst sage und schreibe 47 Seiten – 47 Seiten Verwirrung, Unklarheiten und Rechtsstreitigkeiten, mehr als 250 Regelungen des deutschen Steuerrechts, von denen keiner sagen kann, ob sie rechtens sind und wie lange sie noch Bestand haben werden. Das deutsche Steuerrecht ist längst ein Steuerrecht auf Widerruf – nahezu jede Steuererklärung ist anfechtbar, immer mehr Steuerbescheide sind mit einem Vorläufigkeitsvermerk versehen oder werden angefochten.

Ein solches undurchsichtiges Steuersystem zerstört die Solidarität der Bürger: Mit der Systematik und der Übersichtlichkeit ist dem deutschen Steuerzahler jede Hoffnung geraubt, dass seine Steuern fair und gerecht sind – was er zahlt, bestimmt sich weniger durch Leistungsfähigkeit oder Inanspruchnahme staatlicher Leistungen, sondern nach der Güte des Steuerberaters oder Lohnsteuerhilfevereins, nach dem Amtssitz des zuständigen Finanzamtes, nach vielen anderen Kriterien, die nichts mit Fairness oder Gerechtigkeit zu tun haben. Besserung ist nicht in Sicht: Bisher ist jeder Ansatz zu einer Reform des Steuerrechts, jeder Versuch, es zu entschlacken und zu vereinfachen, zwischen den Mühlsteinen des parlamentarischen Betriebs pulverisiert worden. Ob der merzsche Bierdeckel oder die Kirchhof-Ideen – jeglicher Reformeifer und -wille ist an den Klippen des politischen Betriebs mit seiner unbarmherzigen Logik versteckter Wahlgeschenke zerschellt. Nichts wollen Politiker weniger als einfache und transparente Steuersysteme, die sie daran hindern, versteckte Wahlgeschenke an ihre Klientel zu verteilen.

Sind das die Aussichten für die kommenden Jahre und Jahrzehnte? Eine steigende Steuerrechnung, immer höhere Abgaben, immer undurchsichtigere Gesetze und Regelungen, die der Steuerberater nur noch mit Mühe, der Steuerzahler gar nicht mehr versteht; Steuern, die unfair und ungerecht sind? Vor der Politik liegt ein unüberwindlicher Berg von Gesetzesänderungen, Reformen, Anpassungen, Prozessen und Gerichtsentscheiden, vor den Bürgern liegen Jahre, in denen vom Brutto immer weniger Netto übrig bleibt. Kein Wunder, dass die Deutschen zur Selbsthilfe greifen und sich einem Volkssport hingeben, der so alt ist wie die Steuer selbst: Sie schummeln bei der Steuererklärung, was das Zeug hält. Wer es damit übertreibt, bekommt

Besuch zur Morgenzeit – so wie einer der einstmals mächtigsten und prominentesten Unternehmenslenker Deutschlands, den die Steuerfahndung vor die Kameras der Republik zerrte.

2 | Steuerbetrug als Volkssport

„Man kann nicht zugleich besteuern und geliebt werden."
Elisabeth I. von England

Così fan tutte – so machen es alle

Die Fahnder kamen im Morgengrauen, um kurz vor sieben, klingelten und machten kurzen Prozess. Am Ende der Blitzaktion standen Bilder, die bis in den letzten Winkel der Republik flimmerten: Klaus Zumwinkel, Chef der Deutschen Post, Aufsichtsrat in mehreren großen deutschen Unternehmen und einer der mächtigsten Wirtschaftsbosse der Republik, steigt ins Auto der Steuerfahnder und wird zum Verhör gefahren. Ein tiefer Fall, vom Vorzeigemanager zum prominentesten Steuersünder Deutschlands, der mit Schimpf und Schande durch die Medienlandschaft gejagt wird.

Später wunderte man sich, dass die Medien zeitig vor Ort waren, um die besagten Bilder zu schießen – reiner Zufall, eine unvermeidliche Panne, ein Informationsleck bei den Steuerbehörden? Möglicherweise nicht, denn die plakativen Bilder vom Post-Chef im Schwitzkasten der Steuerfahnder erfüllten – so ganz nebenbei – einen pädagogischen und politischen Zweck: Sie waren eine deutliche Drohung an alle tatsächlichen und potenziellen Steuersünder, und sie zeigten dem gemeinen Wahlvolk, dass der Arm der Steuerfahndung auch nicht vor großen Tieren Halt macht. Dass im Zuge des Zumwinkel-Steuerskandals und unter dem Eindruck solcher Bilder viele reuige Steuersünder ihr Gewissen entdeckten und Selbstanzeige erstatteten, war natürlich unbeabsichtigt – aber hochwillkommen.

Dabei ist Klaus Zumwinkel, dem man vorwirft, er habe Millionen am Finanzamt vorbeigeschleust, in bester Gesellschaft: Die Steuergeschichten und -prozesse von Deutschlands Prominenz füllen meterweise Regale mit Gerichtsakten. Da ist beispielsweise Peter Graf, der Vater der ehemaligen Weltklasse-Tennisspielerin Steffi Graf, der

1997 wegen Steuerhinterziehung von rund zwölf Millionen Mark zu einer Haftstrafe von drei Jahren und neun Monaten verurteilt wurde. Er musste die Hälfte der Strafe verbüßen, bevor er auf Bewährung wieder freikam. Dabei war der arme Peter Graf gestraft genug, wurde er doch von Boxpromoter Eberhard Thust erpresst, der dafür drei Jahre bekam. Drei Jahre packte das Gericht Herrn Thust obendrauf: für Steuerhinterziehung in 14 Fällen – nicht versteuerte Einnahmen aus Saunaklubs. Das Tennisgeschäft scheint ein guter Nährboden für Steuergeschichten zu sein: Der Berufskollege von Peter Grafs Tochter, Boris Becker, wurde vom Münchner Landgericht im Oktober 2002 wegen Steuerhinterziehung von umgerechnet 1,7 Millionen Euro zu zwei Jahren Haft auf Bewährung und einer Geldstrafe von insgesamt einer halben Million Euro verurteilt. Becker hatte Mitte der 80er-Jahre seinen Wohnsitz nach Monaco verlegt, um weniger Steuern zu zahlen. Doch obwohl er im Fürstentum gemeldet war, soll er von spätestens 1991 an seinen Lebensmittelpunkt wieder in München gehabt haben.

Aber das Tennis hat als Sportart nicht das Monopol auf Steuerhinterziehung: Da wäre beispielsweise der Springreiter Paul Schockemöhle, der 1996 wegen Steuerhinterziehung zu elf Monaten Gefängnis auf Bewährung verurteilt wurde. Außerdem musste er 22,6 Millionen Mark Steuern nachzahlen. Schockemöhle hatte mit Stiftungen in Liechtenstein experimentiert – ähnlich wie Zumwinkel. Ein fruchtbarer Boden für Steuerbetrüger ist auch das Showgeschäft: So wurde der Sänger Patrick Lindner vom Landgericht München im November 2005 zu einer Geldstrafe von 150 000 Euro wegen Steuerhinterziehung verurteilt. Der Publikumsliebling („Lasst das Licht in eure Herzen") hatte den Steuerbehörden Einnahmen von 100 000 Euro verschwiegen. Mit einem blauen Auge davongekommen war 2004 sein Berufskollege Freddy Quinn („Junge, komm bald wieder"): Der Schlagerstar hatte als seinen Wohnsitz einen Ort in der Schweiz angegeben, wohnte die meiste Zeit aber in Hamburg. So hinterzog Quinn von 1996 bis 2001 rund 900 000 Euro. Das Hamburger Landgericht verurteilte ihn zu zwei Jahren Haft auf Bewährung, außerdem musste er ein Bußgeld von 150 000 Euro zahlen. Billiger davongekommen war hingegen der Politiker Walther Leisler Kiep, der 21 Jahre lang Schatzmeister der CDU war. In der Parteispendenaffäre der CDU hatten mehrere Unionspolitiker gegenüber dem Fiskus nicht alle Einnahmen offengelegt. So wurde Kiep 2001 vom Landgericht Augsburg wegen Steuerhinterziehung zu einer Geldstrafe in Höhe von 45 000 Mark verurteilt.

Die Liste der prominenten Steuersünder lässt sich beliebig verlängern, und sie stellt den deutschen Vorzeigesportlern, -künstlern, -politikern und sonstigen Prominenten kein gutes Zeugnis aus: Was die Steuerehrlichkeit angeht, kommen sie ihrer Vorbildfunktion äußerst unangemessen nach. Kein Wunder, dass die Deutschen sich nicht lange bitten lassen, diesen Beispielen Folge zu leisten. Das Ergebnis lässt sich anhand von Zahlen festmachen, und der Befund ist klar und einfach: Die Deutschen verlieren ihre Steuermoral.

Zahlen Steuern nur die Dummen?

Ein Steuerfahnder (davon gab es in Deutschland im Jahr 2006 etwa 2 095) ist ein einträglicher Mitarbeiter für den Staat: Nach der Steuerfahndungsstatistik für das Jahr 2008 verschafften die Steuerfahndungsstellen dem Fiskus in Form von „festgesetzten Mehrsteuern" zusätzliche Einnahmen von knapp 1,4 Milliarden Euro – das sind rund 670 000 Euro pro Fahnder. Aber vermutlich ist das nur die Spitze des Eisbergs, denn die Steuerausfälle sind infolge der hohen Dunkelziffer nicht bekannt.

Hinterzogen wird quer durch alle Steuerarten. Als Star der Steuerhinterziehungsszene gilt die Umsatzsteuer; hier vermuten Experten, dass mindestens 20 Milliarden Euro pro Jahr durch Umsatzsteuerbetrug dem Fiskus verloren gehen – für 2007 waren es 575 Millionen Euro, die Steuerfahnder bei Umsatzsteuerbetrügern aufstöberten. Beachtlich dürfte auch das Volumen der Steuerausfälle aufgrund nicht versteuerter Zinsen sein: Immerhin liegen die Schätzungen für das bei ausländischen Banken angelegte Kapital der Deutschen zwischen 150 Milliarden und 500 Milliarden Euro – darunter viel Geld, das nicht versteuert wird.

Der Königsweg zur Steuerhinterziehung aber ist die Schwarzarbeit: Der Linzer Ökonom Friedrich Schneider schätzt das Ausmaß der Schattenwirtschaft auf rund 15 Prozent des Sozialproduktes – bei rund 45 Millionen Arbeitnehmern arbeitet ein Viertel aller Deutschen regelmäßig ohne Rechnung und damit am Fiskus vorbei. Und es kommt noch schlimmer: Nur 22 Prozent aller Deutschen sehen in Schwarzarbeitern Betrüger – Schwarzarbeit avanciert zur Notwehr des kleinen Mannes im Kampf gegen zu hohe Steuern.

Wie ist es also mit der Steuermoral der Deutschen bestellt? Immerhin finden 57 Prozent der Deutschen es auf keinen Fall in Ordnung, wenn man Steuern hinterzieht. Das liegt im internationalen Vergleich im Mittelfeld: Mehr als 80 Prozent der Japaner lehnen Steuerbetrug entschieden ab, unter den Amerikanern sind es mehr als 60 Prozent. Am anderen Ende der internationalen Steuersünderolympiade liegen Luxemburg, Belgien und Griechenland mit weniger als 40 Prozent.

Gelegenheiten, der nachlassenden Steuermoral Zucker zu geben, gibt es mehr als genug: Da werden private Gaststättenbesuche als „Bewirtungskosten" abgerechnet, da wird Geld ins Ausland geschafft, da werden Verträge zwischen Angehörigen geschlossen, um Steuern zu sparen, Reisebücher werden als Fachliteratur abgerechnet, und statt Urlaub gibt es die steuerlich günstigere Studienreise. Dass bei den Kilometern zwischen Arbeitsstätte und Wohnort gemogelt wird, ist so selbstverständlich wie der legitime Versuch, durch den Kauf von Steckzigaretten Tabaksteuer zu sparen oder aber etwas mehr Alkohol als erlaubt über die Grenze zu schmuggeln.

Alles nur Kleinigkeiten? Es scheint so, und doch entwickelt sich in Deutschland zunehmend eine Grenzmoral: Man fragt nicht, was erlaubt ist, sondern was gerade noch zulässig ist – und geht einen kleinen Schritt darüber hinaus. Die meisten von uns würden niemals in einem Kaufhaus einen Lippenstift oder eine Creme für ein paar Euro mitgehen lassen, aber viele von uns sind bereit, für ein paar Euro Steuerersparnis den Fiskus zu betrügen. Die Tatsache, dass dabei vordergründig betrachtet kein Geld fließt, erleichtert den Steuerbetrug. Vermutlich würden wir uns schwerer tun, wenn wir dem Finanzbeamten erst ins Gesicht lügen müssten und er uns anschließend aufgrund dieser Lüge einen Geldschein in die Hand drückt. In der Tat zeigen internationale Vergleiche, dass das Ausmaß der Steuerhinterziehung sinkt, wenn sie eine erhöhte Rückerstattung des Finanzamts zur Folge hat. Geht es aber darum, die Steuernachzahlung zu reduzieren, sinkt die Steuermoral.

Wenn man eine Steuererklärung ausfüllt und dabei ein wenig die Zahlen anpasst und daraufhin weniger Geld zahlt – irgendwie wird dabei doch niemand geschädigt, oder? Wohl doch. Nimmt man die geschätzten 75 Milliarden Euro Schäden aus Steuerbetrug als Maßstab, so werden wir alle dabei geschädigt – mit nur 50 Milliarden Euro beispielsweise könnte man alle Subventionen bestreiten, welche in Deutschland jährlich vom Staat verteilt werden.

Sind alle Deutschen Steuerbetrüger ohne Anstand und Moral? Vielleicht ist das die falsche Frage – wichtiger wäre doch zu fragen, *warum* Steuerhinterziehung immer mehr zu einem Kavaliersdelikt verkommt. Warum sind wir nicht (mehr) bereit, Steuern zu zahlen?

Steuerbetrug als Notwehr

Naheliegend ist die Vorstellung, dass die Neigung, Steuern zu hinterziehen, mit steigender Steuerbelastung zunimmt. Und in der Tat hat zumindest das Belastungs*gefühl* der Bürger hinsichtlich Steuern und Abgaben in den vergangenen Jahren deutlich zugenommen: Waren noch 1958 „nur" 47 Prozent der Arbeiter der Meinung, dass die Belastung mit Steuern zu hoch sei, so waren es zwei Generationen später, 1997, bereits 60 Prozent. Die Angestellten waren 1958 zu 40 Prozent der Ansicht, dass sie zu viel Steuern zahlen, 1997 waren es 58 Prozent. Die einzige Berufsgruppe, bei denen das subjektive Belastungsgefühl im Verlauf dieser Zeit nur geringfügig zugenommen hat, sind die Selbständigen, von denen 61 Prozent der Ansicht sind, dass sie zu viel Steuern zahlen – 1958 waren es 57 Prozent. Kurzum: Mehr als die Hälfte der deutschen Steuerzahler ist der Ansicht, dass sie zu viel Steuern zahlen; nur 14 Prozent bezeichnen ihre Belastung als gerade richtig. Die meisten Deutschen glauben, dass sie zu viele Steuern zahlen; da wundert es wenig, dass Steuerhinterziehung als Notwehr angesehen wird.

Nun werden Steuern nicht aus Bosheit oder Willkür erhoben, und das wissen auch die Bürger: Ohne Steuern kein funktionierendes Staatswesen. Doch das alleine ist dem Steuerzahler nicht genug der Rechtfertigung – Menschen wollen Fairness, auch beim Finanzamt. Das lässt sich experimentell demonstrieren: Viele Studien zeigen, dass Menschen bereit sind, mehr Steuern zu zahlen, wenn sie den Eindruck haben, dass dieses Geld für sinnvolle staatliche Aufgaben genutzt wird und ein fairer Anteil von diesen Ausgaben an sie selbst zurückfließt. Wer Kinder hat und Kindergeld erhält, hat eine höhere Bereitschaft, Steuern zu zahlen, als der kinderlose Junggeselle, der bei der Aufteilung des staatlichen Transferkuchens leer ausgeht. Auge um Auge, Zahn um Zahn – nach dieser Devise leben nicht nur alttestamentarische Christen, sondern auch moderne Steuerzahler. Wer viel Steuern zahlt, will eine angemessene Gegenleistung. Nach diesem Muster ein Steuersystem zu organisieren, ist allerdings illusorisch. Der ehemalige Finanzminister Theo Waigel hat das sehr anschaulich auf den Punkt gebracht: Ein gerechtes Steuersystem hätten wir, wenn jeder Bürger das zahlt, was er als gerechten Beitrag für die Finanzierung der Gemeinschaftsaufgaben ansieht. Mit einem solchen System allerdings könnte der Staat allenfalls drei Kilometer Autobahn und 1 000 Sozialhilfefälle finanzieren.

Doch es ist nicht nur unser Anteil an den Segnungen des Staates, der über unsere Steuermoral entscheidet: Wer viel Steuern zahlt, will mitbestimmen, was mit ihnen geschieht. Das zeigt ein Blick in die Schweiz: Dort hat man festgestellt, dass in Kantonen mit direktdemokratischer Beteiligung 30 Prozent weniger Steuern hinterzogen werden. Eine mögliche Erklärung dafür: Wer mit entscheidet, wofür seine Steuern verwendet werden, zahlt diese leichteren Herzens. Wer hingegen von der Mitbestimmung über die Verwendung der Steuern ausgeschlossen ist, zahlt nur murrend und sieht in der Steuerhinterziehung einen legitimen Akt der Notwehr.

Auch der Blick über den Zaun zum Nachbarn kann uns dazu verleiten, Steuerbetrug zur Notwehr umzuwidmen. Die Ergebnisse empirischer Studien sind eindeutig und leicht nachvollziehbar: Menschen sind umso steuerehrlicher, je mehr sie glauben, dass das Steuersystem gerecht ist. Wenn der Nachbar mehr verdient, aber weniger Steuern zahlt, wenn die Kollegin das gleiche Gehalt hat, aber beim Fiskus billiger davonkommt, steigt in uns die Bereitschaft, Steuern zu hinterziehen. Mittels Steuerhinterziehung stellen wir das Maß an persönlicher Steuergerechtigkeit her, das uns der Gesetzgeber unserer Meinung nach vorenthält. Für Deutschland scheint diese Sichtweise zutreffend zu sein: Nach einer Umfrage der Forschungsstelle für empirische Sozialökonomik halten 62 Prozent der Bevölkerung Steuerhinterziehung zwar für unmoralisch, aber genauso viele empfinden die Steuergesetze als derart ungerecht, dass sie Hinterziehung rechtfertigen.

Hier zeigt sich ein weiteres Problem: Aufgrund der zahlreichen Ausnahmetatbestände, Steuerschlupflöcher und Sonderregelungen sind wir längst nicht mehr in der Lage, unsere Steuerbelastung mit derjenigen unseres Nachbarn korrekt zu vergleichen. Das deutsche Steuersystem ist zu einer Hydra von Sonderregeln mutiert, mit der Folge, dass niemand weiß, wer wie viel Steuern zahlt und warum sie oder er gerade so viele Abgaben entrichten muss. Wenn wir aber nicht wissen, ob unser Nachbar, unsere Kollegen mehr oder weniger Steuern zahlen, ist die Gefahr groß, dass wir diesen Vergleich zu unseren Ungunsten erleben: Wir wissen zwar nicht, wie viel unser Nachbar zahlt, aber wir glauben zu wissen, dass er weniger zahlt als wir – und das verletzt unser Gerechtigkeitsgefühl. Eine moralische Steilvorlage für Steuerbetrug.

Mit anderen Worten: Je undurchsichtiger (und komplizierter) unser Steuersystem ist, umso größer wird die Wahrscheinlichkeit, dass die Bürger von Biedermännern zu Steuerbrandstiftern werden. Zu allem Übel wird dieser Effekt dadurch begünstigt, dass ein intransparentes und kompliziertes Steuersystem viel Raum bietet für Steuermogeleien. Je undurchsichtiger ein Steuersystem, umso eher empfinden wir es als ungerecht, umso eher sind wir bereit, Steuern zu hinterziehen – und umso leichter ist es auch für uns, Steuern zu hinterziehen. Das bringt uns geradewegs zur nächsten Frage: Muss ein Steuersystem so kompliziert sein?

Und damit basta!

Das Wort „Ausnahmetatbestand" ist im Zusammenhang mit dem deutschen Steuerrecht unangebracht: Längst ist die Ausnahme die Regel, der Sondertatbestand die Normalität, längst ist aus Ausnahmen, Sonderregelungen und Vergünstigungen für ausgewählte Personenkreise ein System ohne Systematik geworden – längst ist die Ausnahme vom Prinzip im deutschen Steuerrecht das eigentliche Prinzip.

Auch die Finanzbehörden tragen zu einer Balkanisierung des Steuerrechts bei, sie machen das Steuerrecht zu einer Orgie von Einzelfällen, so sehr, dass sich das Bundesministerium der Finanzen bereits genötigt sah, in einer Pressemitteilung den Vorwurf zu bestreiten, dass es das „Gebot rechtsstaatlichen Verhaltens" verletze. Die Praxis, deretwegen sich die Finanzbehörden an den Pranger gestellt sehen, nennt sich „Nichtanwendungserlass" und läuft in den Augen der Kritiker darauf hinaus, dass die Behörden Urteile des Bundesfinanzhofs ignorieren.

Und so funktioniert das Ganze: Zunächst erstreitet ein Steuerzahler vor dem Bundesfinanzhof ein für ihn günstiges Urteil. Nun könnte man meinen, dass dieses Urteil vom Grundsatz her für alle Steuerzahler gilt – das legt schon die Idee eines gerechten Steuersystems nahe. Doch weit gefehlt: Das Finanzministerium prüft das konkrete Urteil „sorgfältig", und ab und an kommt man zu dem Schluss, dass die Entscheidung des Bundesfinanzhofs nicht über den konkreten Einzelfall hinaus anzuwenden ist – was für den einen Steuerzahler gilt, der das Urteil erstritten hat, sei so nicht allgemeingültig. Diese Entscheidung wird dann als Schreiben im Bundessteuerblatt als Nichtanwendungserlass veröffentlicht und ist damit für die Finanzämter bindend. Vereinfacht gesagt: Die Entscheidung des Bundesfinanzhofs wird nur für den konkreten Einzelfall akzeptiert, ansonsten werden die Finanzämter angewiesen, das Urteil zu ignorieren. Will sich ein anderer Steuerzahler auf das Urteil des Bundesfinanzhofs berufen, so muss er noch einmal selbst klagen – was teuer und langwierig ist. Steuerzahler, die das Urteil gar nicht kennen, gehen ohnehin leer aus.

Kein Wunder, dass sich Kritiker aufregen, auch wenn es nach Darstellung des Finanzministeriums nur 1,6 Prozent aller Urteile sind, die einen Nichtanwendungserlass nach sich ziehen – nach Rechnung der Kritiker sind es mehr Fälle. Es ginge den Behörden auch nicht darum, Steuermehreinnahmen zu erzielen, sondern dem Bundesfinanzhof „Gelegenheit zu geben, in einem neuen Verfahren seine Rechtsauffassung zu überprüfen". Unabhängig davon, wie man diesen Sachverhalt bewertet, so wirft er doch ein bezeichnendes Licht auf das deutsche Steuerrecht: Man muss sich von der Idee verabschieden, dass gleiche Sachverhalte gleich besteuert werden – wer nichts von einem Nichtanwendungserlass weiß, der ihn betreffen könnte, hat eine andere Steuerrechnung als sein Nachbar, der den Mut hatte, vor Gericht zu ziehen.

Wie konnte es dazu kommen? Was hat aus dem deutschen Steuersystem einen löchrigen Steuerkäse gemacht, einen Wettlauf mit den Finanzbehörden und ein Ringen mit dem Gesetzgeber um die besten und attraktivsten Steuerschlupflöcher und -vergünstigungen? Schuld daran ist zunächst einmal der Gesetzgeber selbst: In den vergangenen 30 Jahren hat er das deutsche Steuerrecht zu einem Sammelsurium von Ausnahmen, Sonderregeln und Extrawürsten verkommen lassen – er hat sich als Steuerschlupflochfabrik gebärdet, sodass man sich über den aktuellen Zustand des Steuersystems nicht wundern muss. Jede Legislaturperiode kommen neue Steuergesetze- und -verordnungen hinzu, und nur die wenigsten sind dazu geeignet, das Steuersystem zu vereinfachen. Sonderregelung um Sonderregelung, Ausnahmetatbestände, Ausnahmen von den Ausnahmetatbeständen und Gerichtsurteile zu den Ausnahmen von den Ausnahmetatbeständen überschwemmen die Schreibtische der Steuerberater, die längst nicht mehr über jedes Detail informiert sind und sein können – geschweige denn ihre Klienten. Oder wie es der prominente Steuerrechtler Klaus Tipke formuliert: Der Steuerberater wird zum Steuerrater.

Warum tun Politiker das ihren Bürgern an? Leider ist die systematische Zerstörung der Systematik und Konsistenz im Steuerrecht rational – zumindest aus politischer Perspektive. Also, warum mögen Politiker keine einfachen Steuern und Steuersysteme? Ganz einfach: Einfache Steuersysteme lassen wenig Luft für Wahlgeschenke. Wo es keine Ausnahmeregelungen gibt, ist wenig Raum für politisch motivierte Steuerextrawürste. Genau diese aber braten Politiker ihrer Klientel gerne, um sich deren Zuspruch an der Wahlurne zu sichern. Das Kalkül ist einfach: Je mehr Steuergeschenke man an einzelne Interessengruppen – Familien, Autofahrer, Unternehmer, Schrebergärtner – verteilt, desto mehr Wählerstimmen sichert man sich. Perfide an dieser Strategie ist, dass niemand weiß, wer wann wo und wie viel bezahlt. Denn die Kehrseite der Steuergeschenke verschweigen die Politiker ihren Wählern: Je mehr Schneisen sie in das Steuerrecht schlagen, umso geringer werden die Steuereinnahmen, und da der Staat nicht auf Steuereinnahmen verzichten kann, holt er sich diese wieder, indem er die Steuersätze erhöht oder weitere Steuertatbestände erfindet.

Wer der einen Hälfte der Bürger Steuergeschenke macht, holt sich das fehlende Geld also von der anderen Hälfte der Steuerzahler zurück. Sehr anschaulich lässt sich dieser Mechanismus beispielsweise bei der Einkommensteuer beobachten: Eine einfache Steuer auf Einkommen würde alle Einkommensarten gleichmäßig besteuern und keine Ausnahmen machen für Landwirte, Fernpendler, Bienenzüchter oder Teilzeitkindergärtnerinnen. So ungerecht diese Idee klingen mag, so hat sie dennoch einen großen Vorteil: Da nun jeder Steuern zahlt und es keine Schlupflöcher mehr gibt, die zum Abfluss von Steuergeldern führen, bleiben die Steuereinnahmen auch bei einem niedrigeren Steuersatz konstant. Will heißen: Ohne Ausnahmen im Steuerrecht sind die Steuersätze niedriger, wovon letztlich alle Steuerzahler profitieren. Wer hingegen jede Menge Ausnahmeregelungen zulässt, muss die Steuerausfälle über höhere Steuersätze wieder hereinholen, damit er das gleiche Steueraufkommen erhält – weniger Steuerzahler zahlen mehr Steuern.

Die vielen Steuergeschenke an einzelne Interessengruppen werden also von der Allgemeinheit mit höheren Steuersätzen und einem immer komplizierteren Steuerrecht bezahlt. Wer am Ende hohe Steuern für wen bezahlt, weiß schon lange niemand mehr, nicht einmal der Finanzminister und seine Experten, die all die vielen Ausnahmeregelungen ersonnen haben. Vermutlich wollen sie es auch gar nicht wissen.

Das Kalkül der Politiker ist klar: Ausnahmetatbestände, die sich direkt an einzelne Wählergruppen wenden, werden von diesen dankbar zur Kenntnis genommen, die höheren Steuersätze hingegen, die notwendig sind, um diese Eskapaden zu finanzieren, zahlen alle, und anschließend weiß niemand mehr, wer für wen und was bezahlt. Politisch gesehen ist das attraktiv: Sichtbare Wahlgeschenke verteilen und die Rechnung unbemerkt der Allgemeinheit auf den Steuerbescheid schreiben.

Ein solcher Wettlauf um Steuergeschenke führt schlimmstenfalls dazu, dass dieses System zusammenbricht: Immer mehr Steuerschlupflöcher reduzieren die Einnahmen, weshalb die Politik die Steuersätze erhöhen oder die Steuertatbestände ausweiten muss, was zu einem immer komplizierteren Steuerrecht und Steuerhinterziehung führt – und eines Tages kracht es. Für die Überlegungen in diesem Kapitel reicht zunächst der Befund, dass es politische Interessen sind, die das Steuersystem zu einem löchrigen Regelkäse degeneriert haben, der jedem Bürger Raum lässt, sich seinen persönlichen Steuerrabatt zu organisieren – teils legal, teils halblegal, teils illegal. Gefördert wird die Grenzmoral, die Frage nach dem, was gerade noch zulässig ist, durch eine florierende Steuersparindustrie, die jedem Bürger klarmacht, dass er ein Depp ist, wenn er seine Chancen auf weniger Steuern nicht nutzt. Wer diese Industrie bei der Arbeit sehen will, geht beispielsweise nach Frankfurt in die Münchener Straße.

Schlussverkauf in der Münchener Straße

Die Münchener Straße in Frankfurt zählt nicht zu den vornehmsten Gegenden der hessischen Bankenmetropole: Direkt am Hauptbahnhof gelegen, ist ein wenig von der Schmuddeligkeit des nahegelegenen Rotlichtmilieus an ihr hängen geblieben. Die Münchener Straße hat so gar nichts gemein mit der luxuriös-pulsierenden Fressgasse oder der ausladenden Zeil im Herzen der Innenstadt. Doch wer bis zu ihrem Ende schlendert, hinter die Döner-Stände, Friseure und Schmuckläden, steht vor einer glänzenden Hochhausfassade, die in grellem Kontrast steht zu dem ansonsten wenig glänzenden Erscheinungsbild der Straße. Vor diesem Hochhaus spielten sich in den Abendstunden des 31. Dezember des Jahres 2004 merkwürdige Szenen ab: Aus allen Ecken des Landes trafen Wagen ein, mehr oder weniger geschäftsmäßig gekleidete Herren stiegen aus und eilten zur glänzenden Hochhausfassade, um das Haus ein wenig später mit zufriedenen Gesichtern wieder zu verlassen – ein reges Kommen und Gehen. Wer, bitteschön, arbeitet denn noch am Silvesterabend so spät im Herzen der Frankfurter Innenstadt?

Das Hochhaus in der Münchener Straße gehört keiner Bank, es beherbergt die Deutsche Vermögensberatung, für die der Rennfahrer Michael Schumacher jahrelang Werbung gemacht hat. Mehrere Tausend haupt- und nebenberufliche Mitarbeiter durchkämmen im Auftrag des Finanzkonzerns jeden Tag die Bundesrepublik auf der Suche nach neuen Kunden für Versicherungen, Baufinanzierungen und sonstige Finanzprodukte. Und am Abend des 31. Dezember 2004 gab es für sie besonders viel zu tun: In wenigen Stunden – pünktlich zum 1. Januar 2005 – sollte das Steuerprivileg für die meisten Kapitallebensversicherungen fallen.

Wer also noch vor dem zwölften Glockenschlag eine Police unterzeichnete, sicherte sich ein letztes Mal die Steuergunst des Gesetzgebers. Kein Wunder, dass die Vertriebsarmee des Finanzriesen in den letzten Monaten und Wochen des Jahres 2004 ausschwärmte, um auch dem letzten Kunden den Steuervergünstigungssegen zu erteilen, bevor der Staat diesen dem Lieblingsprodukt der Deutschen entzog. Daher das Gedränge in den späten Abendstunden des 31. Dezember 2004 vor dem Hauptquartier der DVAG in der Münchener Straße: Bis 24 Uhr mussten die Verträge eingereicht und mit einem Stempel versehen sein, damit der Kunde noch von der alten Steuerregelung profitierte. Also sammelten die Vertriebsprofis der DVAG bis zur letzten Sekunde Neuverträge ein – und waren damit beileibe nicht die Einzigen.

„Schlussverkauf" nennt die Finanzbranche dieses Ritual, das sich alle Jahre wiederholt: Der Fiskus ändert die Steuerreglungen für ein Finanzprodukt, und die Vertriebstruppen der Branche ziehen daraufhin übers Land, um auch dem letzten Kunden rasch ein steuervergünstigtes Produkt zu verkaufen, bevor die Steuer das betreffende Produkt unattraktiv macht. Und da der Gesetzgeber mit bemerkenswerter Regelmäßigkeit der Finanzbranche neue Steuerkleider verordnet, gibt es mit der gleichen Regelmäßigkeit Schlussverkaufsaktionen. „Nicht das Produkt, die Steuerersparnis steht im Vordergrund", geben die Branchenvertreter unumwunden selbst zu – eine ganze Industrie lebt von einer Steuergesetzgebung, deren jeweiliges Haltbarkeitsdatum kaum länger ist als die Legislaturperioden derjenigen Regierungsverantwortlichen, die diese Gesetze ersinnen.

Auch 2008 stand wieder ein Schlussverkauf auf dem Programm: „Machen Sie jetzt den richtigen Zug, bevor die Abgeltungssteuer kommt", lockten bereits im Sommer die Anzeigen der Finanzanbieter. Seit klar war, dass ab 2009 eine Abgeltungssteuer auf Kursgewinne eingeführt wird, überschlugen sich die Marketingchefs der großen deutschen Finanzkonzerne mit Werbung für Steuersparinvestments. Und die Botschaft der Finanzhäuser war klar: Wer jetzt nicht handelt, um der Steuer zu entgehen, ist ein Idiot. Solche Steuersparbonanzas haben Tradition: In schöner Regelmäßigkeit ändert der Staat Gesetze für Anlageprodukte wie Fonds, Lebensversicherungen oder Aktien – und wer diesen Steueränderungen entgehen will, kauft rasch vor dem Stichtag eine Police, einen Fonds oder Aktien. Und der Branche beschert jede dieser Steueränderungen mit angenehmer Regelmäßigkeit schlussverkaufsähnliche Zustände mit entsprechenden Einnahmen und einem Menschenauflauf vor dem Hochhaus in der Münchener Straße.

Doch nicht nur das: Jede Änderung der Steuergesetze führt zu einem Wettlauf um neue Steuersparmodelle – jede Änderung der Paragrafen wird mit neuen Produkten beantwortet, die neue Schlupflöcher auftun, wo alte zuvor geschlossen wurden. Eine ganze Branche lebt vom Willen der Bürger, Steuern zu sparen, und ihre Lockrufe suggerieren, dass jeder ein Depp ist, der nicht die Chance nutzt, sein Geld vor dem Finanzminister in Sicherheit zu bringen. Und irgendwie haben sie ja auch recht. Je mehr Schlupflöcher der Staat schließt, eine umso größere Anzahl von neuen Auswegen und Schlupflöchern findet die Branche, die der Staat anschließend mit neuen Gesetzen schließt, und umso mehr neue Schlussverkaufsaktionen lassen sich veranstalten. Der Staat hechelt mit seinen – teilweise wenig durchdachten und nicht immer konsistenten – Gesetzesänderungen den cleveren Finanzjongleuren hinterher.

Der Wille, Steuern zu sparen, entstammt auch sportlichem Ehrgeiz, der gesellschaftlich akzeptiert wird – wer Steuern spart, ist clever. Und da es alle anderen auch tun – was kann so verkehrt daran sein? Und vom gesellschaftlich akzeptierten und juristisch einwandfreien Steuersparen ist es nur ein kleiner Schritt hin zur Grauzone des Steuersparens, und von dort aus ist es ein Steuerkatzensprung zum handfesten Steuerbetrug. Das hässliche Wort von der „Dummensteuer", das der Steuerwissenschaftler Gerd Rose geprägt hat, ist längst Folklore: Wer Steuern zahlt, ist selbst dran schuld.

Das hat sich der Steuerrechtler Klaus Tipke sogar vom Bundesverfassungsgericht bestätigen lassen: Nachdem er seine Spekulationsgewinne von 1 752 Mark aus dem Jahr 1997 ordnungsgemäß versteuert hatte, ging er anschließend vor das Finanzgericht, weil er den Grundsatz der Gleichbehandlung verletzt sah – kaum jemand gebe Gewinne aus privaten Veräußerungsgeschäften in der Steuererklärung an, nur Dumme, die dann Spekulationssteuer zahlen. Das bemerkenswerte

Ende vom Lied: Das Gericht gab Tipke recht. Es entschied, dass die Besteuerung von Gewinnen aus Wertpapiergeschäften in den Jahren 1997 und 1998 verfassungswidrig war. Damit haben wir es höchstrichterlich: Manche Steuern zahlen nur die Dummen.

Ein Bierdeckel voller Albträume

Dass solche Urteile, gepaart mit der Werbung der Finanzindustrie um Steuersparwillige, nicht dazu geeignet sind, die Steuermoral der Bürger zu heben, liegt auf der Hand – aber kann man etwas dagegen tun?

Die einfache Antwort ist naiv: Einfachere Steuern bedeuten niedrigere Steuersätze, weniger Steuerschlupflöcher und mehr Zeit für die Bürger, sich auf die wirklich wichtigen Dinge des Lebens zu konzentrieren, statt ihre wertvolle Zeit beim Hase-Igel-Spiel mit den Finanzbehörden zu vergeuden. Aber die Forderung nach einer einfachen Steuer, deren Formel auf einen Bierdeckel passt, ist politisch gesehen ein Albtraum. Zwar bekunden Politiker regelmäßig ihre Sympathie für diese Idee, allein der Wille, solchen Lippenbekenntnissen auch Taten folgen zu lassen, hält sich in bescheidenen Grenzen. Ein einfaches Steuersystem würde zum einen dem Bürger zeigen, wie hoch seine Belastung und die Belastung seiner Mitbürger wirklich sind, zum anderen hat die Politik in einem solchen System kaum Möglichkeiten, Wahlgeschenke zu verteilen, die man als Gerechtigkeitslückenstopfer tarnt.

Die spontane Reaktion der Politik auf die schleichende Erosion der deutschen Steuermoral ist naheliegend für alle Freunde des Obrigkeitsstaates: Strafen erhöhen, Kontrollen ausweiten und verschärfen. Rein mechanisch betrachtet sollte dadurch das Ausmaß der Steuerhinterziehung sinken – je gefährlicher und teurer es wird, den Fiskus hinters Licht zu führen, umso mehr wird man in Versuchung geraten, Steuern zu zahlen, statt zu hinterziehen. Einmal abgesehen davon, dass eine solche Politik zu einer zunehmenden Kriminalisierung der Bürger führt, ist ihre Wirksamkeit wissenschaftlich umstritten. Das liegt vermutlich auch daran, dass nicht das tatsächliche Risiko, entdeckt zu werden, entscheidend ist, sondern das vom einzelnen Steuerzahler wahrgenommene Risiko. Hier zeigen Untersuchungen, dass Steuersünder diese Wahrscheinlichkeit systematisch unterschätzen. Erwischt werden immer nur die anderen.

Ein weiterer negativer Effekt höherer Strafen und schärferer Kontrollen ist die daraus resultierende Zunahme des Wettlaufes um die legalen Steuersparmöglichkeiten. Damit nimmt die Zeitverschwendung auf beiden Seiten zu: Immer mehr Bürger verwenden einen größeren Teil ihrer Zeit, Energie und ihres Geldes darauf, Steuern zu sparen, und immer mehr Experten in den Behörden sind damit beschäftigt, immer neue Steuerschlupflöcher zu schließen – das Steuersystem wird zu einem permanenten Reparaturbetrieb, in dem der Staat den flinken Steuervermeidungsexperten der Finanzbranche stets einen Schritt hinterherhinkt.

Aber was, wenn nicht mehr Strafen und mehr Kontrollen? Eine Lösung könnte darin bestehen, dem Vorbild der Schweiz zu folgen und mehr staatliche Ausgaben an die direkte Zustimmung des Volkes zu binden: Je mehr direkte Verfügungsgewalt die Bürger über ihre eigenen Steuergelder haben, umso mehr erschließt sich ihnen der Sinn und Zweck der Steuern, umso geringer wird die Neigung zur Steuerhinterziehung. Eine stärkere Dezentralisierung der Regierungsgewalt wäre nach dieser Lesart ein Beitrag zu mehr Steuermoral. Aber mit Blick auf die politische Realisierbarkeit dieser Idee hierzulande sollte man sich keine Illusionen machen.

Letztlich bleibt dem Gesetzgeber auf kurze Frist nur das schwächste aller politischen Instrumente: der Appell und die Sinnvermittlung. Eine „neue öffentliche Moral" fordern Steuerrechtler, einen Sinneswandel in Medien und Politik, der Steuern als etwas Notwendiges und Steuerhinterziehung als Betrug an der Allgemeinheit begreift; eine Moral, die Steuervermeidung nicht als bauernschlau, sondern als unsolidarisch bewertet. Das würde umso eher funktionieren, als Politiker und Prominente mit gutem Beispiel vorangingen – was allerdings auch hier die Frage aufwirft, wie realistisch eine solche Forderung ist. Mit Blick auf Herrn Zumwinkel, Herrn Becker und wie sie alle heißen, scheint diese Idee vorsichtig gesagt blauäugig.

Man kann sich drehen und wenden, wie man will: Appelle, Vorbilder und schöne Reden mögen die Steuermoral der Bürger verbessern, aber sie sind kein Ersatz für das, was der Staat seinen Bürgern schuldet: weniger Mittelverschwendung, systematischere und transparentere

Gesetze, mehr direkte Mitentscheidung über die Steuerverwendung. Appelle und Sonntagsreden sind kein Ersatz für eine durchdachte, handwerklich hochwertige Steuerpolitik. Nur mit transparenteren und gerechteren Steuern sowie mehr direkten Einfluss auf Steuerverwendungsentscheidungen wird man dauerhaft die Steuermoral der Deutschen ändern. Bis dahin ist zu befürchten, dass wir noch viele Bilder von Prominenten im Schwitzkasten der Steuerfahnder sehen werden.

Dabei ist Steuerflucht und Steuerverfolgung nichts wirklich Neues – seit Menschengedenken werden Menschen von Menschen besteuert, und seit Menschengedenken versuchen Menschen, Steuern auszuweichen und sie zu hinterziehen. Begonnen hat das alles vor vielen Tausend Jahren – mit dem Buch der Bücher.

3 | Steuergeschichte(n)

„Mütter verkauften ihre Kinder, Väter gaben ihre Töchter in die
Prostitution, um durch dieses unglückselige Geschäft das Geld
zu bekommen, das die Steuereintreiber von ihnen eintreiben
wollten."

Der griechische Historiker Zosimos in seiner Historia Nova über das
Herannahen der Steuereintreiber im Römischen Reich

Der erste Steuerbestseller

Am Anfang war das Wort. Und mit ihm kam die Steuer. Das meist-
verbreitete Buch der Welt zeigt uns, dass gleich nach der Erfindung
des Wortes (vermutlich sogar davor) die Steuer erfunden wurde. So
heißt es im dritten Buch Mose (Levitikus):

> „Aller Zehnte des Landes, vom Saatertrag des Bodens und von den
> Früchten der Bäume, gehört dem Herrn; er ist dem Herrn heilig."

Dieser Zehnte war in den alten vorderasiatischen Kulturen das, was
man eine Realsteuer nennt: eine Abgabe an den Staat in Form von
Gütern. Aber Steuern sind zu wichtig, als dass man sie mit einem
Satz abtun sollte – und so ist das gesamte Kapitel 27 im dritten Buch
Mose den Opfern und Abgaben für den Herrn gewidmet – in Gestalt
von Früchten, Grund und Boden sowie deren Erzeugnissen. Dass es
sich dabei um eine Steuer handelt, zeigt die biblische Anweisung,
dass man sich von diesen Abgaben durch Geld freikaufen könne.
Ersetzt man „Opfergaben" durch „Geldleistungen", verschwindet der
Unterschied zwischen Opfer und Steuer – das Opfer war die Steuer.
Und mit der Steuer kam die Steuerhinterziehung: Wer den Herrgott
um seine wohlverdienten Opfer betrog, indem er ein schlechtes statt
eines makellosen Tiers opfern wollte, wurde bestraft, indem er beide
Tiere opfern musste. So weit der biblische Umgang mit Steuerhin-
terziehern.

In den antiken Kulturen gehörten das Land und die Menschen zumeist dem Gottkönig. Der König war der Staat, an den die Menschen ihren Tribut entrichteten. Heute nennen wir diesen Tribut Steuer. Damit haben wir das Wesen einer Steuer erfasst: eine Zwangsabgabe an den Staat, die keinen Anspruch auf eine direkte Gegenleistung begründet. Man muss an Gott, König, den Staat zahlen, darf aber keine Gegenleistung erwarten. Der religiöse Charakter der als Opfer verkleideten Steuer dürfte der Idee geschuldet sein, dass sich unliebsame Abgaben leichter durchsetzen lassen und vom Volk leichter akzeptiert werden, wenn man sie als religiöse Handlungen verkleidet. Steuern waren damals genauso unpopulär wie heute – also suchte man nach einer guten Motivation für die Steuerbürger. Kein Wunder, dass ein Land im Herzen Europas viele Hundert Jahre später Steuern als „Notopfer" oder „Solidaritätszuschlag" verniedlichen sollte, um diese seinen Bürgern schmackhafter zu machen.

Der Steuersatz von zehn Prozent – nichts anderes ist der Zehnte – zieht sich quer durch die Geschichte. Konfuzius beispielsweise kam vor etwa 2 000 Jahren zu dem Schluss, dass die ideale Steuer zehn Prozent nicht übersteigen sollte, und Dschingis Khan, nicht gerade als sensibel in Bezug auf den Umgang mit seinen Mitmenschen verschrien, verlangte von den eroberten Völkern zehn Prozent – allerdings von allem, was er vorfand. Auch dieser Trick wird sich durch all die Jahrtausende hinweg wiederholen: Willst du den Steuersatz nicht zu hoch schrauben, erweitere die Besteuerungsgrundlage – nimm statt 20 Prozent vom Ernteertrag zehn Prozent vom Ernteertrag und zehn Prozent vom Grundbesitz. Wer sich eine Steuer genauer ansieht, darf also nicht nur auf den Steuersatz schauen, sondern muss auch auf die Besteuerungsgrundlage achten. Wer wenig besteuert, erhebt einen hohen Steuersatz, wer den Steuersatz niedrig halten will, besteuert alles, was nicht bei drei auf den Bäumen ist.

Aber Steuern existieren nicht erst seit der *Bibel*, ihre Geschichte beginnt viel früher, vermutlich früher, als wir ahnen. Die ältesten Belege für Steuern finden sich in Lagash, einer Stadt in Sumer, wo vor 6 000 Jahren ein Krieg tobte, ein teurer Krieg. Und wie bezahlt der Staat seine Kriege? Natürlich über Steuern. Ein weiteres Muster, das sich durch die Jahrtausende hinweg wiederholen wird: Der Anlass für eine Steuer kommt zumeist von außen, in der Regel ein drohender

Krieg – und zur Finanzierung des Waffengangs muss der Leibeigene, Gläubige, Untertan, Bürger, Steuerzahler den Kopf respektive die Brieftasche hinhalten. Das gilt so bis heute: Wer im heutigen Deutschland eine Flasche Sekt köpft, darf sich an die ruhmreiche deutsche Kriegsflotte erinnern, zu deren Finanzierung die Sektsteuer (im heutigen Amtsdeutsch „Schaumweinsteuer" genannt) 1902 eingeführt wurde. Das ist beileibe kein Einzelbeispiel, vermutlich verdanken die meisten Steuern ihre Existenz geplanten oder durchgeführten Waffengängen.

Ist der Krieg vorbei, zeigen die zu seiner Finanzierung erhobenen Steuern eine bemerkenswerte Langlebigkeit: Einmal eingeführt überleben sie die Herrscher, die sie geschaffen haben, um Jahrhunderte. Nicht nur in Lagash wurde die Steuer nach dem Ende des Krieges nicht abgeschafft, auch die deutsche Sektsteuer erfreut sich prickelnder Gesundheit, da macht es nichts, dass bereits zwei deutsche Flotten auf dem Grund der Weltmeere ruhen. Ein Prosit auf die nächste Flotte. Was also vor langer, langer Zeit im antiken Sumer geschah, sollte eine steuerhistorische Blaupause für die nächsten 6 000 Jahre sein – auch mit Blick auf die Methoden des Staates, um Steuereinnahmen zu sichern: „Vom einen Ende des Landes bis zum anderen waren Steuereintreiber", heißt es auf Tontafeln, die Archäologen in Lagash gefunden haben. Kein Wunder, dass die Menschen in Lagash verängstigt waren, wie man denselben Tontafeln entnehmen kann: „Du kannst einen Herrn haben, einen König, der Mann aber, den du fürchten musst, ist der Steuereintreiber", heißt es dort. Wer einmal die Betriebsprüfung im Haus hatte, kann das nachempfinden.

Wie sehr man auch im alten Ägypten den Steuereintreiber fürchtete, zeigt ein mehr als 2 000 Jahre alter Stein, der zum Gral der Archäologen wurde. Er wurde 1799 bei Rosetta im Niltal gefunden; von einem französischen Offizier namens Pierre François Xavier Bouchard, der mit Napoleons Armee in Ägypten einmarschiert war. Der Stein von Rosetta ist der wohl wichtigste Fund der Archäologiegeschichte: Ein 114 Zentimeter hoher schwarzer Block aus Granit, 72 Zentimeter breit und knapp 28 Zentimeter tief, 762 Kilo schwer; die Inschrift stark verwittert, die linke obere Ecke fehlt – aber das soll man einem Relikt zugestehen, das 2 200 Jahre auf dem Granitbuckel hat. Das Außergewöhnliche am Stein von Rosetta ist, dass der Text

in drei verschiedenen Sprachen verfasst wurde, sodass ihn drei Bevöl-
kerungsgruppen lesen konnten: für die Priester als Gottesworte in
Hieroglyphen, für die Beamten in demotischer Briefschrift und für die
griechischen Herrscher über Ägypten in Altgriechisch. Wie wichtig
muss diese Inschrift sein, dass man sie nicht auf Papyrus, sondern in
Stein meißelte, und das in drei verschiedenen Sprachen?

Steuerkriege

Bereits im alten Ägypten wurde alles besteuert, was nicht niet- und
nagelfest war: Verkäufe, Sklaven, Fremde, Importe, Exporte, Geschäfte, allein die Ernteerträge wurden mit 20 Prozent belegt. Auch mit
Steuersündern war man nicht zimperlich: Für jeden Tag, den man
den Zahlungstermin versäumte, gab es einen Stockhieb, ein besonders
durchsetzungsfähiger Pharao, Sethos I. hieß er, ließ Steuersündern
Nase oder Ohren abschneiden. Zu den Zeiten, als der Stein von Rosetta geschaffen wurde, herrschte in Ägypten ein heftiger Bürgerkrieg,
dessen Auslöser die drückenden Steuerlasten waren. Verschlimmert
wurde die Lage der Steuerzahler dadurch, dass der Pharao als Steuerbeamte Griechen beschäftigte, die als besonders professionell galten,
wenn es um das Eintreiben von Steuern ging. Um diesen Bürgerkrieg
zu beenden, entschloss sich der damalige Herrscher, Ptolemäus V., zu
einer Friedensdeklaration: Amnestie für Steuersünder, Freilassung von
Steuergefangenen und – der wohl wichtigste Punkt – Steuerfreiheit
für die Priester und Tempel, wie es zu Zeiten der alten Pharaonen der
Fall gewesen war.

Die großen Profiteure dieses Friedensangebotes waren also die
Priester: Steuerfreiheit verhieß eine strahlende Zukunft, und so beschlossen die Priester auf ihrer Versammlung in Memphis, ein Lob auf
den Pharao und dessen Taten in Stein zu meißeln, und diesen Stein
zusammen mit einer Statue des Pharaos vor jedem Tempel aufzu-
stellen – was uns vermuten lässt, dass es mehrere solcher Steine gab.
Dieses Lob war nicht uneigennützig: Da auf dem Stein von Rosetta
nicht nur der Pharao gelobt wurde, sondern auch die Steuervorteile
der Priester erwähnt wurden, dienten sie als Schutz gegen übereifrige
Steuerbeamte. Kam der Steuereintreiber – der in Ägypten unter

hohem Erfolgsdruck stand – zum Tempel, um Steuern einzutreiben, so verwies man ihn auf den Stein, der klarstellte, dass der Fiskus hier nichts verloren hatte. Der Stein von Rosetta war ein Hinweis an die Steuereintreiber, dass sie sich andere Opfer suchen sollten.

Diese Veranstaltung soll sich über die Jahrtausende hinweg wiederholen: Eine Kaste, eine Gruppe oder Interessengemeinschaft erkämpft sich Steuervorteile gegenüber den restlichen Bürgern – und die Dokumente, auf denen das festgehalten ist, sind ein Spiegel der damaligen Zeit. Vieles von dem, was Historiker heute wissen, stammt aus Steuerdokumenten, auch wenn sie nicht immer in schwarzen Granit gemeißelt sind.

Nicht nur im alten Ägypten gab es Aufstände wegen exzessiver Besteuerung – Steuern und Abgaben waren zu allen Zeiten ein steter Quell des Ärgers, der Unruhe, Anlass von Aufständen, Ursache von Kriegen. Und die wohl weltgeschichtlich bedeutsamste Steuer war eine an sich kaum beachtenswerte Steuer auf Tee, die eine Weltmacht vernichtete und eine neue erschuf: Es war die Teesteuer, die Ausgangspunkt war für die Entstehung der Vereinigten Staaten von Amerika.

Der Ursprung des Ärgers war – wie fast immer – ein Krieg: England hatte im Siebenjährigen Krieg gegen Frankreich von 1756 bis 1763 mächtig Federn gelassen – zumindest finanziell gesehen –, und zur Finanzierung der Kriegskosten mussten neue Steuern her. Da man die Bürger in der englischen Heimat nicht weiter belasten wollte, verfiel man auf den Gedanken, die nordamerikanischen Kolonien zur Kasse zu bitten. Eine erste Steuer, die Stempelsteuer, die man für jeden offiziellen Stempel auf ein Dokument zahlen musste, wurde wegen massiver Proteste der Amerikaner wieder eingestampft. Doch die englische Mutter wollte die Widerborstigkeit der Kolonien nicht so einfach hinnehmen, also wurde ein von seinen Einnahmen her unbedeutender Zoll auf Tee erhoben – doch selbst das war den Amerikanern zu viel. Und so stürmten Kolonisten, die sich als Indianer verkleidet hatten, am 16. Dezember 1773 im Hafen von Boston drei englische Handelsschiffe und kippten unter dem Beifall der Zuschauer 300 Kisten Tee ins Meer. Diese „Boston Tea Party" wertete das englische Mutterland als Aufstand. Der Rest der Geschichte ist bekannt: Eine Weltmacht versank, eine neue entstand. Eine belanglose Steuer auf Tee (ein Zoll ist eine Einfuhrsteuer) – war der Startschuss für den amerikanischen Unabhängigkeitskrieg und bildete die Geburtsstunde der Vereinigten Staaten von Amerika.

Die Liste der Rebellionen und Kriege, die durch Steuern ausgelöst wurden, ist lang und blutig. Darunter ist auch ein Aufstand der französischen Stände im Jahre 1789 – heute als Französische Revolution bekannt. Ein wichtiger Auslöser dieser Revolution waren die steuerlichen Privilegien der herrschenden Stände und die von den Untertanen als drückend und ungerecht empfundene Verteilung der Steuerlast. Oder wie ein französischer Finanzminister es beschrieb: Die Steuer macht ein Zehntel der Bevölkerung zu Bettlern, weitere fünf Zehntel fast zu Bettlern, besteuert drei Zehntel viel zu drastisch und ermöglicht einem Zehntel ein komfortables Leben. Im Frankreich des 18. Jahrhunderts lag die Steuerlast mehr oder weniger nur noch auf den Schultern der Bauern, alle anderen Stände hatten es geschafft, die Steuer zu vermeiden. Es gab, wie ein Zeitgenosse sagte, nur einen Weg, der Steuer zu entkommen: reich werden.

Der Bürger in Uniform – ein Kind des Steuerpragmatismus

Keine Frage – was die Erhebung, die Höhe der Steuern und die Methoden, Steuern einzutreiben, angeht, waren die Machthaber durch die Jahrtausende hinweg nicht zimperlich. Für unser heutiges Empfinden wirken viele dieser Steuern grotesk ungerecht – wie kann man nur auf die Idee kommen, diejenigen zu besteuern, die am wenigsten haben? Und warum sehen wir das heute so anders? Damit sind wir bei einer der wichtigsten Fragen der Steuerpolitik: Wie besteuern wir unsere Bürger, welche Maßstäbe legen wir an? Wie die Geschichte zeigt, gibt es kein „natürliches Steuerrecht", keine „natürliche Steuergerechtigkeit". Steuergerechtigkeit und Steuerrecht sind nichts Absolutes, sie hängen ab von der Zeit, zu der Steuern erhoben werden, und vom Ort, an dem sie erhoben werden. Zu jedem Zeitalter, in jedem Regime gab es andere Antworten darauf, was eine gute, was eine gerechte Steuer ist. Daneben ist auch noch zu beachten, was überhaupt besteuert werden konnte.

Für die Besteuerung sind daher Prinzipien extrem wichtig: Prinzipienlosigkeit ist das Einfallstor für all das, was an der Besteuerung am meisten gehasst wird: Unübersichtlichkeit, offene und versteckte Privilegien sowie Willkür. In der Vergangenheit war es häufig königlich-steuerliche Willkür und eine Steuerpolitik, die sich nach der Leere des staatlichen Geldbeutels und der Laune des amtierenden Herrschers richtete. Im *Dialog über das Schatzamt*, einem Buch des Schatzmeisters von Heinrich II. von England, liest sich das so:

> „Zwar mag es sein, dass den Königen diese Mittel meist nicht aufgrund eines gründlich überprüften Rechtes zufließen, sondern manchmal nach den Gesetzen der Vorgänger, manchmal nach den verborgenen Eingebungen ihres Herzens oder bisweilen auch aufgrund ihres freien Ermessens. Dennoch steht es den Untertanen nicht zu, ihr Tun zu erörtern oder gar zu verurteilen, denn wessen Herzensregungen in der Hand Gottes sind, dem Gott selbst die Sorgen für die Untergebenen anvertraut hat, dessen Sache steht und fällt allein nach göttlichen und nicht nach menschlichem Urteil."

Was Richard von Ely – so hieß der Schatzmeister des englischen Königs – hier beschreibt, ist nach heutigen Maßstäben keine Steuer, sondern eine willkürliche Abgabe, die nach Ermessen des von Gott bestellten Herrschers gestaltet wird. Der Steuerzahler, das Steueropfer, kann in einem solchen System auf nichts vertrauen, außer darauf, dass der König sich nimmt, was er will und wann er will – was man mit modernen Worten als „Rechtssicherheit" beschreibt, existiert in solchen Steuersystemen nicht. Heute lehnen wir solche Systeme ab, weil sie willkürlich sind. Damit haben wir einen ersten Grundsatz, ein erstes Prinzip, ein erstes Postulat für eine gute Steuer, für eine saubere, solide Steuerpolitik: Sie sollte auf nachvollziehbaren, für alle verbindlichen und allgemeinen Regeln beruhen. Erst Regeln, die für jeden Bürger ebenso wie für den Staat gelten, machen aus der willkürlichen Ausplünderung der Untertanen eine Steuer, die diesen Namen verdient. Aber welches ist das Prinzip, das eine Steuer gerecht macht?

Anfangs war es nicht Gerechtigkeit, sondern Pragmatismus, der die Gestalt historischer Steuersysteme bestimmt hat, und dieser Pragmatismus war fremdenfeindlich: Zunächst wurden – sofern es sie gab – die unterworfenen Völker zur Kasse gebeten, dann die ausländischen

Mitbürger oder religiöse Minderheiten – bevorzugt die Juden – besteuert, erst zum Schluss bat man das eigene Volk um einen Beitrag zur Finanzierung des Staatswesens.

Die Bürger des republikanischen Rom beispielsweise wurden kaum besteuert, dafür aber die Bürger der unterworfenen Provinzen, die unter einem perfiden System der Steuereintreibung litten: dem Regime der Steuerpächter. Mutter Rom machte sich nicht die Mühe, Steuern in den Provinzen selbst einzutreiben, stattdessen verkaufte sie das Recht, Steuern in den Provinzen einzutreiben, für einen festen Betrag an Steuerpächter, denen es dann überlassen blieb, wie sie das Geld aus ihrer Provinz herauspressten, um ihre Kosten wieder einzuspielen. Stellen Sie sich vor, Ihr Finanzbeamter würde die Steuerzahlung vorstrecken und sein Einkommen und die Vorstreckung aus Ihren Steuern finanzieren – das jagt einen Schauer über den Rücken und erklärt, warum die römischen Provinzen bis aufs Blut ausgepresst wurden.

Wie wir bereits gesehen haben, gab es aber auch innerhalb des eigenen Volkes Besteuerungsunterschiede: Bevor die Steuer zum großen Gleichmacher des 20. Jahrhunderts werden sollte, war sie eine aus heutiger Perspektive extrem unfaire Veranstaltung: Besteuert wurden diejenigen, die sich am wenigsten wehren konnten. Diese nach heutigen Maßstäben bizarre Einstellung zeigt, dass Steuern ursprünglich nur einem Zweck dienten: der Erzielung von Einnahmen. Steuern zur Lenkung der Wirtschaft, zur Umverteilung von Einkommen und Vermögen, zur Angleichung der Lebensverhältnisse – historische Steuerfürsten hätten diese Vorschläge für wirren Unfug gehalten. Sie suchten Einnahmen, und gingen dabei den Weg des geringsten Widerstandes, besteuerten also diejenigen, die sich nicht wehren konnten, diejenigen, die nicht ausweichen konnten, diejenigen, die keine Steuern hinterziehen konnten.

Adel und Klerus konnte man nicht besteuern – zu mächtig waren diese Gruppen, als dass ein König oder Kaiser sich mit ihnen anlegen wollte. Beispielhaft demonstrierten dies die deutschen Territorialfürsten des 15. Jahrhunderts, als der Kampf gegen die Türken und die Anhänger des Ketzers Johannes Hus dem deutschen Reich einen hohen Tribut in Form von Menschenleben, Söldnern, Waffen und Material abverlangte. Die veränderte Technik, die neuen Schusswaffen, der größere Bedarf an Fußtruppen machten professionelle Söldnerheere

notwendig. Deswegen sollte eine Steuer, die direkt dem Reich zufließen sollte, das Heer finanzieren. Diese Steuer, der „gemeine Pfennig",
war ein wirres Gemisch aus Einkommen- und Vermögensteuern, die
direkt beim Volk erhoben wurden und deren Ertrag ohne Umweg über
die Landesfürsten, Ritter oder Städte an das Reich fließen sollte. Die
Bilanz des gemeinen Pfennigs war mager: Zwischen 1427 und 1551
elfmal ausgeschrieben und bewilligt, wurde er kein einziges Mal auch
nur einigermaßen vollständig eingezogen – die Fürsten sahen sich in
ihrer Machtfülle bedroht und leisteten Widerstand.

Steuerlich gesehen hatte in der damaligen Zeit also der Adel die
Hosen an. Kein Wunder, dass es den dritten Stand, die Bauern, traf.
Fürsten und Grafen erhoben von ihnen Steuern, um damit den eigenen Lebensunterhalt und den ihrer Entourage, ihrer Dienerschaft, zu
decken. Und da zum kostspieligen Leben eines Fürsten auch der ein
oder andere Krieg gehörte, wundert es nicht, dass seine Untertanen
einen Teil ihrer Steuern mit ihrem Blut beglichen, indem sie für ihren
Fürsten in den Krieg ziehen mussten. Das Überbleibsel dieser archai-
schen Steuerpraxis kann man noch heute in jeder Bundeswehrkaserne
bewundern: Jeder Wehrpflichtige, der gegen seinen Willen einen Teil
seines Lebens in Olivgrün oder als Zivildienstleister verbringt, leistet
eine sogenannte Naturalsteuer an den deutschen Fiskus, der sich durch
die Wehrpflicht die teuren Berufssoldaten erspart, so wie weiland
die deutschen Fürsten – nur dass diese über die Idee vom „Bürger in
Uniform" gelacht hätten.

„Der Adel zahlt mit Blut, der Klerus mit Gebet"

Die Steuerpolitik des absolutistischen Staates beruhte auf einer alther-
gebrachten Ungleichheit der Stände: Der Adel zahlt mit Blut – also
mit Treue im Falle von Kriegen –, der Klerus mit Gebeten und das
Volk mit Abgaben. Adel und Geistlichkeit waren weitgehend von der
Steuer befreit, die Last der Abgaben konzentrierte sich auf den dritten
Stand, der dementsprechend viel zu schultern hatte.

Beispiele für diese Form der Steuerdiskriminierung finden sich
durch die Jahrtausende hinweg – es war gängige Praxis, die Steuerlast

nach dem Stand zu differenzieren. Beispielhaft dafür ist das preußische Dreiklassenwahlrecht, das bis 1918 galt: Die größten Steuerzahler des Ortes hatten bei öffentlichen Wahlen und Abstimmungen dreifaches Stimmrecht, die Bürger der mittleren Klasse hatten zwei Stimmen, und die Habenichtse mit geringem oder gar keinem Einkommen respektive Steuern hatten nur einfaches Stimmrecht.

Hinter diesem – aus heutiger Perspektive undemokratischen – Wahlrecht steht ein Gedanke, dem wir durch alle Jahrhunderte der Steuerdebatten begegnen werden: Wer viel zur Finanzierung des Staates beiträgt, hat viel zu melden, wenn es um die Verwendung der Steuermittel geht. In der allgemeineren Form spricht man bei dieser Idee vom Äquivalenzprinzip: Wer viel vom Staat bekommt, soll auch viel zahlen. Damit wird die Steuer zu einer Art Geschäft auf Gegenseitigkeit – für jeden Steuereuro, den man bezahlt, bekommt man eine entsprechende Gegenleistung.

Im modernen Staatswesen hat dieser Gedanke wenig Platz; in der Abgabenordnung ist schließlich eine Steuer definiert als Abgabe ohne Anspruch auf Gegenleistung. Dementsprechend sind alle Steuern in Deutschland nach diesem Prinzip ausgestaltet. Dem widerspricht es auch nicht, wenn es doch eine Steuer gibt, deren Aufkommen in einen bestimmten Verwendungszweck fließt, nämlich die Feuerschutzsteuer (es gibt sie tatsächlich). Sie wird zur Förderung des Brandschutzes verwendet. Darüber hinaus soll die Mineralölsteuer wenigstens teilweise für den Bau und Betrieb von Autobahnen verwendet werden und damit denjenigen nutzen, die sie bezahlen. Allerdings besteht weder ein rechtlicher Anspruch auf Gleichwertigkeit von Steuerzahlung und Steuerverwendung, wie sie das Äquivalenzprinzip erfordern würde, noch können Sie einen solchen Anspruch individuell geltend machen.

Bei allen sonstigen Steuern gilt das vornehm-wissenschaftlich klingende Nonaffektationsprinzip, das besagt, dass keine Steuer einer Zweckbindung unterliegt; das Steueraufkommen wird insgesamt für die Staatsausgaben verwendet. Politisch gesehen eine kluge Idee: Würde man jede Steuer einer bestimmten Staatsausgabe zuordnen, wäre der Steuerwiderstand derjenigen, die von dieser Ausgabe nicht profitieren, vorprogrammiert – der Pazifist würde keine Steuer zur Finanzierung der Armee zahlen, der Kinderlose keine Steuer, mit der Familien unterstützt werden. Indem man alle Steuereinnahmen in einen großen Topf wirft und gedanklich durchrührt, bevor man die Steuereuros ausgibt, weiß man anschließend nicht, welche Steuer welche Ausgabe finanziert. Damit kündigt man zwar dem Äquivalenzgedanken die Freundschaft, vermeidet aber politisch motivierten Boykott einzelner Steuern.

Allerdings hat dieses Vorgehen auch einen Haken: Neue Steuern lassen sich schlechter begründen. Was also tun? Politik machen: Da Worte nicht knapp sind, kann man im Rahmen des Polit-Marketings so tun, als ob es eine Zweckbindung gibt, indem man die neue Steuer oder die Erhöhung einer bestehenden Steuer mit einem entsprechenden Zweck begründet – ohne ihre Einnahmen an diesen Zweck zu binden. So geschehen bei der Einführung der Stromsteuer, der vorletzten Erhöhung der Mehrwertsteuer und so weiter. Denken Sie nur an die bereits erwähnte Sektsteuer: 1902 zur Finanzierung der kaiserlichen Flotte eingeführt, existiert sie immer noch – bindungslos. Sehr clever gemacht: So bringt man die Steuergegner in Argumentationsnöte – und hinterher spielt es keine Rolle mehr, was mit der Steuer tatsächlich finanziert wird.

Wie mächtig die Idee der Äquivalenz ist, zeigt eines der wenigen Beispiele der Geschichte, in denen die Besteuerten ihr Geld vom Staat wegen Nichteinlösung eines Versprechens zurückerhielten. Als die muslimischen Besatzer Palästinas im Jahre 636 nach Christus entschieden, den drohenden römischen Truppen zu weichen, statt die besetzten Gebiete zu verteidigen, zahlten sie den Bürgern dieser Gebiete deren Steuern zurück, die diese an die Besatzer entrichtet hatten – mit einer knappen, einfachen Begründung: Man könne nicht mehr für die Sicherheit der Steuerzahler garantieren, deswegen zahle man die Steuer zurück, die ja der Preis für Schutz und Sicherheit sei. So ein honoriges Verhalten darf man heute nicht erwarten, auch nicht die Reaktion der Bevölkerung der besetzten Gebiete, die ihren Besatzern und Steuervormunden mit Tränen in den Augen wünschten, doch bald zurückzukommen.

Die Seelensteuer und der Krieg

Diese Geschichte bringt uns zu einer wichtigen Frage: Was bekommt der Steuerzahler vom Staat als Gegenleistung für seine Steuern? Im Falle der Muslime war die Gegenleistung klar – Schutz vor Eindringlingen, womit wir eine der Hauptleistungen des Staates dingfest machen: Sicherheit. In den Anfängen der Steuergeschichte war die Gegenleistung der als Opfer verkleideten Steuer eine spezielle Form von Sicherheit, nämlich Seelenheil und Paradies – eine Münze, mit der die jeweiligen Herrscher, Kirchen und andere Steuerobrigkeiten lange Zeit ihre Gegenleistung für die Steuerzahlungen erbrachten. In späteren Jahren wurde dies deutlicher, als es vor den Zeiten Luthers hieß, dass die Seele in den Himmel springe, sobald die Münze im Beutel klinge. Und mit diesen Seelenruh-Steuern finanzierte die Kirche ihre prächtigen Kirchen und den Lebensunterhalt der professionellen Bewohner dieser Sakraldenkmäler.

Das steuertheoretisch Entscheidende an der Seelensteuer ist der Umstand, dass die steuererhebende Instanz – je nach Religion, Land und Zeit der Staat oder die Kirche – im Alleinbesitz eines Gutes war, das man nur bei ihr erwerben konnte. Das ist der wichtigste Steuererhebungsgrund: Der Staat finanziert mit den Steuern etwas, was nur er bereitstellen kann. Das waren anfänglich vor allem zwei Güter, nämlich das Seelenheil der Bürger und ein Gut, das wir schon hinreichend als Steuergrund kennengelernt haben: äußere Sicherheit, also die Fähigkeit, Krieg zu führen. Aber warum ausgerechnet Krieg? Warum führen die Bürger ihre Kriege nicht selbst? Warum muss der Staat Kriege führen, eine Armee finanzieren? Das liegt daran, dass Krieg und Landesverteidigung eine ökonomische Sonderbehandlung benötigen.

Landesverteidigung ist ein besonderes Gut, ein sogenanntes öffentliches Gut. Jeder Bürger profitiert von einer wehrhaften Armee – ob er dafür zahlt oder nicht und ob er will oder nicht (es sei denn, man wandert aus). Und genau das ist das Problem: Könnte man jeden Nutzer der Armee zur Kasse bitten, bräuchte man keinen Staat. Stattdessen gäbe es Privatheere, an deren Finanzierung sich jeder beteiligt, der daraus einen Nutzen zieht. Doch genau das funktioniert bei der

Landesverteidigung nicht: Verteidigt die Armee die Landesgrenzen, so beschützt sie alle Bürger, unabhängig davon, ob diese für die Armee bezahlt haben oder nicht. Privatwirtschaftlich lässt sich die Landesverteidigung nicht finanzieren, deswegen muss der Staat diese anbieten, und zu deren Finanzierung braucht er Steuern.

Vermutlich hat dieses ökonomische Kalkül bei der Finanzierung der ersten Kriege keine große Rolle gespielt: Wenn der König Krieg führen wollte, sammelte er Geld von seinen Schäfchen ein – oder rekrutierte diese persönlich für den Kriegszug, eine sogenannte Realsteuer – und zog in die Schlacht. War er siegreich in diesem Krieg, ließ er sich die Kriegskosten von den Unterlegenen bezahlen, die tributpflichtig wurden. Mit dieser Strategie war das Römische Reich lange Zeit sehr erfolgreich.

Auch im modernen Steuerstaat spielt die Idee der öffentlichen Güter eine wichtige Rolle: Da nur der Staat diese Güter bereitstellen kann und finanzieren muss, rechtfertigen solche Güter die Existenz des Staates und damit die Steuern. Ob Armee, Justiz, öffentliche Sicherheit und Ordnung, Straßen und Rechtssicherheit – das sind alles öffentliche Güter, die der Staat bereitstellt und für die er kassiert. Erst in der jüngeren Steuer- und Staatsgeschichte kamen zwei weitere Ideen hinzu, über die wir später noch reden müssen: die Idee, dass der Staat sich aktiv in die Einkommens- und Vermögensverhältnisse seiner Bürger einmischt, und die Vorstellung, dass der Staat aktiv in den Wirtschaftskreislauf eingreifen muss, um wirtschaftliche Krisen abzuwenden.

Damit haben wir eine wichtige Wegmarke in der Steuergeschichte erreicht: Der Staat erhebt Steuern zur Finanzierung öffentlicher Aufgaben – ein wichtiger Gedanke, wenn es darum geht, Steuern zu rechtfertigen, womit wir wieder bei der Äquivalenztheorie wären. Rechtfertigt der Staat seine Steuern durch die Aufgaben, die er übernimmt, so ist klar, dass diese Steuern in den Augen der Steuerzahler nur gerechtfertigt sind, wenn sie einen entsprechenden Anteil am Staatskuchen – sprich einen Vorteil von den öffentlichen Gütern – erhalten. Doch genau darin besteht das Problem der öffentlichen Güter: Wie will man seinen Anteil an den Staatsleistungen festmachen, wenn diese von allen genossen werden? Was ist es dem Steuerbürger wert, dass er seine Grenzen geschützt weiß, dass er auf die Unbestechlichkeit der Gerichte vertrauen darf und dass er sicher über Straßen fahren kann? Der Nutzen, den der einzelne Bürger aus den steuerfinanzierten Staatsausgaben zieht, ist für ihn nicht abschätzbar, oft nicht einmal erfahrbar. Damit bröckelt die Loyalität des Bürgers gegenüber dem Steuerstaat: Hat er den Eindruck, dass er zu wenig für seine Steuern bekommt, wird er steuerbockig, mit all den Folgen, die wir bereits gesehen haben.

Die fixe Idee, dass man für seine Steuern etwas zurückhaben will, kombiniert mit der häufigen Unsichtbarkeit und geringen direkten Fühlbarkeit staatlicher Leistungen, hat für den modernen Steuerstaat verheerende Folgen: Da die Untertanen nicht mehr wie früher hinnehmen, dass Steuern dem göttlichen Urteil des Königs entspringen, stellen sie die Steuererhebung infrage. Und um dies zu verhindern, muss man ihnen eine angemessene Gegenleistung für ihre Steuern in Aussicht stellen – so sichtbar wie eine Fackel in der rabenschwarzen Nacht, am besten in Form von Steuervergünstigungen oder Subventionen. Aus diesem Dilemma erklären sich viele steuerpolitische Extrawürste, die der moderne Steuerstaat seinen Bürgern und Wählern brutzelt: Sie sind Kinder der Äquivalenzidee und sollen sicherstellen, dass ein jeder einen angemessenen Anteil an den steuerfinanzierten Wohltaten des Staates bekommt – wofür sonst zahlt man schließlich Steuern? Es ist auch die Diktatur des Äquivalenzgedankens, die unser Steuersystem zu einem Basar für staatliche Zuwendungen an ausgesuchte Personenkreise macht.

Die größte Steuergeschichte der Welt

Aber es gibt noch ein zweites Steuerprinzip, das mindestens ebenso mächtig ist wie die Idee der Äquivalenz, eine zweite mächtige Idee der Steuergeschichte und Steuererhebung: das Leistungsfähigkeitsprinzip. Nach dieser Idee bestimmt sich die Steuerlast, die jeder Bürger tragen soll, nach dem, was er mit Blick auf seine Lebensumstände zahlen kann, also seiner Leistungsfähigkeit. Das Leistungsfähigkeitsprinzip ist der direkte Widersacher des Äquivalenzprinzips: Entscheidend für die Höhe der persönlichen Steuerlast ist bei diesem Prinzip nicht, was der Bürger vom Staat zurückbekommt, was er zahlen soll, sondern was er zahlen kann. Der Zusammenhang zwischen der Steuerzahlung des Bürgers und dem Nutzen, den er aus der Tätigkeit des Staates zieht, ist damit gekündigt.

Das Grundprinzip der Besteuerung nach der Leistungsfähigkeit ist einfach und wohlvertraut: Wer viel Steuern zahlen kann, soll viel Steuern zahlen. Vermutlich waren in den Anfängen der Steuergeschichte nicht die Ideen der Gerechtigkeit und der Umverteilung das Motiv für dieses Prinzip der Besteuerung, sondern – wie zumeist – Pragmatismus: Wer als König oder Regierung viel kassieren will, muss es dort holen, wo es viel zu holen gibt, also bei denen, die etwas haben. Die Masse macht die Masse, auch beim Steuereintreiber. Hinzu kam, dass die Besteuerung nach der Leistungsfähigkeit an einem Merkmal ansetzt, das sich zumindest in der Vergangenheit gut feststellen ließ, zum Beispiel dem Ertrag der Ernte.

Der Zehnte vom Saatertrag des Bodens, wie wir ihn im dritten Buch Mose kennengelernt haben, ist nichts anderes als eine Besteuerung nach der Leistungsfähigkeit, wobei der Ertrag der Ernte das Ausmaß der Leistungsfähigkeit bestimmt – wer viel erntet, hat viel, und wer viel hat, dem nimmt man viel. Zudem lässt sich der Ertrag der Ernte einfach erfassen und schwer vor dem Steuereintreiber verstecken – heute ist es leichter, Bargeld unter die Dielen zu schieben oder nach Luxemburg zu schmuggeln, als ein paar Sack Getreide oder ein halbes Dutzend Schweine den neugierigen Blicken der geschwätzigen Nachbarn und gierigen Steuereintreiber zu entziehen, zumal sich die Ernte den ganzen Sommer auf den Feldern für jedermann und jeden Steuereintreiber gut sichtbar ankündigt.

Damit kamen die frühen Steuersysteme nicht ohne eine adäquate Würdigung der Steuerfähigkeit ihrer potenziellen Opfer aus, weswegen die Weltgeschichte schon seit frühen Kindertagen der Menschheit das Instrument der Volkszählung kennt: Die Bürger wurden zusammengetrieben, um ihren Besitz, ihre Habe, ihre Steuerbarkeit festzustellen. Daher lautet auch eine alte Bezeichnung für Steuerpflichtige Zensiten; dies geht auf den lateinischen Begriff für diese Art der „Volkszählung" – *census* – zurück. Und die berühmtesten aller Steuerzahler, die sich je diesem Feststellungsverfahren, wie man heute sagen würde, gestellt haben, kennt jedes Kind: Ihre Geschichte wird einmal im Jahr in allen Kirchen verkündet.

„Es begab sich aber zu jener Zeit, dass ein Gebot von Kaiser Augustus ausging, dass alle Welt geschätzt werde. Und diese Schätzung war die allererste und geschah zur Zeit, als Cyrenius Landpfleger in Syrien war. Und jedermann ging, dass er sich schätzen ließe, ein jeglicher in seine Stadt."

Martin Luther hat die entscheidende Stelle im Lukas-Evangelium nicht von ungefähr übersetzt als „dass alle Welt geschätzt werde", und nicht, „dass alle Welt gezählt werde" – es ging nicht um eine Volkszählung, sondern um eine Steuerveranlagung. Maria und Josef begaben sich wegen der Steuerveranlagung nach Bethlehem – die größte Geschichte der Welt begann im antiken Finanzamt.

Grundlage für die Erhebung von Steuern nach der Leistungsfähigkeit ist also eine Bestandsaufnahme der Leistungsfähigkeit der Bürger, und die Unterlagen, die selbige festhalten, sind das wichtigste Machtinstrument des Staates: die Steuerregister. Kein Wunder, dass die römischen Kaiser Marc Aurel und Hadrian die Steuerregister, in denen alle Steuerdaten der Bürger festgehalten wurden, in aller Öffentlichkeit zum Getöse von Trompeten verbrennen ließen, als sie verkündeten, dass die Steuern abgeschafft würden. Dieser Schritt sollte es unmöglich machen, von diesem Versprechen zurückzurudern. Man stelle sich vor, das heutige Finanzamt würde seine Akten verbrennen. Ein mittelalterlicher Chronist hat das wie folgt beschrieben: Ein Mann ist nur frei, wenn sein Name nicht in den Steuerlisten steht. Dass der Staat heutzutage nicht einmal im Traum daran denkt, die Steuern abzuschaffen, können Sie schon daran erkennen, dass Sie vermutlich bereits Post von Ihrer Finanzbehörde bekommen haben, in der Ihnen Ihre Steueridentifikationsnummer für den Rest Ihres Lebens mitgeteilt wurde. Und falls Sie gerade Eltern geworden sind: Auch für Ihr Neugeborenes existiert bereits eine solche Kennnummer.

Der große Haken des Leistungsfähigkeitsprinzips ist aber die Frage, wie man die Leistungsfähigkeit einer Person misst. Ist es das Einkommen? Das Vermögen? Der Konsum? Die Luxusschlitten in der Garage? Dies alles unterlag in der Vergangenheit schon der Besteuerung. Aber auch die Fähigkeit, Einkommen zu erzielen, ist eine Art Leistungsfähigkeit. Kein Wunder, dass in manchen antiken Gesellschaften der potenzielle Ertrag eines Ackers geschätzt wurde und auf diesen potenziellen Ertrag eine Steuer zu zahlen war – erntete der arme Steuerbürger weniger, als der Steuereintreiber erwartet hatte, gab es Ärger. Die Frage der Besteuerung nach der Leistungsfähigkeit ist so wichtig und vielschichtig, dass sie ein eigenes Kapitel benötigt.

Bei der Besteuerung stehen sich also zwei Prinzipien unversöhnlich einander gegenüber: eine Besteuerung, die sich aus dem rechtfertigt, was der Staat seinen Bürgern zukommen lässt, gegen eine Besteuerung, die diejenigen stärker belastet, die mehr haben – egal, wie groß ihr Nutzen aus den Staatsausgaben ist. Für beide Prinzipien gibt es gute Argumente: Ein Staat ist eine Solidargemeinschaft, die von allen getragen werden muss; daher scheint es nach unseren heutigen Gerechtigkeitsvorstellungen recht und billig, wenn diejenigen, die leistungsfähiger sind, mehr Solidarität zeigen als diejenigen, die es nicht können. Das ist ja gerade das Wesen der Solidarität: Die Starken stützen die Schwachen.

Auf der anderen Seite schlummert in jedem von uns der Gedanke, dass man nicht nur Melkkuh sein will, sondern auch von der Solidarität der anderen profitieren will – wer nur zahlt, aber nichts bekommt, wird des Zahlens überdrüssig und sucht Mittel und Wege, sich aus dem Staub zu machen, was langfristig die Basis der Solidarität untergräbt. Diese Idee konnte man in den Anfangsjahren der ehemaligen DDR besichtigen, als sich die Leistungsträger zunehmend in den Westen absetzten, wo ihnen mehr Geld für ihre Leistung blieb – Solidarität kennt eine Grenze. Und diese Grenze wurde real: Der Bau der Mauer war eine logische Konsequenz eines Leistungsfähigkeitsgedankens, der auf die Spitze getrieben wurde – nur so konnte man verhindern, dass sich zu viele Bürger der Zwangssolidarität entzogen.

Eine zumindest teilweise Lösung des Konfliktes zwischen Äquivalenz und Leistungsfähigkeit hat der Staat gefunden, indem er neben Steuern noch Gebühren und Beiträge erhebt: Gebühren sind direkte Entgelte – also Preise – für staatliche Dienstleistungen, die nur von denjenigen bezahlt werden müssen, die diese Dienste in Anspruch nehmen. Das ist Äquivalenzdenken in Reinkultur: Wer nutzt, zahlt, wer nicht nutzt, zahlt nicht. Allerdings kann der Staat uns zwingen, seine Leistungen in Anspruch zu nehmen und dafür zu zahlen, wie zum Beispiel bei der Ausstellung oder der Verlängerung der Gültigkeit eines Personalausweises. Beiträge sind eine Art Zwischenlösung zwischen Gebühren einerseits und Steuern andererseits: Beiträge müssen bereits entrichtet werden, wenn man die Möglichkeit hat, eine entsprechende staatliche Leistung zu nutzen, auch wenn man sie tatsächlich nicht in Anspruch nimmt.

Ein sehr kontrovers diskutiertes Beispiel kennen Sie: die Fernsehgebühren. Allerdings handelt es sich dabei zunächst um eine Fehlbezeichnung: Wenn die Fernsehgebühren eine Gebühr wären, müsste man sie nur zahlen, wenn man öffentlich-rechtliche Fernsehsendungen anschaut. Da das aber nicht zu kontrollieren ist, ist die GEZ-Gebühr (Gebühreneinzugszentrale) ein Beitrag, der fällig wird, sobald man einen Fernseher besitzt. Mit einem Fernseher erwirbt man in Deutschland zugleich die Möglichkeit, öffentlich-rechtliche Fernsehsendungen zu empfangen – und das ist beitragspflichtig. Wie Sie leicht erkennen, ist ein Beitrag einer Steuer näher als eine Gebühr. Den Beitrag an die GEZ kann man auch als Quasisteuer auf Fernsehgeräte bezeichnen.

Beispiele für spezielle Steuern mit Äquivalenzabsichten finden sich in der Rumpelkammer der Steuergeschichte zuhauf, vor allem wenn es um spezielle Rechte ging, die der Staat den Zahlern einräumte. So gab und gibt es Gebühren auf die Nutzung von Brücken und Wegen – bekanntestes heutiges Beispiel ist die Lkw-Maut auf den Autobahnen. Wie rasch so etwas abwegig werden kann, zeigt das berühmte *ius primae noctis*, das „Recht der ersten Nacht", das Recht des Lehnsherrn auf eine Abgabe anlässlich der Vermählung eines Untertanen. Das Wort *ius* (im Lateinischen für „Recht") hat einige Beobachter später dazu verleitet, in dieser Abgabe ein wörtliches Recht auf die erste Nacht zu sehen – was nicht der historische Sinn dieser Abgabe war, aber dafür umso inspirierender für die Literatur und die schönen Künste.

Andere Abgaben gehören noch mehr ins Reich der Steuerskurrilitäten: Eine englische Adelige etwa zahlte acht Unzen Silber für das Recht, um mit jemandem vermählt zu werden, der ihr genehm ist, ein anderer englischer Adeliger zahlte eine horrende Summe, um Isabel, die Countess von Gloucester, zu heiraten. Den Vogel schoss die englische Dame ab, die dem König 200 Hennen für das Recht zahlte, eine Nacht mit ihrem Ehemann Hugo de Nevill zu schlafen. Leider sind keine näheren Umstände überliefert, was Raum für Fantasie lässt.

Das Prinzip dieser Abgaben ist stets das gleiche: Der Staat räumt seinen Bürgern ein Recht ein, die Nutzung einer Sache, das Recht, eine Handlung zu begehen, und verlangt im Gegenzug dafür eine

Abgabe, deren Höhe nach Möglichkeit im Verhältnis zum Nutzen stehen sollte, den der Bürger aus dem Recht zieht. Das ist plausibel, nachvollziehbar und einfach. Doch die Grenzen dieses Ansatzes zeigen uns die putzigen Mainzelmännchen.

Guddn Abänd!

Die Mainzelmännchen (Standardbegrüßung: „Guddn Abänd!") treiben seit Jahrzehnten ihr Unwesen auf den deutschen Bildschirmen, allerdings nur bei einem Sender, dem Zweiten Deutschen Fernsehen (ZDF). Das ZDF gehört, wie seine ältere Schwester, die ARD, zum gigantischen Komplex des öffentlich-rechtlichen Fernsehens, der jedes Jahr mehr als sieben Milliarden Euro verschlingt – sieben Milliarden Euro, die nicht aus Steuermitteln, sondern überwiegend aus Gebühren (nun ja, Beiträgen) aufgebracht werden. Die Grundidee dieser Rundfunkgebühr ist Äquivalenz: Jeder, der einen Fernseher, ein Radio besitzt, ist potenzieller Zuschauer oder Zuhörer öffentlich-rechtlicher Programme, und soll mit seinen Gebühren einen Beitrag zur Finanzierung dieses Rundfunks leisten. Wer keinen Fernseher oder kein Radio sein Eigen nennt, muss sich nicht an der Finanzierung dieser Programme beteiligen. Da mittlerweile fast jeder Bundesbürger einen Fernseher oder ein Radio besitzt, ist aus der Rundfunkgebühr de facto eine (Quasi-)Gerätesteuer geworden; jeder der ein Gerät hat, muss zahlen, unabhängig davon, ob er öffentlich-rechtliche Programme nutzt oder nicht.

Das ist ein gewaltiger Haken an der Rundfunkgebühr: Früher, als es nur öffentlich-rechtliche Programme gab, war diese Gebühr eine solche, aber in Zeiten des Privatfernsehens wird nicht mehr der tatsächliche Konsum öffentlich-rechtlicher Programme in Rechnung gestellt, sondern die Möglichkeit, diese Programme zu nutzen – damit nähert sich die Rundfunkgebühr mehr und mehr einer Steuer an, die jeder zahlt, der als potenzieller Nutzer staatlicher Leistungen – in diesem Falle Rundfunk – infrage kommt.

Betrachtet man die Rundfunkgebühr als eine Quasisteuer auf den Besitz eines Empfangsgerätes, so ist es eine besondere Steuer: Jeder Bürger zahlt die gleiche Steuer, ohne Ansehen der Person, des Einkommens, des Vermögens. Wie rasch ein solches Konstrukt zweifelhafte Konsequenzen nach sich ziehen kann, wird deutlich, wenn man sich die Finanzierungsstruktur des öffentlich-rechtlichen Rundfunks ansieht: Der Konsument des (nach öffentlich-rechtlicher Lesart) privaten Unterschichtfernsehens, der vermutlich eher unter den Geringverdienern zu suchen ist, beteiligt sich mit seinen Gebühren an der Finanzierung des ARTE-Konsums der Zuschauer mit hohem Bildungsabschluss und hohem Einkommen – das klingt nicht fair. Und es hat erst recht nichts mit der Idee der Besteuerung nach der Leistungsfähigkeit zu tun. Im Grunde genommen kommt die Rundfunkgebühr damit nahe an das heran, was Ökonomen eine Kopfsteuer nennen. Diese besondere und äußerst umstrittene Form der Besteuerung müssen wir uns näher anschauen, und lassen Sie uns diese Inspektion mit einem bemerkenswerten Bild beginnen: einer jungen Frau, die splitterfasernackt auf einem Pferd durch eine mittelalterliche Stadt reitet.

4 | Bärte, Morde und Nachtigallen: Skurrile Steuern

§ 1: Vom 1. Januar 1853 an soll im ganzen Großherzogtum von den Besitzern von Nachtigallen eine jährliche Abgabe von fünf Gulden für jede gehalten werdende Nachtigall erhoben werden. § 2: Eine Befreiung von dieser Abgabe findet nicht statt.

Verordnung, die Nachtigallen betreffend, von 1852; von Ludwig II. von Gottes Gnaden Großherzog von Hessen und bei Rhein k. k.

Nackt zu Pferde

Im Gegensatz zu ihrem legendären Landsmann Robin Hood hat Lady Godiva wirklich existiert. Sie lebte im England des elften Jahrhunderts und war die Gattin von Leofric, Earl of Mercia, einem der mächtigsten Edelmänner dieser Zeit. Godiva war historischen Quellen zufolge eine gütige, fromme Frau, die großzügig für religiöse und mildtätige Zwecke spendete. Die Steuern, die ihr Ehemann von den Bürgern von Coventry erhob, waren für ihren Geschmack zu hoch, weswegen sie ihn drängte, diese zu senken. Entnervt vom Genörgel seiner Gattin schlug er ihr ein bemerkenswertes Geschäft vor: Wenn sie zur Mittagszeit nackt auf einem Pferd durch die Straßen von Coventry reite, werde er ihrem Drängen nachgeben und die Steuern senken. Der Anblick muss fantastisch gewesen sein: Am folgenden Tag ritt die hochherrliche Lady, nur umhüllt von ihrem langen Haar, unbekleidet durch die Straßen der Stadt, flankiert von zwei (bekleideten) Wachen. Das ist der Stoff, mit dem Steuergeschichte geschrieben wird. Noch heute führt die Stadt Coventry in ihrem Wappen das Bild einer reitenden, unbekleideten Schönheit.

Unglückseligerweise ist die Geschichte vom freizügigen Ritt der Lady Godiva vermutlich nur ein Mythos, geschaffen vom Chronisten Roger von Wendover, dessen Aufzeichnungen dafür bekannt sind, dass er sie gerne zuspitzte oder ihnen einen politischen Drall verlieh.

Vermutlich haben sich die Bilder früher Fruchtbarkeitsriten, heidnischer Bräuche und politische Wünsche zu dieser schönen Geschichte verdichtet. Und nicht zuletzt hat die Stadt Coventry seitdem eine Touristenattraktion, denn jedes Jahr wird der Ritt der adeligen Dame in einer Prozession gefeiert.

Mythos hin oder her – dass die Engländer des frühen Mittelalters unter der Last drastischer Steuern ächzten, ist kein Mythos: Um sich gegen die Wikinger zu wehren, die zu Lebzeiten Lady Godivas eine echte Plage für die Insel waren, wurde das sogenannte Dänengeld erhoben, eine Abgabe auf Landbesitz. Doch schon bald ging das Dänengeld in Steueranarchie über – besteuert wurde nach Ermessen, Gutdünken, wann die jeweiligen Herrscher wollten und wie viel sie wollten. In der einfachsten, effektivsten und vermutlich unbeliebtesten Form erhob man die Steuern als sogenannte Kopfsteuern – jeder Bürger hatte den gleichen Betrag zu zahlen, besteuert wurde also sozusagen die Existenz, der Kopf, ohne Ansehen der Person, ihrer Verdienste oder ihres Vermögens.

Auch einer der radikalsten Steuerreformer der Weltgeschichte schätzte die Vorteile der Kopfsteuer: Peter der Große machte aus dem damaligen Russland eine Steuerhölle. Als Steuerpolitiker war Peter nach westlichen Maßstäben sehr modern: Als er an die Macht kam, lähmten eine Steuer auf gepflügtes Land und eine Steuer auf jede Bauernfamilie die Wirtschaft des Landes. Der zuletzt genannten Steuer entgingen die Bauern, indem sie sich zu Großfamilien zusammenschlossen – also sozusagen in einer Vorläuferversion heutiger Doppelhaushälften wohnten und das als eine Familie deklarierten, mit der Folge, dass die Anzahl der Haustüren als Indikator für die Anzahl der Familien besteuert wurde, was die Bauern wiederum damit beantworteten, dass sie Eingänge zumauerten. Der Steuer auf gepflügtes Farmland entging man einfach, indem man kein Land mehr bestellte – viele Russen arbeiteten nicht, zahlten keine Steuern und ließen sich treiben. Eine wichtige Erkenntnis daraus für uns heutzutage lautet: Steuern haben Anreizwirkungen und aktivieren eine Menge Fantasie zur Steuerausweichung.

Peter reformierte dieses System: Zuerst schaffte er die bisherigen Steuern ab und ersetzte sie durch eine Kopfsteuer – damit hatte jeder wieder Anreize, zu arbeiten, denn unabhängig davon, wie viel er verdiente, musste er die Kopfsteuer zahlen, und je mehr er verdiente, umso mehr blieb für ihn selbst übrig. Diese Lektion in Sachen Anreize hatte Peter offenbar verstanden. Die Russen nannten diese Kopfsteuer auch „Seelensteuer", und den russischen Bauern war nur schwer begreiflich zu machen, wie man eine unsichtbare, nicht greifbare Seele besteuern könne. Peter interessierte das wenig – ihn interessierte nur, dass die Bauern diese Kopfsteuer zahlten.

Aus steuertheoretischer Perspektive hat die Kopfsteuer einen unschlagbaren Vorteil: Sie ist einfach zu erheben, weil sie eine einfache Berechnungsgrundlage – ein Kopf, ein fester Steuerzahlbetrag – hat, und sie ist zumindest in einer Hinsicht eine optimale Steuer: Niemand kann ihr entkommen und niemand kann seine Steuerlast durch eine Verhaltensänderung senken. Das ist aus Sicht der Steuereintreiber ein unschätzbarer Vorteil, die Kopfsteuer macht Steuerausweichung unmöglich (es sei denn, man verlässt das Hoheitsgebiet des Steuerstaates), und sie vermeidet damit sogenannte Wohlfahrtsverluste, die bei jeder anderen Steuer entstehen. „Excess Burden" oder „Zusatzlast" nennen Fachleute dieses Phänomen, das bei jeder anderen Steuer zwangsläufig entsteht. Um diese Zusatzlast der Besteuerung zu verstehen, machen wir einem Spaziergang durch Frankreich.

Fenster zu und Steuern runter

Wer durch das ländliche Frankreich schlendert und sich dort ältere Häuser anschaut, bemerkt die seltsame Bauweise mancher Häuser: Zur Straße hin haben sie kaum Fenster und Türen, diese finden sich nur zum Garten hin; das Leben der Bewohner spielt sich offenbar auf der Rückseite des Hauses ab. Der Grund für diese Bauweise waren keine skurrilen Marotten, auch nicht betrunkene Architekten oder ein Mangel an Türen und Fenstern, sondern das Steuerrecht. Im Zuge der Französischen Revolution wehrten sich die Bürger zunehmend gegen das Eindringen des Staates in die privaten wirtschaftlichen Verhältnisse, wenn dieser Informationen zur Steuererhebung sammeln wollte – die Idee des Datenschutzes ist so gesehen auch ein Kind des neugierigen Steuerstaates. Je weniger aber der Steuereintreiber Einblick in die tatsächlichen Verhältnisse der Bürger hatte, umso schwieriger wurde es für ihn, eine adäquate Steuer, beispielsweise auf den Ertrag eines Gebäudes, festzusetzen. Also musste ein Ersatz her, eine Steuer, deren Bemessungsgrundlage leicht zu erfassen ist. Beispielsweise die Bauart des Gebäudes, die kann man von außen sehen, ohne den Besitzer nach seinem Einkommen fragen zu müssen. Das war die Geburtsstunde der Fenstersteuer, eine sogenannte Merkmalsbesteuerung.

Kein Witz: Bis ins 19. Jahrhundert hinein existierte in Frankreich eine Tür- und Fenstersteuer mit einem ausgetüftelten Tarif. Die Höhe der Steuer war abhängig von der Einwohnerzahl des Ortes, in dem das Haus stand, von der Anzahl der Öffnungen des Hauses und sie unterschied danach, ob es sich um Torwege, Magazintore, gewöhnliche Tore und Fenster oder Fenster des dritten oder höherer Stockwerke handelte. Wer beispielsweise im Jahr 1852 in einer Gemeinde mit weniger als 5 000 Einwohnern lebte und ein Haus mit fünf Öffnungen hatte, zahlte 2,50 Franc, kam noch ein Torweg hinzu, wurden weitere 1,60 Franc fällig. Wer in einer Großstadt mit mehr als 100 000 Einwohnern lebte und sein Haus mit zwei Fenstern und einer Tür ausstattete, musste 4,50 Franc dafür an den Fiskus entrichten.

Die Reaktion der Bevölkerung liegt auf der Hand und erklärt den seltsamen Baustil vieler französischer Häuser: Man baute steuerminimierend, also mit möglichst wenigen Fenstern und Türen. Diese Form der Steuerausweichung ist sowohl für den Staat als auch für den Bürger die schlechteste aller Welten: Der Staat erhält weniger Steuern, die Bürger Häuser, die sie so nicht wollen – beide verlieren. Solche Ausweichreaktionen als Antwort auf ungeliebte Steuern führen zu einem Wohlfahrtsverlust: Der Staat verliert Steuereinnahmen, der Bürger muss auf Wohn- beziehungsweise Lebensqualität verzichten, und diesen Verzicht nennt man die Zusatzlast einer Steuer. Gedient ist damit niemandem. Das Ärgerliche an diesem Effekt ist, dass jede Steuer eine solche Zusatzlast – allerdings je nach Art der Steuer in unterschiedlichem Maße – mit sich bringt.

Das Muster ist stets gleich: Der Staat führt eine Steuer ein, die Bürger antworten, indem sie dem besteuerten Tatbestand ausweichen – was für sie mit Unannehmlichkeiten verbunden ist. Ein zeitgenössisches Beispiel für dieses Muster sind die selbst gedrehten und gestopften Zigaretten, an denen in den vergangenen Jahren immer mehr deutsche Raucher saugten. Der Grund für die steigende Liebe zur selbst gedrehten Zigarette war die steigende Steuerbelastung herkömmlicher industriell gefertigter Filterzigaretten. Da der Steuersatz auf selbst gedrehte und gestopfte Zigaretten geringer war als auf Filterzigaretten, wichen die Raucher auf die Eigenherstellung aus, mit zwei Konsequenzen: Der Fiskus bekommt weniger Steuergelder und das Rauchen wird ungemütlicher. Der eingeschränkte Rauchgenuss aufgrund der jetzt in Eigenregie hergestellten Zigaretten ist die Zusatzlast; eine Unbequemlichkeit, von der auch der Staat nichts hat. Beide Seiten verlieren.

Das Dilemma dieser Zusatzlast besteht darin, dass sie grundsätzlich bei jeder Steuer entsteht, weil Menschen immer und jederzeit bestrebt sind, der Steuer auszuweichen. Da auch der Staat als Steuergesetzgeber dies weiß – oder zumindest wissen sollte –, liegt es in seinem Interesse und auch im Interesse der steuerzahlenden Bürger, diese Zusatzlasten möglichst gering zu halten. Diese Überlegungen führen uns zurück – zur Kopfsteuer. Will man die Zusatzlast der Besteuerung vollständig vermeiden, landet man zwangsläufig bei Lady Godiva und den englischen Steuern, also bei der Kopfsteuer. Diese hat einen unschlagbaren Vorteil: Da kein Bürger ihr ausweichen kann, ohne den Kopf und damit sein Leben zu verlieren, entgehen dem Staat keine Steuereinnahmen und die Bürger haben keine Wohlfahrtseinbußen durch Steuerausweichung. In dieser Hinsicht ist die Kopfsteuer eine optimale Steuer und sollte bei allen beliebt sein.

Ist also eine Kopfsteuer der Stein der Weisen für die Steuerpolitik? Versucht wurde die Einführung einer solchen Steuer in jüngerer Zeit in Großbritannien: Dort wollte man in den 1990er-Jahren die alte Kopfsteuer aus dem Jahre 1381 als Kommunalsteuer wieder einführen. Die Folge: Als Räuber verkleidete Bürger stürmten – ausgerechnet in Nottingham (Robin Hood lässt grüßen) – das Rathaus, in Plymouth prügelten sich Einwohner, die eine Gemeinderatssitzung sprengen wollten, mit Polizisten und in London wurden Abgeordnete vor dem Parlament von Demonstranten eingekreist. „Die Regierung hat dem Volk den Krieg erklärt", brachte es ein konservativer Abgeordneter auf den Punkt – und das Volk nahm diese Kriegserklärung an. Warum ist eine Kopfsteuer, die unbestreitbare Vorteile hinsichtlich der Zusatzlast hat, derart unbeliebt? Der Grund dafür ist einleuchtend: Millionen Bürger mit relativ geringen finanziellen Mitteln sollten zum ersten Mal

Steuern zahlen, und zwar die gleichen Steuern, die reichere Mitbürger zu zahlen hatten – ein glatter Verstoß gegen jede denkbare Version des Leistungsfähigkeitsprinzips. Kein Wunder, dass die Regierung nachgeben musste und von einer Reanimation der historischen *Poll Tax* – so wurde diese Steuer genannt – absah. Lady Godivas und Robin Hoods Nachfahren hatten gesiegt.

Abgesehen vom eklatanten Verstoß gegen das Leistungsfähigkeitsprinzip der Besteuerung gibt es noch einen anderen Grund, warum eine Kopfsteuer keine gute Steuer sein muss, nämlich dann, wenn der Staat *darauf abzielt*, dass seine Bürger der Steuer ausweichen. Klingt reichlich verrückt, hat aber Methode, wie wir gleich sehen werden: Warum etwa könnte eine Steuer auf ungeklärte Morde Sinn machen?

Mordsteuern und Umweltschutz à la Mittelalter

In den Aufzeichnungen des Richard von Ely, den wir bereits als Schatzmeister Heinrichs II. von England kennengelernt haben, finden sich Hinweise auf eine skurrile Steuer: War in den zurückliegenden sechs Monaten in einer Gemarkung ein ungeklärter Mord passiert, so musste der zuständige Landvogt eine Abgabe an seinen Lehnsherren zahlen. Diese Steuer diente als Strafe für einen nachlässigen Landvogt, der solche Dinge in seiner Gemarkung zuließ; zudem sollte sie die Menschen der Gemarkung zur erhöhten Wachsamkeit erziehen – wer aufmerksam war und einen Mord verhindern oder einen Mörder entlarven konnte, ersparte dem Landvogt – und damit der Bevölkerung der Gemarkung – Steuern.

Die Mordsteuer ist eine historische Version dessen, was Ökonomen heute als *Lenkungssteuer* bezeichnen – eine Steuer, die das Verhalten der Steuerbürger beeinflussen soll. Das Ziel dieser Steuern sind in erster Linie nicht die Einnahmen, sondern die Verhaltensänderung der Bürger: Um die Steuerzahlung zu vermeiden, ändern sie ihr Verhalten so, wie es sich der Staat wünscht. Moderne Versionen solcher Lenkungssteuern kennen wir alle: Steuern auf Alkohol, Tabak oder Glücksspiel werden vom Staat erhoben, um Bürger zu einem gesünderen Leben zu bewegen. Wenn die Bürger, ihrem ökonomischen Instinkt folgend, der Steuer ausweichen, verhalten sie sich so, wie es der Staat wünscht, leben also gesünder, spielen weniger. Auch wenn der Staat dadurch weniger Steuern einnimmt, so hat er doch sein Ziel erreicht – das Ziel einer solchen Lenkungssteuer ist am besten erfüllt, wenn keine Steuern eingenommen werden. Ob dieses lautere Motiv der steuerlichen Wirklichkeit entspricht, steht auf einem anderen Blatt Papier. Zu groß ist die Versuchung, respektable Lenkungsziele zur Rechtfertigung der Steuer oder Steuererhöhung anzugeben, aber gleichzeitig nach einem höchstmöglichen Steueraufkommen zu schielen. Polit-Marketing eben. Davon abgesehen ist die Liste der Dinge, die der Staat dem Bürger mittels Steuern abgewöhnen möchte, lang – vom Konsum an Alkohol, Tabak, Kaffee bis zur Nutzung von Mineralöl und Strom. Offensichtlich gibt es kaum ein Problem, dem man nicht mittels einer Steuer zu Leibe rücken könnte.

Eines der prominentesten Ziele solcher Steuern ist die Umwelt – mithilfe der sogenannten Ökosteuern versucht man die Bürger zu umweltschonenderem Verhalten anzuhalten. So modern diese Idee klingt, so alt ist sie: Die historische Variante der Ökosteuer ist der sogenannte Waldzins oder die Abgabe auf Wüstungen. Wenn ein Mann normaler Größe auf einem Baumstumpf stehend in der nächsten Umgebung fünf weitere Baumstümpfe sehen konnte, so nannte man das eine Wüstung. Das Maß einer gedeihlichen Waldnutzung war bei einer Wüstung überschritten und eine Strafsteuer wurde fällig. Umweltschutz im Mittelalter. Und um den Ertrag aus der Holzfällerei zu besteuern, wurde eine Rodungstaxe fällig, die ein Steuerpreis für das gerodete Holz war.

Der Fantasie der Steueringenieure sind keine Grenzen gesetzt, auch heute nicht: So gab es in den 1990er-Jahren die Forderung nach einer Pizzasteuer, um die deutsche Küche zu schützen, eine Schokosteuer auf ungesunde Lebensmittel erblickte im Politik-Sommerloch das Licht der öffentlichen Debatte, um kurz darauf zu verscheiden, ja sogar einer Sozial- und Kultursteuer für Konfessionslose wurde das Wort geredet – wobei hier nicht klar ist, ob man damit wirklich Ungläubige bekehren wollte. Ganz neu ist diese Idee nicht: Als die Moslems sich nach dem Ende des Römischen Reiches anschickten, die Welt zu erobern, stellten sie die eroberten Völker vor die Wahl:

Tod, Steuern oder Bekehrung zum Islam. Als die Bekehrung zum Islam sich zu einem ernsthaften Steuerschlupfloch entwickelte, zeigte sich, dass den muslimischen Besatzern die Einnahmen wichtiger als die Missionierung waren.

Ein weiteres Beispiel für den missionarischen Charakter, den Steuern entfalten können, ist die Bartsteuer, die im zaristischen Russland des Jahres 1699 unter Peter dem Großen eingeführt wurde. Sie war nach Ständen gestaffelt und unverschämt hoch: Kaufleute der ersten Gilde mussten 100 Rubel zahlen, wenn sie ihren Bart behalten wollten, Höflinge, Beamte und Kaufleute geringerer Herkunft mussten 60 Rubel für ihre Bartpracht berappen, den sonstigen Stadtbewohnern verlangten die Steuereintreiber Peters des Großen 30 Rubel pro Bart ab. Bärtige Bauern zahlten pro Stadtbesuch eine Kopeke. Ein Motiv für diese Bartsteuer bestand darin, das Land gewaltsam in die Moderne zu katapultieren, mit den Bärten die alten religiösen Zöpfe (respektive Bärte) abzuschneiden und so Russland zu einer Nation modernen westlichen Zuschnitts zu machen. Möglicherweise spielte hier aber – wie bei den meisten Lenkungssteuern – auch die Einnahmenerzielung eine Rolle: Da der Bartrasur religiöse Gründe entgegenstanden – Bartrasur galt als Verhöhnung des Gottesbildes im Menschen –, blieb tiefgläubigen Russen keine andere Wahl, als zähneknirschend die Steuer zu zahlen. Peter hatte sich eine ergiebige Steuer ausgedacht.

Womit wir bei einer weiteren wichtigen Lektion für den Steuereintreiber wären: Wie kann er eine Steuer möglichst ergiebig machen? Eine Antwort auf diese Frage liefert Peters Bartsteuer: Besteuere das, was den Menschen wichtig ist, so wichtig, dass sie nicht darauf verzichten wollen – dann bleibt ihnen nichts anderes übrig, als die Steuer zu zahlen. „Preisunelastische Nachfrage" nennen das Ökonomen und geben dem Staat einen klaren Rat: Je weniger die Nachfrage nach einem Gut auf Preiserhöhungen mit Nachfragerückgängen reagiert, desto unverschämter kann man bei der Steuer hinlangen. Die Kopfsteuer beispielsweise ist aus dieser Perspektive perfekt, denn die Nachfrage nach dem eigenen Kopf ist – vorsichtig ausgedrückt – extrem preisunelastisch; der Wille der Bürger, diese Steuer zu zahlen, ist maximal. Steuerschlupflöcher lässt diese Steuer nur in Form der Auswanderung zu.

Nun kann man aber nicht nur den Kopf oder den Bart besteuern, zur Stopfung von Steuerlöchern müssen weitere Einnahmequellen her. Aber wie kann man dem Bürger mehr aus der Tasche ziehen, ohne dass er sich aus seiner Verantwortung als Steuerzahler herauswindet und dem Fiskus zu viele Einnahmen verloren gehen? Vielleicht indem man Sklaven besteuert?

Steuern auf Sklaven und Fußballer

Im antiken Griechenland und im römischen Weltreich war die Menschenrechtsdeklaration der Vereinten Nationen unbekannt – mit der Folge, dass die Gleichheit aller Menschen keine populäre Idee war. Vor allem Sklaven galten kaum mehr als Lasttiere und wurden wie Güter oder Waren behandelt. Dennoch waren sie dem damaligen Steuereintreiber nicht gleichgültig, denn auf Sklaven waren Steuern zu entrichten. Zum einen musste der Herr auf jeden Sklaven eine Kopfsteuer entrichten, zum anderen wurde beim Verkauf eines Sklaven eine Steuer fällig. Und wer einen Sklaven freilassen wollte, zahlte ebenfalls eine Steuer. Die Steuer auf den Handel mit Sklaven kann als antiker Vorläufer der heutigen Umsatzsteuer gelten: An jedem Geschäft, das zwei Wirtschaftssubjekte miteinander tätigen, beteiligt sich der Staat, indem er eine Steuer auf den Umsatz aus diesem Geschäft erhebt. Konsequenterweise besteuert der Staat seit Menschengedenken nicht nur den Handel mit Sklaven, sondern auch den Handel mit allen Arten von Gütern und Dienstleistungen.

Sogar das System differenzierter Steuersätze – für unterschiedliche Güter müssen unterschiedliche Steuerbeträge gezahlt werden – kannten die Römer und Griechen bereits: Der Kauf einer Sklavin wurde mit einem höheren Steuersatz belegt als der Kauf eines Sklaven. Heute zahlt man 19 Prozent Mehrwertsteuer beim Kauf einer Uhr, aber nur sieben Prozent beim Kauf von Lebensmitteln. Selbst der Handel mit bestimmten Personen unterliegt auch heute noch der Steuer: Wenn ein Fußballspieler den Verein wechselt und eine Ablösesumme fällig wird, steht der Fiskus an der Seitenlinie und kassiert mit.

Damit sind wir bei einer wichtigen Wegmarke der Steuergeschichte angekommen. Bisher ging es hauptsächlich um Steuern auf den

Ernteertrag, das Vermögen, den Landbesitz, den Lohn, also Steuern, die Ökonomen als *direkte* Steuern bezeichnen. Steuern auf den Kauf und Verkauf von Waren und Dienstleistungen hingegen bezeichnet man als *indirekte* Steuern. Steuerzyniker haben andere Bezeichnungen für direkte und indirekte Steuern, sie sprechen von merklichen und unmerklichen Steuern. Die Idee hinter dieser Bezeichnung ist, dass bei einer direkten Steuer auf das Einkommen oder Vermögen der Bürger erkennt und spürt, welchen Betrag er als Steuer zu zahlen hat, während bei indirekten Steuern die Steuer im Kaufpreis versteckt ist – dadurch scheint der Widerstand gegen eine solche Steuer geringer zu sein.

Indirekte Steuern haben einen weiteren Vorteil: Sie sind einfacher und leichter zu erheben. Wir haben ja gesehen, dass für eine direkte Steuer auf das Einkommen oder den Besitz das ganze Volk „geschätzt" werden muss, selbst Maria und Josef mussten wie alle anderen ihrer Zeitgenossen nach Bethlehem, um sich schätzen zu lassen – ein immenser Aufwand, der langwierig ist und den Staat selbst viel Zeit und Geld kostet. Wie einfach hingegen ist die Erhebung einer Steuer auf den Verkauf von Sklaven: Man verdonnert den Sklavenhalter, auf jeden verkauften Sklaven die Steuer aufzuschlagen und seinem Kunden abzuknöpfen. Da es weniger Sklavenhalter als Bürger in einer Gesellschaft gibt, ist der Erhebungs- und Überwachungsaufwand deutlich geringer.

Ein weiterer Vorteil indirekter Steuern ist ihre Allgemeinheit. Das Steuerrecht war, wie wir bereits gesehen haben, seit Beginn von allerlei Ausnahmen durchlöchert: Steuerbefreiung für die ägyptischen Priester, Steuererlass für den Adel, Steuervorteile für den brandenburgischen Schweinezüchter – seit es Steuern gibt, gibt es Gruppen, die sich ihnen in legaler Weise entziehen können. Die indirekten Steuern jedoch bieten die Möglichkeit einer allgemeinen Besteuerung. Eine Steuer auf den Kauf eines Sklaven oder einer Zeitung bietet keine Möglichkeit, nach dem Käufer zu unterscheiden – jeder, der einen Sklaven oder eine Zeitung kauft, muss Steuern zahlen, ohne Ansehen der Person. Zusammen mit der geringeren Merklichkeit der indirekten Steuern schien das eine gute Idee, Steuern allgemeiner und umfassender zu erheben und damit die Einnahmen des Staates zu vergrößern. Darüber hinaus erwiesen sich indirekte Steuern als sehr ergiebig, nehmen wir beispielsweise das Bier: So gab es im mittelalterlichen

Deutschland das Bierungeld, die Bierakzise, den Bierpfennig, das Trankgeld, den Schankaufschlag, den Malzaufschlag – und trotzdem belegen historische Dokumente, dass unsere Vorfahren recht trinkfreudig waren. Manche Dinge ändern sich nur langsam – oder nie.

Ein weiterer Trick der indirekten Steuern besteht also darin, dass man ein und dasselbe Produkt mehrmals besteuern kann: Auf der Produktionsebene besteuert man die Zutaten und die Maschinen, mit denen produziert wird, auf der Handelsebene den Verkauf an den Großhandel und auf der Ebene der Konsumenten den Endverbrauch. Da kommt rasch etwas zusammen, vor allem, weil jeder diese Steuer zahlen muss, auch der Adel und der Klerus. Kein Wunder, dass es im Spätmittelalter in Deutschland, Holland und England zum sogenannten Akzisestreit (Akzise ist ein altes Wort für Verbrauchsteuer) kam, bei dem über Sinn, Unsinn, Ziel und Objekt indirekter Steuern gezankt wurde. Das war keine wissenschaftlich-abstrakte Veranstaltung, ging es doch um vitale politische Interessen: Der Staat erhoffte sich von den indirekten Steuern mehr Einnahmen und Einfluss, die jeweiligen Interessengruppen versuchten, eine Steuerbelastung ihrer jeweiligen Produkte zu verhindern. Heute ist es kaum anders – sehen Sie sich beispielsweise die lange Liste der dem ermäßigten Steuersatz unterliegenden Gegenstände in der Anlage zu § 12 Abs. 2 Nr. 1 und 2 des deutschen Umsatzsteuergesetzes (Mehrwertsteuer) an – Sie werden je nach Laune lachen oder weinen.

Einen weiteren Schönheitsfehler finden wir bei den indirekten Steuern: Er steckt in der Formulierung, dass jeder die Steuer beim Kauf oder Verkauf eines Gutes zahlt, ohne Ansehen der Person – wie bei der Kopfsteuer. Und genau das macht die Sache kompliziert, bedeutet es doch, dass solche Steuern keine Differenzierung nach der Leistungsfähigkeit erlauben. Damit ist klar – und war den Steuertheoretikern schon im Mittelalter klar –, dass Verbrauchsteuern ärmere Schichten höher belasten als wohlhabende Klassen. Ein Bierpfennig ist wenig, wenn man ein großes Vermögen vertrinken kann, aber viel, wenn man nur einen kargen Wochenlohn hat, um seinen Durst zu löschen.

Aber halt, nicht so schnell: Wissen wir wirklich, wer durch die entsprechende Steuer belastet wird? Wenn eine Steuer auf den Verkauf eines Biers erhoben wird – wer *trägt* sie dann eigentlich? Derjenige, der das Gut konsumiert, oder derjenige, der die Steuer an den Fiskus abführt, also zahlt? Das klingt sehr spitzfindig, ist es aber nicht. Es ist eine der wichtigsten Fragen der sogenannten Steuerüberwälzung: Trägt derjenige, der die Steuer an den Fiskus abführt, die Steuerlast oder ist es etwa derjenige, der das Gut als Endverbraucher konsumiert, oder ist es ein ganz anderer? Um diese Frage zu klären, wenden wir uns einer seltsamen Veranstaltung zu: Luxussteuern, die den Armen schaden.

Arme tragen Luxussteuern

Die Idee ist bestechend: Man erhebt eine Luxussteuer auf Pelze, Jachten, Perlen und ähnlichen Millionärsschnickschnack und lässt die Erträge aus dieser Steuer den Armen und Bedürftigen zukommen. Ein toller Plan, der scheinbar zwei Fliegen mit einer Steuerpatsche erledigt: Man reduziert die ungerechte Verteilung der Einkommen und hilft den Bedürftigen – da kann doch nichts schiefgehen. Oder? Nicht nur der damalige Bundesaußenminister Joschka Fischer hat sich für eine höhere Mehrwertsteuer auf Luxusartikel ausgesprochen. „Bei Waren, wo es auf das Geld gar nicht mehr ankommt, kann man sicherlich über einen dritten Mehrwertsteuersatz nachdenken", sagte er in einem Interview. Die meisten Menschen finden so eine Idee gut und gerecht, sodass es nicht wundert, dass sie bereits ausprobiert wurde, nämlich im Land der unbegrenzten Möglichkeiten.

Im Jahr 1990 hat der amerikanische Kongress eine Luxussteuer auf Pelze, Jachten, Juwelen und Luxusautos eingeführt, um Steuereinnahmen von denjenigen zu ergattern, die durch ihre Schwäche für Luxus dokumentieren, dass sie besonders leistungsfähig sind. Doch die neue Steuer wurde zum Rohrkrepierer: Bereits drei Jahre später wurde die Luxussteuer fast gänzlich abgeschafft, weil sie – so bizarr es klingen mag – den Beziehern geringer Einkommen geschadet hatte. Der Umverteilungstraum der amerikanischen Politiker war einem Phänomen zum Opfer gefallen, das Ökonomen als „Inzidenz" bezeichnen. Was war passiert?

Um das zu verstehen, muss man sich an die grundlegende Einsicht erinnern, die wir bereits kennen: Wo der Mensch kann, weicht er der Steuer aus. Das taten auch die amerikanischen Millionäre und Besitzer von Jachten, Perlen und Pelzen: Sie verzichteten auf ihre luxuriösen Spielzeuge und vermieden es so, die Luxussteuer zu zahlen. Das war umso einfacher, als solche Spielzeuge eben nur das sind: Spielzeuge. Natürlich fällt es einem leichter, auf eine Perlenkette zu verzichten als auf eine warme Mahlzeit. Die Nachfrage nach Luxusgütern reagiert sehr empfindlich auf eine Erhöhung des Preises; steigt der Preis beispielsweise um ein Prozent, so sinkt die Nachfrage um mehr als ein Prozent – eine preiselastische Nachfrage nennen Ökonomen dieses Phänomen.

Welche Folgen hat es, wenn die Nachfrage nach einem Produkt – sagen wir Pelze – preiselastisch reagiert? Zunächst bedeutet es, dass bei einer Erhöhung der Steuern auf Pelze die Nachfrage danach stark sinkt, da ja steuerbedingt der Kaufpreis steigt. Für den Fiskus kann das sogar ein Minus an Steuereinnahmen zur Folge haben: Zwar zahlen diejenigen, die noch Pelze kaufen, wegen des gestiegenen Steuersatzes mehr Steuern, aber da immer weniger Menschen wegen des höheren Preises Pelze kaufen, sinkt die Anzahl der verkauften Pelze so stark, dass unter dem Strich die Steuereinnahmen sinken. Schon aus dieser Perspektive betrachtet ergibt sich für den Finanzminister eine knifflige Rechenaufgabe: Wie stark darf er die Steuersätze anheben, bevor die Mindereinnahmen wegen des Rückgangs der Nachfrage die Mehreinnahmen wegen des erhöhten Steuersatzes überholen?

Nun kann man ja argumentieren, dass ein geringer Steuerertrag aus Luxussteuern besser ist als gar nichts, und wenn ein paar Menschen keine Pelze mehr kaufen – was soll's? Doch leider ist das zu kurz gesprungen, denn wir müssen einen Blick auf die Angebotsseite werfen: Was wird aus der Herstellung von Pelzen, Perlen oder Jachten? Hier liegt das eigentliche Problem.

Den amerikanischen Herstellern von Pelzen, Perlen und Jachten brach nach Einführung der Luxussteuer die Nachfrage nach ihren Produkten weg – mit entsprechenden Folgen für ihr Geschäft, für ihre Gewinne, für ihre Beschäftigten. Das war der Grund, warum die amerikanische Luxussteuer nach hinten losging: Die Millionäre, die diese Steuer bezahlen sollten, traten in einen Kaufstreik und gaben stattdessen ihr Geld für andere Produkte aus, die nicht von der Luxussteuer belastet wurden. Die Produzenten der Millionärsspielzeuge hingegen konnten ihre Produktion nicht ohne Weiteres auf andere

Güter umstellen; sie mussten Gewinneinbußen hinnehmen und Beschäftigte entlassen. Alles in allem bezahlten damit amerikanische Arbeitnehmer in der Luxusartikelbranche mit ihren Arbeitsplätzen die Luxussteuer. Man zielte mit der Steuer auf den reichen Wall-Street-Banker und traf den armen Werftarbeiter.

Diese Geschichte birgt eine wichtige Erkenntnis: Eine Steuer wird nicht immer von denjenigen geschultert, die sie tragen sollen. Oder um es präziser zu sagen: Es gibt einen Unterschied zwischen denjenigen, die eine Steuer entsprechend den gesetzlichen Vorgaben zahlen, und denjenigen, die sie wirtschaftlich tragen. Im Fall der Luxussteuer mussten die amerikanischen Millionäre die Steuer zwar zahlen, die Last der Steuer hingegen – Ökonomen sprechen von der Traglast – landete bei den Werftarbeitern und Juwelieren, die als Folge der Steuer ihren Job verloren. Wer das versteht, weiß, warum Steuern oft nicht das bewirken, was man sich von ihnen erhofft. Das Auseinanderfallen der Steuerzahllast und der Steuertraglast ist der Kerninhalt der Steuerüberwälzung.

Denken wir noch einmal an die amerikanischen Hersteller von Luxusprodukten, denen infolge der Steuererhöhung auf ihre Produkte die Nachfrage wegbrach. Bevor man auf den sinkenden Absatz generell mit Produktionseinstellungen und Entlassungen reagiert, wird man zunächst etwas anderes versuchen: Man senkt die Herstellerabgabepreise. Damit wird die Steuer von den Anbietern der Produkte getragen – der Fiskus erhöht die Steuer auf ein Produkt, die Konsumenten sind nicht bereit, diese zu bezahlen, also senkt der Produzent zähneknirschend seine Herstellerpreise, um einen Rückgang der Nachfrage zu verhindern. Da diese Preissenkung zulasten seiner Gewinne geht, hat er die ökonomische Last der Steuer geschultert, er trägt die Steuer. Die Konsumenten haben die Steuerlast auf den Produzenten überwälzt, der diese aus seinen Gewinnen bezahlt. Bei der amerikanischen Luxussteuer war es nicht anders.

Aus dem Beispiel der Luxussteuer lassen sich Ideen herleiten, wer wann den größeren Teil einer indirekten Steuer trägt. Die Nachfrage der Millionäre nach Luxusspielzeug ist eher preiselastisch, sie können leicht darauf verzichten; das Angebot der Produzenten ist eher das, was Ökonomen unelastisch nennen – sie können nicht so einfach auf andere Produkte ausweichen. Bei einer solchen Konstellation zahlen die

Anbieter den größeren Teil der Steuer, weil sie die preisunelastischere Marktseite darstellen. Das kann dazu führen, dass sich die Produktion einfach nicht mehr lohnt und (zumindest teilweise) aufgegeben oder in ein anderes Land verlagert wird.

Nicht notwendigerweise müssen die Produzenten die Steuerlast tragen. Nehmen wir an, der Staat entschließt sich, eine Steuer auf Bier einzuführen – keine so abwegige Idee, wie wir wissen. Und nehmen wir weiterhin an, dass die Bürger nur sehr ungern auf ihr Bier verzichten wollen, die Nachfrage nach Bier also recht preisunelastisch ist – eine Annahme, die durch alte deutsche Steuerregister aus dem Mittelalter und das heutige Nachfrageverhalten hinreichend gerechtfertigt ist. Dann dreht sich der Steuerspieß um: Das Bier wird zwar teurer, aber da der durstige Bürger nicht darauf verzichten will, kann der Produzent den Steuersatz lässig auf den Bierpreis schlagen, ohne etwas von seinen Gewinnen preiszugeben – der große Bierdurst seiner Kunden stellt sicher, dass diese auch zu einem höheren Preis ihren Konsum kaum einschränken werden. In diesem Fall hat der Brauer die Biersteuer auf seine Kunden überwälzt, die Steuer wird nun von durstigen Trinkern getragen.

Wer letztlich welchen Anteil der Steuer ökonomisch gesehen trägt, hängt also von der Dringlichkeit der Bedürfnisse – sprich der Preiselastizität – auf beiden Marktseiten ab: Je weniger die Konsumenten auf das betreffende Gut verzichten wollen, umso eher werden sie die Steuer in Form gestiegener Preise zahlen; je weniger es sich die Produzenten leisten können, Nachfrage zu verlieren, umso eher werden sie den Herstellerpreis senken und die Steuer aus ihren Gewinnen bezahlen, dann tragen sie die Steuer. Fachmännisch verkürzt kann man also festhalten: Die unelastischere Marktseite trägt den größeren Teil der Steuern.

Die Steuerpolitik des Staates trifft die Bürger also dort, wo sie am empfindlichsten sind, nämlich in ihrer eigenen Brieftasche. Vielleicht ist das einer der Gründe, warum gerade in der Steuerpolitik so viele unsinnige und schwer nachvollziehbare Regelungen getroffen werden. Wenden wir uns also einem Bereich der Steuergesetzgebung zu, der es zu wahrer Meisterschaft gebracht hat und bei einem bestimmten Teil der Steuerzahler äußerst beliebt ist. Dazu werfen wir einen Blick in die *Zahnärztlichen Mitteilungen*.

5 | Die Logik des Steuerspargrabs

„Vorsicht, Liebhaberei"

Die *Zahnärztlichen Mitteilungen* sind nicht bekannt für Horrorgeschichten und nervenaufreibende Schocknachrichten, doch das war harter Stoff, den die Nachrichten da für ihre Leser bereithielten: Unter der Überschrift „Vorsicht, Liebhaberei" warnten sie vor dem Totalabsturz eines einstmals gefeierten Steuersparmodells – das Finanzamt drohte den Zahnärzten, auf Verluste aus Immobiliengeschäften eine satte Steuernachforderung draufzupacken. Wie kann so etwas passieren?

Die ganze Misere begann – wie so viele Dramen – mit deutschen Patrioten, die auf den Trümmern einer kilometerlangen Mauer Sektflaschen kreisen ließen und ihre lange vermissten Geschwister aus dem sozialistischen Osten in der neuen freien Welt des Westens begrüßten. Als die ersten Feiern vorbei waren und sich der Wiedervereinigungskater einstellte, machte man Inventur und fand ein Land vor, das durch 40 Jahre Sozialismus ruiniert war. Es musste gehandelt werden, Wiederaufbau war die Losung der Stunde. Um die Bürger für diese Herkulesaufgabe zu motivieren, ersann der Gesetzgeber steuerliche Leckerli, mit denen er ihnen ein Engagement im Osten schmackhaft machte. Und ganz vorne auf der Liste der Steuergeschenke standen Ostimmobilien.

In der Zeit der staatlich initiierten Immobilieneuphorie zum Wiederaufbau und zur Modernisierung der neuen Bundesländer konnten wohlhabende Investoren – beispielsweise Zahnärzte – in ostdeutsche Immobilien investieren und bis zu 50 Prozent der Baukosten direkt als Aufwand steuermindernd abschreiben. Wer einen Höchststeuersatz von 50 Prozent in der Einkommensteuer hatte, konnte die Hälfte der Anschaffungskosten der Immobilie steuermindernd geltend machen, was gleichbedeutend damit war, dass rund ein Viertel der Kosten der Immobilie in Form von Steuerersparnissen finanziert wurde. „Steuerparadiesische Verhältnisse", wie die *Zahnärztlichen Mitteilungen* das nannten.

Leider gab es bald Ärger im Paradies: Zu viele Besserverdiener, die unter einem Höchststeuersatz von rund 50 Prozent ächzten, waren dem Lockruf der Steuersparindustrie in den Osten gefolgt, zu viele Immobilien wurden im Osten gebaut, zu viele Immobilien überteuert verkauft, und zu wenig Menschen wollten im Osten in steuersubventionierten Wohnungen leben oder in steuerfinanzierten Einkaufszentren shoppen gehen. Schnell zeigte sich, dass man mit ostdeutschen Wohnungen zwar Steuern sparen, aber kein Geld verdienen konnte. Das ostdeutsche Betongold verwandelte sich in ein kaltes Steuerspargrab.

Kein Wunder, dass Investoren bald die Nase voll hatten und sich von ihrem ungeliebten Aufbau-Ost-Engagement trennen wollten, notfalls mit Verlust – doch dann, so erklärten die *Zahnärztlichen Mitteilungen* ihren Lesern, drohte Ärger mit dem Finanzamt. Das nämlich gewährt die Steuervorteile für Investitionen, weil es an den späteren Gewinnen dieser Investments beteiligt werden will. Wenn aber keine Gewinne dabei herumkommen und der Investor das steuerbegünstigte Objekt abstößt, droht eine Rückabwicklung des Steuersparmodells. Ein solcher Verkauf, so das Argument des Finanzamtes, zeige, dass man nie ernsthaft vorgehabt habe, Gewinne zu erzielen. Wenn dies aber der Fall sei, gebe es keinen Anlass, Steuervorteile zu gewähren, schließlich beteilige sich das Finanzamt ja auch nicht an anderen privaten Vergnügungen, die nur Kosten verursachen – was erklärt, warum wir unsere Hobbys nicht steuerlich absetzen können. „Liebhaberei" nennt das Finanzamt das: Ausgaben für Tätigkeiten oder Objekte, die nicht mit der Absicht getätigt oder gekauft werden, Gewinne zu erzielen, sondern um des Vergnügens willen. Daran will sich das Finanzamt nicht beteiligen.

Wenn nun ein westdeutscher Zahnarzt nach zehn Jahren seine ehemals steuersubventionierte Ostimmobilie mit Verlusten verkauft, unterstellt das Finanzamt, er habe diese Immobilie nur aus reinem

Vergnügen gekauft und gehalten, statt ernsthaft auf Gewinne aus zu sein – und deswegen müsse er die gesparten Steuerzahlungen nun nachträglich entrichten; inklusive Zinsen, versteht sich. Für das Finanzamt eine lukrative Sache: Macht der Zahnarzt mit der Ostimmobilie Gewinn, so zahlt er Steuern auf den Gewinn, geht das Ganze schief und der Dentist verkauft, fordert das Finanzamt die Steuerförderung zurück. Der verlustgeplagte Investor findet das weder lukrativ noch witzig.

Solche Steuerspar-Horrorgeschichten gibt es zuhauf, und sie alle haben ihre Wurzel in zwei Grundübeln: dem staatlichen Willen, mittels Steuern die Welt zu verbessern, und der Neigung seiner Bürger, der Besteuerung, wo immer es geht, ein Schnippchen zu schlagen. Schon das Wort „Steuervorteil" führt zu reflexartigen Begeisterungsausbrüchen bei den meisten Deutschen – wo soll ich unterschreiben? Wirft man beide Übel in den Mixer, rührt sie gut durch, versieht sie mit einem Schuss Politik, administrativer Starrköpfigkeit und Regulierungswut, so stehen am Ende geprellte Menschen und vernichtetes Kapital, öde Einkaufszentren, leere Mehrfamilienhäuser, verlassene Eigentumswohnungen – Investitionsruinen und Schrottimmobilien, die nun Ostdeutschland zieren. Wer sind die Menschen, die solche Albträume in Mörtel und Beton finanziert haben?

Steuersparen für Zahnwälte

Unter den Mitarbeitern von Finanzvertrieben heißen die Prototypen solcher Steuersparer „Zahnwälte", weil es sich oft um Zahnärzte, Anwälte oder andere Angehörige freier Berufe handelt. Warum sind diese Menschen so prädestiniert für Steuersparmodelle? Nicht etwa, weil sie gieriger wären als andere Bürger – es ist ihre besondere wirtschaftliche Lage, die sie für Steuersparmodelle empfänglich macht.

Der wichtigste Punkt ist, dass sich Angehörige freier Berufe selbst um ihre Altersvorsorge kümmern müssen, da sie nicht Mitglied der gesetzlichen Rentenversicherung sind. Zwar zahlen sie in ein sogenanntes berufsständisches Versorgungswerk ein, das ihnen später eine Rente zahlen wird, doch den meisten ist klar, dass sie privat Vorsorge treffen müssen, wenn sie im Alter ihren Lebensstandard halten wollen. Solange sie ausreichend damit verdienen, Zähne zu ziehen oder Paragrafen zu zitieren, ist das kein Problem. Aus dem meist nicht schlechten Verdienst erwächst aber Problem Nummer eins – die Steuer. Wer viel verdient, zahlt viel Steuern, und wer viel Steuern zahlt, hat die Möglichkeit, viel Steuern zu sparen. Dass andere Bürger nicht so sehr von den Steuerspardesastern in Ostdeutschland betroffen waren, dürfte nicht an deren höherer Moral liegen, sondern an den mangelnden Möglichkeiten, bei geringerem Einkommen mithilfe von Eigentumswohnungen oder Beteiligungen an Einkaufszentren Steuern zu sparen. Die Verkaufszahlen der Steuersparbücher für den kleinen Mann (*1 000 Steuerspartricks*) zeigen, dass jeder von uns sein Ostdeutschland, sein privates Steuersparparadies, hat.

Doch der Weg zu weniger Steuern ist öde und anstrengend: Formulare, Vorschriften, Steuergesetze, die sich im Wochentakt ändern – wer freiberuflich arbeitet, kommt nicht mit 40 Stunden Arbeitszeit pro Woche aus, da bleibt wenig Freiraum und Neigung, sich hingebungsvoll mit Steuererklärungen und Gesetzestexten zu beschäftigen. Dieser Zeitmangel ist es, der Freiberufler und Zahnwälte empfänglich macht für eine steueroptimierende Beratung, wie der Fachmann sagt. Da wird am Abend, zwischen Praxis, Abendessen und Bett, dem von der Arbeit des Tages müden Freiberufler vorgerechnet, wie viel Steuern man sparen kann, wenn alles wie geplant läuft, wie sich das Vorhaben gleichsam von Zauberhand aus der Steuerersparnis finanziert. Da passt alles zusammen: Die hohe Steuerlast, die Notwendigkeit, selbst fürs Alter vorzusorgen, die knappe Zeit, sich selbst darum zu kümmern – und schon steht ein neues steuersparfinanziertes Einkaufszentrum im Osten.

Unglücklicherweise wird diese fatale Steuersparkonstellation durch die Akteure auf der anderen Seite des Wohnzimmertisches des Zahnwaltes begünstigt, auf dem die unterschriftsbereiten Kaufverträge für Steuersparimmobilien liegen – wer verkauft solche Produkte?

„Anhauen, umhauen, abhauen"

Es ist einfach, auf die gierigen Finanzvertreter einzuprügeln, die ihren Fuß in die Tür des arglosen Bürgers stellen und ihm unnötige, überteuerte Finanzprodukte verkaufen, doch gerecht wird man ihnen damit nicht. Sicher gibt es schwarze Schafe, die nach der klassischen AUA-Methode leben, wenn es zum Kunden geht: anhauen, umhauen, abhauen. Das gilt nicht für die große Mehrheit der Finanzvertriebler, doch auch die soliden unter ihnen haben Probleme.

Zum einen muss man konstatieren, dass trotz steigender Bemühungen der Finanzvertriebe um eine Professionalisierung ihrer Mitarbeiter der Beruf des Finanzberaters kein gesetzlich vorgeschriebener und geschützter Ausbildungsberuf ist – wer Fliesen legen will, muss eine Lehre machen, wer Steuersparmodelle verkaufen will, holt sich einen Gewerbeschein. Erst seit 2007 ist ein Sachkundenachweis vorgeschrieben, über dessen Wert sich streiten lässt. Vor allem in den Anfangstagen der Finanzvertriebe waren es Hausfrauen, Landwirte, Medizinstudenten und Einzelhandelsverkäufer, die ausschwärmten, um den Bürgern Geldanlagen zu verkaufen. Bedenkt man, dass selbst gestandene Steuerberater längst vor der Dynamik kapitulieren, mit der das deutsche Steuerrecht Jahr für Jahr mutiert, ist klar, dass diese Vertreter nicht immer die besten Ansprechpartner für individuelle Steuersparfragen sein können.

Wenig hilfreich ist dabei, dass die Vertreter ihr Einkommen nicht aus einer direkten Beratungsgebühr beziehen, sondern über Provisionen bezahlt werden, die in den Finanzprodukten versteckt sind, die sie ihren Kunden verkaufen. Das hat zwei unangenehme Folgen. Folge Nummer eins ist offensichtlich: Man verkauft das Produkt mit der höchsten Provision. Das ist natürlich immer zugleich das beste Produkt, versteht sich. Folge Nummer zwei dieser Provisionsberatung ist subtiler: Da die Provision unabhängig vom Zeitaufwand des Finanzberaters ist, maximiert er sein Einkommen, wenn er die Beratung möglichst kurz macht, was einer individuellen, maßgeschneiderten Beratung nicht gerade förderlich ist. Man kann einen steuersparenden Immobilienfonds in einer halben Stunde verkaufen oder den Kunden zwei Stunden beraten – wenn die Provision in beiden Fällen die gleiche ist, braucht man sich nicht über das Resultat zu wundern.

Nun muss man zur Ehrenrettung des Finanzvertriebs sagen, dass die Guten unter ihnen wissen, dass man sich zwei- bis dreimal im Leben sieht, und dass zufriedene Kunden immer wieder kommen und weiteres Geschäft garantieren – das ist ein wichtiger Anreiz, um den Kunden sorgfältig zu behandeln und zu beraten. Wir wollen hoffen, dass das in der Mehrzahl der Beratungen der Fall ist, aber die vielen Betonfriedhöfe im Osten bezeugen, dass nicht jede Beratung zur Zufriedenheit aller Beteiligten verlaufen ist. Das können wir uns etwas konkreter anschauen. Beispielsweise, indem wir ins Kino gehen. Kennen Sie den *Terminator*?

Der Terminator und die Zahnarztdampfer

Der Film *Terminator III* hat alles, was gutes Popcornkino braucht: eine haarsträubende Geschichte, einen prominenten Hauptdarsteller, Explosionen, Schießereien, Autounfälle, jede Menge Spezialeffekte und ordentlich Grusel. In einer Szene läuft der Hauptdarsteller – der im echten Leben später Gouverneur von Kalifornien wird – mit einem Sarg auf der Schulter über einen Friedhof und feuert dazu das Magazin eines riesigen Maschinengewehrs auf seine Widersacher – was will man mehr als Kinobesucher? Was die wenigsten *Terminator*-Zuschauer wissen: Der Film ist auch mit deutschem Geld finanziert worden, Geld, das in Hollywood spöttisch unter der Bezeichnung „silly German money" (albernes deutsches Geld) firmierte. Genauer gesagt waren es die Anleger des IMF 3, eines Medienfonds des Fondshauses Deutsche Capital Management (DCM), mit deren Hilfe sich Arnold Schwarzenegger als Terminator über die Leinwand schoss und prügelte. Wie hat sich das gerechnet?

Gekostet hat das Kinospektakel 212 Millionen Dollar, an Anlegergeldern aus dem Medienfonds IMF 3 sind 55 Millionen Dollar in den Film geflossen. An den Kinos gab es für die Geldgeber des *Terminator* nicht viel Geld zu verdienen: Weniger als zwölf Prozent der Kinoeinnahmen schaffen es in ihr Portfolio. Erst die weiteren Verwertungsrunden – Videos, DVDs, TV, Merchandising und Sonsti-

ges – brachten Profit. Die Rechnung für den Anleger: Beteiligt er
sich mit einer Mindesteinlage von 100 000 Euro, so legt er zunächst
105 000 Euro auf den Tisch des Hauses – 5 000 Euro gehen als Auf-
geld, als sogenanntes Agio, an den Fondsbetreiber und sind sofort
weg. Hinzu kommen die sogenannten „weichen" Kosten für produk-
tionsnahe Auslagen wie beispielsweise Anwaltskosten in Amerika und
natürlich die Vertriebskosten der Fondsgesellschaft. Diese Kosten
wurden von der Gesellschaft mit 6,7 Prozent auf die 100 000 Euro
angegeben – das macht 93 300 Euro Anlegergelder, die direkt nach
Hollywood wandern, der Rest der ehemals 105 000 Euro verschwindet
im Provisionsloch. Das bedeutet, dass das Eigenkapital des Anlegers
erst einmal 12 000 Euro, also rund elf Prozent, erwirtschaften muss,
bis der Anleger überhaupt in die schwarzen Zahlen kommt. Kann sich
ein solches Investment lohnen?

Kaum eine Anlage ist rentabel, wenn sie vorneweg mit elf Prozent Kosten belastet wird – dieses Zauberkunststück wird erst möglich, wenn der Finanzminister ins Spiel kommt. Da Filme zu Zeiten
des *Terminator* laut damaliger Gesetze als sogenannte immaterielle
Wirtschaftsgüter galten, mussten sie sofort abgeschrieben werden,
der Anleger konnte also innerhalb bestimmter Freigrenzen satte Ver-
lustzuweisungen aus dem Fonds von der Steuer absetzen. Vereinfacht
gesagt nahm der Anleger sein Geld, investierte es in ein Projekt wie
den *Terminator*, konnte diese Kosten sofort als Aufwand von der
Steuer absetzen und damit seine Steuerlast reduzieren. Die Gewinne
vieler solcher Steuersparkonstrukte hat erst der Finanzminister möglich gemacht.

Dass viele Filmfonds trotz dieser Steuervorteile eher Kapital
vernichteten als vermehrten, zeigt, in welchem Zustand die deutsche
Steuersparindustrie war: Der Fiskus räumte Anlegern satte Steuervorteile bei der Investition in Beton, Filme, Schiffe oder sonstige Exoten
wie Videospielfonds ein, doch unter dem Strich führte das dazu, dass
findige Finanzvertriebe mit dem Steuerargument auf Verkaufstour
gingen, ihren Kunden das Geld aus der Tasche zogen und es für Ver-
triebsprovisionen, „weiche" Kosten und sonstige Nebenbelastungen
verausgabten. Die staatlichen Steuervorteile landeten also oft nicht
beim Anleger, sondern bei den netten Damen und Herren, die abends
den Kaufvertrag für das einmalige Investment in kaukasische Ein-

kaufszentren über den Wohnzimmertisch schoben. Gehen wir getrost davon aus, dass dies nicht die Intention des Gesetzgebers war.

Doch das Allerschlimmste für die Steuerzahler: Die Steuervorteile sind bei Weitem nicht so üppig, wie sie auf den ersten Blick aussehen. Was ist eigentlich der Trick bei diesen Modellen?

Abgerechnet wird zum Schluss

Zunächst scheint die Rechnung einfach: Wenn man 100 000 Euro in einen Film investiert, hat man Aufwendungen, die man von seinem zu versteuernden Einkommen absetzen kann, dementsprechend zahlt man weniger Steuern. Liegt man mit seinem Einkommen bereits im Bereich des höchsten Steuersatzes, so sind das bei einem Steuersatz von 45 Prozent für alle Einkommen oberhalb der höchsten Steuerstufe sage und schreibe 45 000 Euro, die man an Steuern spart. Oder?

Leider nein, denn auch bei Steuersparmodellen gilt wie im richtigen Leben: Abgerechnet wird zum Schluss. Wer nur auf die Steuervorteile schaut, die man erhält, wenn man in einen Film, ein Schiff, eine Immobilie oder einen Windpark investiert, vergisst zu fragen, was aus dem investierten Geld wird. Dabei gibt es zwei Möglichkeiten: Die Investition ist erfolgreich oder sie entpuppt sich als Flop. Der letzte Fall ist rasch erledigt: Wenn der Film zum Kassenlangweiler wird, die Immobilie leer steht oder das Schiff untergeht, ist das investierte Geld weg – Steuervorteile hin oder her. Zwar hat man durch die Steuervorteile den Verlust von 100 000 Euro um den Steuervorteil von 45 000 Euro auf 55 000 Euro gedrückt, aber diese 55 000 Euro sind definitiv weg. Rentabel ist das nicht, und nur für das Gefühl, dem Finanzamt ein Schnippchen geschlagen zu haben, 55 000 Euro zu zahlen, ist sehr teuer. Das ist der erste Fehler, den viele Steuersparer machen: Sie vergessen zu fragen, ob sich ihr Investment rechnen wird.

Nehmen wir doch beispielsweise die steuersparfinanzierte Immobilie, die gerne vielen Anlegern angeboten wurde und wird: Kaufe eine Immobilie, setze die Aufwendungen von der Steuer ab, wodurch sich ein Teil der Immobilie wie durch Zauberhand von selbst finanziert, vermiete die Immobilie, damit der Rest der monatlich zu leistenden

Zahlungen für die Wohnung aus den Mieteinnahmen kommt – und im Alter, wenn man mithilfe der Steuer und der Mieteinnahmen die Wohnung abbezahlt hat, sind die Mieteinnahmen die Rente des Wohnungsbesitzers. Kann das Leben besser sein?

Nein, kann es nicht, und das Leben kennt kein finanzielles Perpetuum mobile, das aus nichts Geld macht. Mit der obigen Rechnung sind Vertriebsfirmen auf Kundenfang gegangen und haben Menschen davon überzeugt, eine Eigentumswohnung zu kaufen – teilweise ohne einen Euro Eigenkapital. Dabei sollte einem schon der gesunde Menschenverstand sagen, dass man nicht einen sechsstelligen Betrag investiert, ohne einen eigenen Euro in die Hand zu nehmen. Sobald man annimmt, dass die Wohnung nur ein halbes Jahr leer steht, bricht das ganze Steuerspar-selbstfinanzier-Konstrukt in sich zusammen, und der Wohnungskäufer steht vor einem Berg von Schulden und einer oft überteuerten, unverkäuflichen Wohnung. Mit unsicheren Mieteinnahmen sichere Raten für die Immobilie zu zahlen, ist keine gute Idee, jedenfalls nicht, wenn man kein finanzielles russisches Roulette spielen will. Da nützt der schönste Steuersparvorteil nichts. Das ist der zentrale Haken an allen Steuersparmodellen: Steuervorteile können zwar das Ausmaß des Verlustes schmälern, aber ein Verlust bleibt ein Verlust.

Der zweite Fall in Sachen Steuersparmodelle ist etwas undurchsichtiger: Was, wenn mein steuersparfinanziertes Windrad nicht nur das Weltklima rettet, sondern auch Gewinne abwirft – hat man dann dem Fiskus ein Schnippchen geschlagen?

Es kommt darauf an. Zunächst einmal bedeuten Gewinne aus dem Steuersparmodell mehr Steuern. Und jetzt wird es subtil: Ein Gewinn bedeutet ja, dass man mehr Geld zurückerhält, als man in das Objekt investiert hat – und dieses Geld muss man versteuern. Mit anderen Worten: Was man zu Beginn der Investition als Aufwand steuermindernd geltend gemacht hat, wird besteuert, sobald es als Gewinn verkleidet zurückkehrt. Damit entpuppt sich der Steuervorteil zu Beginn der Investition lediglich als eine Steuerstundung: Heute muss der Anleger keine Steuern auf seinen Kapitaleinsatz zahlen, aber wenn das investierte Kapital plus angemessener Verzinsung wieder nach Hause kommt, steht der nette Herr vom Finanzamt schon auf der Türschwelle. Der viel gepriesene Steuervorteil ist also nur eine

Steuerstundung – zahl nicht heute deine Steuern, sondern morgen. Angeblich soll der Schmerz dann geringer sein.

Wer jetzt spitz rechnet, findet dennoch einen kleinen finanziellen Vorteil: Wer seine Steuern erst morgen, aber nicht heute zahlen muss, kann die gesparten Steuern bis zum Zahlungstermin gewinnbringend anlegen – die Steuerstundung bringt also einen Zinsvorteil mit sich (auch wenn diese Zinsen ebenfalls der Einkommensteuer unterliegen). Vorteil Nummer zwei stellt sich ein, wenn man jung investiert, die Gewinne aus der Investition aber erst im Alter anfallen, wenn man ein geringeres Einkommen hat als zu Berufszeiten und damit einen niedrigeren Steuersatz zahlt. Statt wie zu Berufszeiten einen Spitzensteuersatz von sagen wir 45 Prozent zu zahlen, zahlt man im Alter auf die Erträge des Windrades oder des Schiffes vielleicht nur 38 Prozent – und die Differenz zwischen diesen beiden Steuersätzen bestimmt den Steuervorteil aus dem Windrad, dem Einkaufszentrum oder dem *Terminator*.

Ein ernüchterndes Fazit: Ein Steuervorteil garantiert kein lukratives Investment, und wenn dieses Investment Gewinne abwirft, ist das Ausmaß des Steuervorteils erstens wesentlich geringer, als es auf den ersten Blick scheint, und zweitens ist die tatsächliche Höhe des Steuervorteils völlig unbestimmt und von Anleger zu Anleger verschieden. Insgesamt also ein zweifelhaftes Steuersparvergnügen. Die Moral von der Geschicht? Steuern sparen lohnt sich sehr oft nicht.

Und doch haben es sich die Bundesbürger immer und immer wieder angetan, denn steuerlich gefördert wurde in der Vergangenheit alles, was den Anschein hatte, als könne man damit in der Politik, in Sonntagsreden oder am Stammtisch glänzen: Medienfonds, Neue-Energien-Fonds, Leasingfonds, Wertpapierhandelsfonds, Videospielfonds und Schiffsbeteiligungen – Letztere wurden im Finanzvertrieb spöttisch auch „Zahnarztdampfer" genannt. Bei diesen gab es das steuerlich besonders interessante Modell des „Doppel-Whopper": Man machte Anfangsverluste bei der Finanzierung des Schiffes steuermindernd geltend und profitierte später zusätzlich von der äußerst niedrigen Tonnagesteuer – Steuersparen im Doppelpack. Als die Regierung die Steuervorteile für solche Eskapaden massiv beschränkte, kramten die cleveren Finanzvertriebe gleich die nächste Steuerspargeschichte aus den Steuergesetzbüchern: Altbausanierungen. Und die

Bürger haben alles mitgemacht. Warum sie das tun, ist uns ja bereits klar geworden – wenn der Staat eine Steuerschlupflochfabrik eröffnet, braucht man sich nicht zu wundern, dass diese Tag und Nacht auf Hochtouren läuft. Eine Frage allerdings bleibt offen: Warum tut der Staat sich und seinen Bürgern das alles an?

Steuergeld für eine bessere Welt

Die Motive der einzelnen Steuerförderungsideen sind für sich genommen nachvollziehbar: Steuervorteile für Filme sollen die deutsche Filmindustrie voranbringen, die Steuerersparnis bei den Zahnarzt-dampfern stärkt die Wettbewerbsfähigkeit der deutschen Reeder, da diese besser an Kapital kommen, steuerbegünstigte neue Energien helfen der Umwelt, und Altbausanierungssteuervorteile machen aus der Innenstadt eine bessere Wohngegend. Doch das ist beileibe nicht alles; der Gesetzgeber kennt 1 001 Wege, um mit Steuern Politik zu machen: So gab es in der Vergangenheit auf Betreiben der Landwirtschaft eine Margarinesteuer, um den Absatz der heimischen Butter zu fördern, eine Heizölsteuer, um den Absatz der heimischen Kohle zu fördern, eine Baulandsteuer, bei der baureife Grundstücke stärker besteuert wurden als andere Grundstücke, um die Bereitstellung von Bauland zu Bebauungszwecken zu fördern – kein Zweck, zu dem es nicht eine passende Steuer respektive eine passende Steuererleichterung gab.

Das Prinzip ist einfach: Der Staat beschließt, dass irgendetwas – neue Energien, Ballerfilme, Computerspiele, Schiffe – förderungs-würdig ist, und überlegt, wie man dieses Irgendetwas fördern kann. Nun sind direkte staatliche Zahlungen an eine Branche nicht immer die beste Lösung: Zum einen schmerzt es, wenn man Geld ausgeben muss, zum anderen sind direkte Zahlungen für jedermann sichtbar – für Wähler, für die Opposition und für andere Branchen, die mit dem Blick auf die Subventionen für die deutsche Filmindustrie das Verlangen nach einem staatlichen Betthupferl verspüren und Bedarf anmelden. Direkte Subventionen sind ungemütlich und wecken zu viele Begehrlichkeiten bei anderen Personen- und Berufsgruppen.

Der Weg des Steuervorteils ist attraktiver: Zum einen tun Ein-nahmeausfälle psychologisch gesehen nicht so weh wie Ausgaben, zum anderen sind sie nicht so sichtbar, und vor allem lässt sich das Ausmaß der Subvention – gemessen in der Höhe des Steuervorteils – wesentlich schwerer bestimmen als das Ausmaß einer direkten Subvention. „200 Millionen Subventionen für die deutsche Schmetterlingsindustrie" ist viel greifbarer als „Verbesserung der steuerlichen Abzugsmöglichkeiten für Investoren in deutsche Schmetterlingsfarmen".

Was und wen man in welchem Umfang fördert, ist eine Frage der politischen Couleur, des tagesaktuellen Meinungswindes und der Schlagkräftigkeit der jeweiligen Lobby, die vor den Türen des Parlaments Abgeordnete aufsammelt, einwickelt und politisch berät – im Interesse des Landes natürlich. Und solange niemand merkt, wie viel Geld da dem Staat entgeht, und obwohl aus ökonomischer Sicht entgangene Steuern oder ausgegebenes Geld zwei Seiten ein und derselben Medaille sind, regt sich weniger Widerstand, wenn Steuervorteile durch den parlamentarischen Prozess gejagt werden.

Die Folge dieser Interessenkonstellation: ein Steuerrecht, das von vorne bis hinten durchlöchert ist mit Ausnahmeregelungen, Steuervorteilen, unsystematischen Ausnahmen und unklaren Regelungen, die neue Gesetze nach sich ziehen, welche die alten Regelungen präzisieren, ergänzen, korrigieren und verkomplizieren. Die Grundidee der Einkommensteuer, die Besteuerung nach der Leistungsfähigkeit, wird auf dem Altar der wirtschaftspolitischen Lenkung über diese Steuer geopfert. Wie viel Steuern man zahlt, bestimmt sich nicht mehr in erster Linie nach der Leistungsfähigkeit, sondern nach den Steuervorteilen, die man einsammelt.

Kein Wunder, dass sich das Steuerrecht längst in einen Dschungel verwandelt hat, in dem Systematik, Fairness oder gar Gerechtigkeit so heimisch sind wie ein Gänseblümchen am Südpol. Noch schlimmer wird das Ganze dadurch, dass der Gesetzgeber, entsetzt über die Auswüchse der von ihm selbst in Gang gesetzten Steuersparorgie, einzelne Gesetze immer wieder nachbessert, um die vorhersehbaren Folgen seines Tuns einzudämmen. Womit wir wieder beim *Terminator* und seinen Steuersparkollegen wären.

Knast statt Hollywood

Die Besonderheit der Filmfonds bestand lange Jahre darin, dass sie als sogenannte immaterielle Wirtschaftsgüter galten: Eine Investition in einen Film konnte man sofort im ersten Jahr zu 100 Prozent von der Steuer absetzen – kein Wunder, dass die Deutschen ihre Liebe zum Film entdeckten; viele Steuermillionen flossen in entsprechende Filmfonds und landeten in Hollywood. Das führte zu Steuersparexzessen, die ihr Ende da fanden, wo die meisten solcher Geschichten enden: vor Gericht, wie die Geschichte von Andreas Schmid.

Schmid, der Gründer des Medienfondsanbieters VIP, lebte auf großem und glamourösem Fuß: Er finanzierte mit dem Geld seiner Anleger solche Reißer wie *Monsters*, *Das Parfum* und die *Sieben Zwerge*. Gerne ließ er sich mit *Monsters*-Darstellerin und Oscar-Preisträgerin Charlize Theron ablichten – doch bald stand an seiner Seite nicht mehr Charlize Theron, sondern Anwälte und Polizeibeamte; statt über den roten Teppich Hollywoods musste Schmid über das Linoleum bayrischer Gerichtsflure schreiten. Ein tiefer Fall aus großer Höhe – und schuld daran war das Finanzamt.

Schätzungsweise 11 000 vermögende Anleger vertrauten Schmid rund 700 Millionen Euro an, die dieser über sogenannte geschlossene Fonds in Filmproduktionen investieren wollte. Die Konstruktion solcher Fonds ist denkbar einfach: Eine Gruppe von Anlegern legt viel Geld in einen gemeinsamen Topf, und aus diesem Topf werden verschiedene Projekte – Häuser, Einkaufszentren, Windparks oder Filme – finanziert. Betreut, organisiert und abgewickelt werden solche Fonds von den sogenannten Initiatoren, die dafür üppig entlohnt werden. Die Steuervorteile dieser Fondskonstrukte waren eines der wichtigsten Verkaufsargumente der Initiatoren.

Was Andreas Schmid allerdings mit dem Geld seiner Anleger machte, war nicht im Sinne des Finanzamtes: Die Anlagegelder der Fonds flossen nicht vollständig in Filmproduktionen, sondern zu einem großen Teil auf Bankkonten und in Festgelder – in einigen Fonds sollen das bis zu 80 Prozent der Gelder gewesen sein, die nicht dazu verwendet wurden, Zelluloid zu belichten, sondern auf ordinären Sparkonten Zinsen anzusammeln. Eine großartige Idee, werden doch auf diesem Weg ordinäre Ersparnisse mehr oder weniger steuerfrei. Das Finanzamt fand das nicht oscarreif und sah die von ihm zuvor gewährten Steuervorteile als ungerechtfertigt an – wer sein Geld nicht in Filme investiert, sondern auf Bankkonten anlegt, soll gefälligst Steuern zahlen. Für viele Anleger der VIP-Fonds hatte das drastische Folgen: Die Finanzbehörden forderten von ihnen mehr als 250 Millionen Euro zurück, den Chefs der VIP-Fonds wurde der Prozess gemacht. Weil sich die Firmenchefs nicht selbst bereichert haben, sondern nur Steuern zugunsten ihrer Anleger zurückhielten, hält sich der Schaden für den Fiskus vermutlich in Grenzen; das Finanzamt wird sich die Steuern bei den Anlegern zurückholen. Für den Fiskus tröstlich, für viele Anleger eine persönliche Katastrophe.

Solche Geschichten machen eines klar: Der Staat kann und will Steuersparauswüchsen nicht tatenlos zusehen. Man will vermeiden, dass Steuerzahler in Filme investieren, nur um Steuern zu sparen. Das ginge recht einfach, indem man ihnen nicht mehr erlaubt, ihre Ausgaben für den Filmfonds, der die Filme finanziert, von der Steuer abzusetzen. Dabei stellt sich allerdings ein technisches Problem: Was ist mit denjenigen, die mit Filmen Geld verdienen statt Steuern sparen wollen? Wenn solche Anleger Geld ausgeben, um Filme zu finanzieren, darf man ihnen natürlich nicht verbieten, diese Ausgaben auch als solche vor dem Fiskus geltend zu machen – was sich aber mit der Idee beißt, solche Ausgaben nicht mehr steuermindernd anzuerkennen.

Damit spitzt sich das Problem darauf zu, zwischen „echten" und „falschen" Anlegern zu unterscheiden – erstere haben das Recht, als Unternehmer in der Filmbranche Ausgaben steuerlich geltend zu machen, letzteren will man genau dieses verweigern. Das riecht nach einer Quadratur des Steuerkreises, und genau das hat das Finanzamt versucht. Dazu hat man eine Regel ersonnen, mit deren Hilfe man zwischen „falschen" und „echten" Filminvestoren unterscheiden will: Steuerliche Vorteile erhalten nur Investoren, die sich aktiv in die unternehmerischen Belange des Filmgeschäftes einmischen.

Wer also nur sein Geld in einen Filmfonds wirft, ohne sich um die weitere Geschäftsführung zu kümmern, ist in den Augen des Finanzamtes kein echter Unternehmer – und erhält keine Steuervorteile. Wer sich jedoch aktiv in die Verwaltung des Fonds und dessen unternehmerische Strategie einmischt, gilt als Unternehmer – er darf sein Engagement bei der Steuer geltend machen. Konkret hat man das so geregelt, dass man aus der Mitte der Anleger einen „Beirat" wählt, der über die geschäftlichen Belange des Fonds entscheidet – beispielsweise welche Filme finanziert werden sollen oder welche Drehzeiten man plant. Weder der Initiator des Fonds noch ihm nahestehende Personen dürfen dem Beirat angehören. Das klingt zwar gut, wer will aber ausschließen, dass diese Beiräte zu einer Art Abnickgremium verlottern, das alles bestätigt, was der Initiator des Fonds vorschlägt? Die unternehmerische Beteiligung kann vorgeheuchelt sein, um Steuern zu sparen.

Auch bei den anderen Steuersparmodellen hat sich der Gesetzgeber daran versucht, Steuersparorgien einzudämmen. So ersann man eine Regelung, nach der man einen Missbrauch steuerlicher Gestaltungsmöglichkeiten konstatiert, wenn bei einer Investition eine „unangemessene" rechtliche Gestaltung gewählt wird, die beim Steuerpflichtigen oder einem Dritten zu einem „so vom Gesetzgeber nicht vorgesehenen Steuervorteil" führt – wie auch immer man das verstehen soll. In der Praxis bedeutet das, dass der Fiskus fragt, ob durch die gewählte rechtliche Konstruktion des Investments „künstliche" Steuervorteile entstehen, die nicht den Geist der herrschenden Gesetzgebung atmen. Kann der Steuerpflichtige nachweisen, dass es für diese spezielle Konstruktion andere wichtige Gründe gibt und der Steuervorteil nur ein unbeabsichtigtes Nebenprodukt ist, lässt ihn das Finanzamt in Ruhe – andernfalls drohen Ärger und eine Aberkennung der Steuervorteile. Konkret bedeutet diese Regelung, dass das Finanzamt mehr Spielraum gewinnt, wenn es darum geht, unerwünschten Steuersparmodellen den Geldhahn abzudrehen. Wenn ein Steuerbürger innerhalb geltender Regelungen zu viel Steuern spart, kann sich der Fiskus melden und reklamieren, dass man das ja so nicht gemeint und gewollt habe. Damit wird das Steuerrecht zu einer mehr oder weniger willkürlichen Veranstaltung, bei der derjenige gewinnt, der besser pokern kann. Deswegen legen Steuerberater so gerne ihre Termine mit dem Finanzamt auf Freitagnachmittag. Warum?

6 | Im Vorhof zur Hölle: Wie hoch ist Ihr Einkommen?

Die Freitagnachmittag-Strategie

Steuerberater sprechen nicht gerne über die kleinen Tricks, mit denen sie dem Finanzamt ein Schnippchen schlagen wollen, doch wenn sie mal ins Plaudern kommen, entlockt man ihnen interessante Ideen wie beispielsweise die Freitagnachmittag-Strategie. Um diese Strategie zu verstehen, muss man wissen, dass der Steuerbescheid in vielen Fällen nur eine Aufforderung zu Verhandlungen ist: Das Finanzamt stellt ein zu versteuerndes Einkommen und eine passende Steuerzahlung fest, der Steuerbürger legt Einspruch ein – und dann beginnt das Geschacher. Auf den ersten Blick klingt das wenig überzeugend: Steuergesetze und Urteile der Finanzgerichte füllen kilometerweise Regale – da sollte man doch meinen, dass alles, was zu regeln ist, auch geregelt ist. Oder etwa nicht?

Leider nein. Steuergesetze sind hinreichend unscharf, wenn es um Details geht. Damit sind die praktischen Probleme vorprogrammiert: Da ist beispielsweise die Opernsängerin, die ihr Kostüm für die Aufführung von der Steuer absetzen wollte – erst als ihr Steuerberater Bilder von der Aufführung anschleppte, ließ sich das Finanzamt darauf ein, das entsprechende Kleid als abzugsfähige Ausgabe anzuerkennen. Dabei hatte die Diva mehr Glück als der Förster, der seinen Lodenmantel von der Steuer absetzen wollte: Dies könne er nur machen, erklärte das Finanzamt, wenn auf dem Lodenmantel gut sichtbar der

Name seines Forstbezirks aufgedruckt sei – nur dann könne man davon ausgehen, dass der Förster seinen Lodenmantel nicht auch zu privaten Anlässen trage und damit sein Privatvergnügen von der Steuer absetze.

Von dieser Sorte gibt es mehr Beispiele als Steuergesetze – das Gesetz (also der Gesetzgeber) kann nicht jeden Tatbestand, den das Leben an die Gestade des Finanzamts spült, wasserdicht in Paragrafen gießen. Die Details der Besteuerung sind so vielfältig, bunt und schillernd, dass diese nicht in einem Gesetz detailliert und in jedem Einzelfall eindeutig geregelt werden können. Stattdessen sind abstrakte Gesetze gefragt, die möglichst allgemein sind. Den Rest erledigen Verwaltungsvorschriften, Finanzgerichte und das pflichtgemäße Ermessen der Finanzbeamten. Dies schafft Raum für die Freitagnachmittag-Strategie.

Das Problem ist klar: Man streitet sich mit dem Finanzamt über ein steuerrechtliches Detail, das nicht ausdrücklich geregelt ist: Kann man ein Opernkleid absetzen? Ist der Lodenmantel eine Betriebsausgabe? Ist ein Essen am Sonntagabend ein Geschäftsessen? Geht es um größere Beträge, so setzen sich Steuerberater, Mandant und die zuständigen Finanzbeamten an einen Tisch und eröffnen den Basar. In solchen Fällen gelten durchaus Gesetze, allerdings in erster Linie die Gesetze der Verhandlungen; wer die beste Verhandlungsstrategie hat, holt mehr für sich raus. Und eine Strategieidee ist einfach: Lege den Termin für die Verhandlungen auf Freitagnachmittag. Warum?

Ganz einfach: Jeder Mensch will freitags nach Hause, und die Aussicht auf das nahende Wochenende macht den verhandelnden Beamten möglicherweise nachgiebiger – was soll man sich bis in die Abendstunden über Opernkleider, Lodenmäntel und Geschäftsessen streiten, wo es noch nicht einmal um das eigene Geld geht? Der Steuerberater und sein Mandant hingegen haben Zeit, bei ihnen geht es um das eigene Geld – also hoffen sie, dass mit dem nahenden Wochenende ihre Chancen steigen, dem Finanzamt ein paar Euros abzuhandeln. Solche Verhandlungen haben viel mit Poker gemeinsam: Nicht wer das bessere Blatt, sondern wer die besseren Nerven hat, gewinnt. Ein ganz dreister Bluff: Man hat sich auf eine Steuerzahlung geeinigt, packt beschwingt die Akten ein, und plötzlich, in diese lockere Aufbruchstimmung hinein, platzt es aus dem Steuerberater heraus – diese

Einigung sei zu teuer, das könne man dem Mandanten nicht zumuten. Betretene Gesichter. Der nahe geglaubte Frieden nebst Feierabend droht in weite Ferne zu rücken. In dieser Situation kann es sein, dass man so auf die Schnelle noch ein paar Euros mehr herauslockt, weil die Beamten um des lieben Friedens willen nachgeben. Das kann aber auch danebengehen, wenn die Herren vom Finanzamt daraufhin beschließen, ihrerseits noch einmal eine härtere Gangart zu wählen.

Aber warum streiten wir uns mit dem Finanzamt, und worüber streiten wir uns? Die Wurzeln dieses Streites liegen mittlerweile mehrere Hundert Jahre zurück, und begonnen hat das alles – wie so oft – mit einem Krieg. Es war eine Steuer, die einem der größten Feldherren aller Zeiten zum Verhängnis wurde.

Ein Gegner, den Napoleon nicht bezwingen konnte

Der berühmte Korse war nicht jemand, der sich anderen Menschen beugte – das war eines seiner Probleme: Napoleon hielt nichts davon, seine teuren Feldzüge mittels Kredit zu finanzieren. Wer sich Geld leiht, begibt sich in eine Abhängigkeit, und wer abhängig ist, ist nicht derjenige, der den Ton angibt. Für einen großen Imperator unvorstellbar. Also musste Napoleon seine Kriege anderweitig finanzieren, und der naheliegende Weg waren Steuern. Dieser Finanzierungsquelle stand allerdings das französische Volk im Weg, das nicht zuletzt wegen der exzessiven und ungerechten Besteuerung bereits einen König kopflos zu seinen Ahnen geschickt hatte; auch mancher Steuereintreiber der damaligen Zeit beendete seine Karriere auf der Guillotine. Worauf Napoleon zurückgreifen konnte, war bescheiden: Es gab eine Steuer auf Land, da nach damaliger Lehre aller Wohlstand letztlich vom Land ausging und die Besitzer von Grund und Boden dieser Steuer nicht ausweichen konnten. Daneben gab es einige kleinere Steuern und Abgaben; die wohl erfolgreichste und langlebigste dieser Abgaben war die Fenstersteuer.

Der französische Steuerstaat war in einem miserablen Zustand. Napoleons Möglichkeiten, seine Truppen zu bezahlen, waren so begrenzt, dass er die Entlohnung seiner Soldaten mittels Plünderung eroberter Gebiete finanzierte – das machte ihn für Niederlagen doppelt anfällig. Allerdings standen Napoleons Gegenspieler, namentlich die Briten, vor ähnlichen Problemen: Wie sollte man den Krieg gegen einen Mann finanzieren, der sich mit ganz Europa anlegte?

Anfänglich versuchten sich die Briten mit den bis dahin üblichen Steuern über Wasser zu halten. Obwohl sie diese bis zur Belastungsgrenze erhöhten, war das zu wenig. Und so sannen sie auf Abhilfe – eine neue Steuer musste her. Steuern auf Umsätze wollte man gering halten, um die Wirtschaft in Gang zu halten. Zudem sollte die neue Steuer auch nicht die Lebensgrundlage der Wirtschaft, ihr Kapital zerstören. Also entschied man sich für eine Steuer auf das Einkommen, die William Pitt der Jüngere 1798 dem englischen Parlament abtrotzte. Das war die Geburtsstunde der Einkommensteuer. Die Welt sollte nach ihrer Einführung nie wieder dieselbe sein.

Natürlich haben Herrscher zu allen Zeiten bereits Einkommen ihrer Untertanen besteuert, doch Pitts Steuer gilt als der erste systematische Versuch, eine umfassende Steuer auf Einkommen zu erheben. Quellen zufolge gab es nur im England des Jahres 1404 bereits eine Einkommensteuer, über die allerdings so gut wie nichts bekannt ist, als ob man, wie ein britischer Historiker schrieb, die Welt nicht wissen lassen wollte, dass solche Monster existieren können. Pitts Steuer, aus der Taufe gehoben, um Gelder für den Krieg gegen die Franzosen einzutreiben, erwies sich als sehr viel ergiebiger, als man angenommen hatte. Selbst die Opposition musste einräumen, dass es eine ergiebige Steuer war. Dieses neue Steueraufkommen, so die Lesart einiger Historiker, hatte maßgeblichen Anteil an Napoleons Niederlage, sie besiegte ihn in doppelter Hinsicht: Den Engländern verschaffte sie Einnahmen, mit denen sie ihre Truppen finanzieren konnten, und da Napoleon keine Einkommensteuer zur Verfügung hatte, fehlten ihm entsprechende Einnahmen, mit denen er seine Truppen hätte finanzieren können. Die Einkommensteuer war ein Gegner, den Napoleon nicht bezwingen konnte.

Doch die Büchse der Pandora war geöffnet und ließ sich nicht wieder schließen: Mit dem Ende der napoleonischen Kriege wurde die Einkommensteuer in England – wie vorgesehen – zwar abgeschafft (inklusive einer Verbrennung der Steuerregister wie einst im alten Rom), doch keine 30 Jahre später erweckte der britische Premier Sir

Robert Peel das Monster wieder zum Leben – zu ertragreich war diese Steuer gewesen, als dass Politiker lange darauf verzichten wollten. Auch Peel wollte diese Steuer nur vorübergehend erheben, um die Staatsfinanzen wieder in Ordnung zu bringen. Doch unglücklicherweise brachte sie derart hohe Erträge, dass die Einkommensteuer der Superstar unter den Steuern wurde. An ihre Abschaffung ist vorerst und in absehbarer Zukunft nicht zu denken – daher müssen wir uns ihr und allen mit ihr verbundenen Problemen stellen.

Der Widerstand der englischen Steuerzahler gegen diese neue Steuer war immens – ein „beispielloses Fiasko in der Steuergeschichte" waren diese Steuerpläne in den Augen ihrer Gegner, eine „göttliche Strafe, die uns an unsere Sünden erinnern soll". Dabei waren es interessanterweise nicht die aus dieser Steuer resultierenden Lasten, welche die Bürger auf die Barrikaden trieb – diese waren im Vergleich zu den heutigen Belastungen sehr gering (der Steuersatz der peelschen Einkommensteuer belief sich auf drei Prozent). Es war vielmehr die zur Erhebung dieser Steuer notwendige Erfassung der Einkommen, die den Briten Angst einjagte. Die Ausdehnung der zur Eintreibung der Steuern notwendigen Bürokratie wurde von den Steuergegnern als Vorbote einer allumfassenden Despotie und Diktatur angesehen, ein Fußtritt für das Ideal der bürgerlichen Freiheit.

Das Problem ist bekannt: Um das Einkommen eines Bürgers umfassend festzustellen, muss man ihn – wie in biblischen Zeiten bei Maria und Josef – schätzen, und dazu tief in seine Privatsphäre eindringen. Die Briten versuchten dieses Problem dadurch zu verkleinern, dass sie die Steuer an der Quelle einbehielten, wie heutzutage bei der Lohnsteuer und der Kapitalertragsteuer (beides Erhebungsformen der Einkommensteuer). Wer Einkommen direkt an der Quelle – also beim Arbeitgeber respektive den Banken – abgreift und besteuert, muss nicht bei den Steuerpflichtigen deren Einkommen erschnüffeln. Das klingt einfach, ist es aber nicht; zudem kann man auf diese Weise nicht alle Einkommen erfassen. Kein Wunder, dass der Einkommensteuerstaat seine Nase immer tiefer in die Angelegenheiten seiner Bürger stecken musste. Und der Meister der Steuerschnüffelei kommt aus unserer eigenen Geschichte: Die Einkommensteuer ist ein Meister aus Preußen.

Preußen entdeckt den Steuerbürger

Preußen ist der Inbegriff eines Obrigkeitsstaates, einer perfekten Militär- und Bürokratiemaschine. Und diese Maschine widmete sich einem neuen Abenteuer: Gegen Ende des 19. Jahrhunderts experimentierten mehr oder weniger alle westlichen Staaten mit Einkommensteuern, auch Preußen. Anders aber als die Briten zitierten die preußischen Steuerbeamten jeden Bürger vor den Steuereintreiber und nötigten ihn, sein Einkommen zu deklarieren. Und damit dem Staat keine Einnahmen durch die Lappen gingen, warfen die Finanzbehörden ein Überwachungsnetz über ganz Preußen aus. Das Land wurde, wie ein zeitgenössischer Beobachter sagte, „überzogen mit einem perfekten System der Spionage"; die Steuereintreiber wurden die modernen Nachfahren der Inquisition. Das Bild vom ausgepressten, geknechteten Steuerbürger der damaligen Zeit zielt weniger auf das Ausmaß der Belastung ab als auf die Methoden, mit denen der Staat seinen Bürgern das Geld zu entreißen suchte.

Doch man muss den Preußen zugestehen, dass sie viel geleistet haben für die deutsche Steuergeschichte, war es doch der preußische Finanzminister Johannes von Miquel, der mit seiner Steuerreform den Grundstein für das moderne deutsche Steuerwesen legte. Er führte die allgemeine Steuerpflicht ein und beseitigte die letzten Steuerprivilegien für den Adel, legte die verschiedenen Einkommensarten fest, erlaubte den Bürgern den Abzug von Werbungskosten, berücksichtigte individuelle Sonderausgaben und das steuerfreie Existenzminimum, und er erfand den sogenannten progressiven Steuertarif, nach dem der Steuersatz, mit dem das Einkommen besteuert wird, mit steigendem Einkommen zunimmt. Die miquelsche Steuerreform ist die Urmutter der modernen Einkommensteuer; sie legte den Grundstein für das gesamte moderne Steuerwesen und den damit verbundenen Ärger – inklusive der Freitagnachmittag-Strategie.

Womit wir wieder in der Jetztzeit angelangt wären und der Frage, worüber wir uns mit dem Finanzamt streiten. In der miquelschen Steuerreform steckten bereits die wichtigsten Streitpunkte, die Finanzämter und Steuerberater heutzutage beschäftigen, und zwar nicht nur am Freitagnachmittag. Diese Streitpunkte liegen auf der

Hand, wenn man sich überlegt, was eine Einkommensteuer leisten soll: Sie soll das Einkommen eines Steuerbürgers erfassen, damit sie ihn gemäß seiner Leistungsfähigkeit besteuern kann. Wir müssen also zuerst das Einkommen des Bürgers bestimmen – Streitpunkt Nummer eins, denn wie wir sehen werden, ist es nicht einfach, das Einkommen eines Menschen festzulegen. Da aber die Einkommensteuer nur die Leistungsfähigkeit eines Bürgers besteuern soll, müssen wir alle diejenigen Ausgaben eines Bürgers berücksichtigen, die seine Leistungsfähigkeit schmälern. Darunter fällt zunächst der Aufwand, den er betreiben muss, um überhaupt das Einkommen zu erzielen, die sogenannten Werbungskosten beziehungsweise Betriebsausgaben; das ist Streitpunkt Nummer zwei. Neben diesen Werbungskosten gibt es aber auch Ausgaben, die nicht in unmittelbarem Zusammenhang mit unserer Einkommenserzielung stehen, aber dennoch unsere Leistungsfähigkeit senken – das sind die sogenannten Sonderausgaben und die außergewöhnlichen Belastungen, Streitpunkt Nummer drei. Zu guter Letzt soll die Steuer auch noch dahin gehend gerecht sein, dass die Reichen mehr zahlen als die Armen. Dazu müssen wir über die Höhe der Steuer nachdenken, die sich über den sogenannten Steuertarif ergibt – das ist Streitpunkt Nummer vier.

Die wichtigsten vier Streitpunkte bei der Einkommensteuer, die so herrlich viel Raum geben für schräge Geschichten und skurrile Gesetzesbestimmungen, sind also zum Ersten die Frage danach, was eigentlich Einkommen ist, zum Zweiten die Frage, was Werbungskosten (Betriebsausgaben) sind, zum Dritten die Frage nach Sonderausgaben und außergewöhnlichen Belastungen, und zum Vierten die Frage nach dem Steuertarif. Lassen Sie uns zunächst mit einer sehr einfach erscheinenden Frage beginnen: Was ist eigentlich Einkommen? Das bringt uns zurück zu unseren Zahnwälten.

Das Finanzamt und die Liebhaber

Um das Einkommen eines Steuerbürgers zu ermitteln, zieht man von seinem Kontostand und seinem Bargeldbestand am Ende des Jahres den Kontostand und die Bargeldbestände am Beginn des Jahres ab und addiert dazu die Ausgaben, die er während des Jahres getätigt hat. Das Ergebnis ist dann das Einkommen eines Bürgers. Die Idee ist grundsätzlich richtig und heißt im Steuerfachmund Reinvermögenszugangstheorie. Nach dieser Theorie ist alles, was in unsere Kassen gespült wird, Einkommen, egal, aus welcher Quelle es stammt.

Genau dieses „egal, aus welcher Quelle es stammt" ist einer der grundsätzlichen Streitpunkte der Einkommensteuer. Von Beginn an ist der Gesetzgeber der Reinvermögenszugangstheorie aber nicht in Reinkultur gefolgt: Das deutsche Steuerrecht definiert Einkommen teilweise auch über die sogenannte Quellentheorie, nach der nur diejenigen Zuflüsse als Einkommen besteuert werden, die regelmäßig fließen, eben wie Wasser aus einer Quelle. Der Unterschied zwischen der Reinvermögenszugangstheorie und der Quellentheorie liegt also vor allem in der Regelmäßigkeit der Zuflüsse: Ein einmaliger Lottogewinn beispielsweise ist nach der Reinvermögenszugangstheorie Einkommen, nach der Quellentheorie nicht, da er (in der Regel) nicht regelmäßig (also ständig) fließt.

Was passiert dann, wenn man sich beispielsweise an einem Gewinnspiel beteiligt, das der Arbeitgeber ausschreibt? Vielleicht das: Ein selbständiger Bezirksleiter einer Bausparkasse gewinnt einen BMW Z3, einen richtig flotten, teuren Flitzer. Der Mann beteiligte sich an einer „Wettbewerbsauslosung für akquirierende Außendienstmitarbeiter". Für jeden vermittelten Bausparvertrag wurde eine D-Mark für die Auslosung einbehalten. Den Z3 versilberte der Mann für satte 51 000 D-Mark, was das Finanzamt auf den Plan rief: Dieser Verkaufserlös sei selbstverständlich ein zu versteuernder Gewinn. Der Bundesfinanzhof urteilte jedoch, dass die Möglichkeit, bereits verdientes Geld im Rahmen einer betrieblichen Losveranstaltung einzusetzen, nicht zu Betriebseinnahmen führe. Der Mann hatte doppeltes Glück, er musste den Gewinn nicht versteuern.

Weniger Glück hatte dagegen eine Handelsvertreterin für Kosmetik, die bei einem Wettbewerb eines Kosmetikherstellers ein Einfamilienhaus im Wert von einer halben Million D-Mark gewann. Teilnahmeberechtigt an diesem Wettbewerb waren alle selbständig tätigen Vertriebsmitarbeiter. Die Höchstzahl der Lose war begrenzt auf acht Stück je Teilnehmer; wer innerhalb von zwei Monaten Umsätze in Höhe von jeweils 250 D-Mark erzielte, bekam je ein Los. Für das Finanzamt stellte dies eine Betriebseinnahme dar, der Bundesfinanzhof schloss sich dieser Ansicht an. Der Gewinn aus Losen, die Vertriebsmitarbeiter für die Erzielung bestimmter Umsätze erhielten, sei betrieblich veranlasst, weil die Entstehung der Erträge im betrieblichen Bereich liege. Wer jetzt den Unterschied zum BMW Z3 des Bausparkassenleiters sucht, braucht Ausdauer und Kreativität. Der Bundesfinanzhof führte dazu aus, dass im Fall des BMW-Gewinners bereits erwirtschaftete Einnahmen quasi im Nachhinein bei einer Losveranstaltung verwendet wurden, während der Losgewinn im Fall der Häuschengewinnerin eine zusätzliche Vergütung darstelle, da das Los ja quasi unentgeltlich zugeteilt wurde. Wer jetzt sagt, dass er das nicht versteht, ist vermutlich nicht alleine. Sie sehen, es ist nicht einfach zu bestimmen, was Einkommen ist. Und so wird der Freitagnachmittag noch etwas länger.

In der deutschen Praxis wird Einkommen über sieben verschiedene Einkunftsarten definiert. Das sind Einkünfte aus Land- und Forstwirtschaft, aus Gewerbebetrieb, aus selbständiger Arbeit, aus nicht selbständiger Arbeit, aus Kapitalvermögen, aus Vermietung und Verpachtung sowie sonstige Einkünfte (hier geht es um Einkünfte wie beispielsweise Leibrenten oder Abgeordnetendiäten). Stammt ein Betrag, den ein Steuerbürger vereinnahmt, aus einer dieser Quellen, so gilt das als Einkommen und ist zu versteuern. Dabei finden sich in dieser Aufzählung auch Elemente der Reinvermögenszugangstheorie, denn die Einkünfte aus Land- und Forstwirtschaft, aus Gewerbebetrieb und aus selbständiger Arbeit werden vereinfacht gesagt nach der obigen Kassensturzmethode ermittelt: Man zieht einmal im Jahr Bilanz und schaut, was unter dem Strich als Gewinn geblieben ist; diesen besteuert man anschließend. Daher werden diese Einkunftsarten auch als Gewinneinkünfte bezeichnet (die restlichen vier Einkunftsarten heißen Überschusseinkünfte).

Jetzt kann man die Probleme der Zahnwälte aus dem vorherigen Kapitel einordnen: Frustriert von den Verlusten aus dem ehemals mit Steuervorteilen gekauften Haus wollten sie dieses Haus wieder verkaufen. Die Steuervorteile hat das Finanzamt aber nur gewährt, weil es davon ausgegangen ist, dass der Käufer beabsichtigt, damit nachhaltig Einkünfte aus Vermietung und Verpachtung zu erzielen, die er anschließend versteuern muss. Nach Auffassung des Finanzamtes dokumentiert ein verlustbringender Verkauf des Hauses, dass der Zahnwalt gar nicht vorhatte, mit dem Kauf des Hauses Einkünfte zu erzielen – wenn dem so ist, gilt das als sogenannte Liebhaberei, die kein steuerpflichtiges Einkommen darstellt. Zugleich bedeutet das, dass Ausgaben, die man im Zuge dieser Liebhaberei macht, nicht als Betriebsausgabe (oder Werbungskosten) die Steuerlast mindern dürfen. Also kann das Finanzamt die zuvor gewährten Steuervorteile, die dem Zahnwalt dadurch entstanden sind, dass er die Kosten des Hauses von der Steuer absetzen konnte, wieder einkassieren. So einfach können Steuerstreitigkeiten entstehen.

Liebhabereien – das ist eines der Grundmuster beim Streit mit dem Finanzamt: Man deklariert eine Tätigkeit – Pferdezucht, Weinbau, Bootsverleih oder was auch immer – als Tätigkeit mit der Absicht, Einkommen zu erzielen, und kann infolgedessen Ausgaben, die im Zusammenhang mit dieser Tätigkeit stehen, von der Steuer absetzen; sie schmälern ja die Leistungsfähigkeit. Ausgaben, die im Zusammenhang mit der Erzielung des Einkommens anfallen, senken dieses Einkommen; das sind die sogenannten Werbungskosten oder Betriebsausgaben. Und alle Ausgaben, die das Finanzamt als Werbungskosten anerkennt, reduzieren das zu versteuernde Einkommen und damit die Steuerschuld. Je höher die anerkannten Werbungskosten, desto weniger Steuern – so lautet die Zauberformel. Kein Wunder, dass der findige Steuerbürger alles, was nicht bei drei auf den Bäumen ist, zu steuermindernden Werbungskosten frisiert: Der passionierte Reiter setzt die Kosten für seinen neuen Vollblütler ab, der Weinfreund lässt sich den privaten Weingarten vom Finanzamt sponsern, der Hobbysegler versucht, die Kosten für sein Boot als steuermindernd zu deklarieren.

Dass das Finanzamt das nicht lustig findet, liegt auf der Hand; im schlechtesten Fall subventioniert es mit Steuernachlässen die Hobbys der Steuerbürger. Aus diesem Grund gibt es dezidierte Regelungen, wie mit solchen Fällen umzugehen ist. Vereinfacht gesagt erregt man als Gewerbetreibender oder Selbständiger die Aufmerksamkeit des Finanzamtes, wenn man hohe Verluste hat und längere Phasen ohne Gewinne. Stellen die Beamten so etwas fest, unterstellen sie eine fehlende Gewinnerzielungsabsicht und konstatieren steuerlich nicht relevante Liebhaberei – die Ausgaben lassen sich dann nicht von der Steuer absetzen.

Die kostenintensive gewerbliche Pferdezucht beispielsweise wird in den meisten Fällen vom Finanzamt als Liebhaberei angesehen. Ähnlich verhält es sich mit der Vermietung von Motorbooten, Segeljachten oder Wohnmobilen, besonders wenn diese zum Teil privat genutzt werden. Auch Fotografen, Journalisten, Schriftsteller oder Künstler haben es oft schwer, ihre Tätigkeit als steuerlich relevant zu verkaufen. Generell sind die Chancen, dem Vorwurf der Liebhaberei zu entgehen, schlecht, wenn es um Tätigkeiten geht, die eng mit der persönlichen Freizeitgestaltung, Sport, Hobby oder Urlaub verbunden sind. Warum, ist klar: Hier ist die Gefahr hoch, dass man sich private Hobbys vom Fiskus sponsern lässt. Wird die Beschäftigung darüber hinaus nebenberuflich und in der eigenen Wohnung ausgeübt, besteht kaum eine Chance, der Einstufung als Liebhaberei zu entgehen, mit der Folge, dass man Ausgaben, die im Zusammenhang mit dieser Tätigkeit stehen, nicht steuerlich geltend machen kann.

Aber es ist keineswegs so, dass das Finanzamt alle möglichen Tätigkeiten gerne zur Liebhaberei degradiert – oft dreht es den Spieß um und macht aus Liebhabern knallharte Geschäftsleute. Dies haben in jüngster Zeit Verkäufer zu spüren bekommen, und zwar eine besondere Spezies von Verkäufern, nämlich solche, die auf Online-Auktionsplattformen handeln. Eine heikle Frage: Wenn jemand auf eBay oder einer anderen Auktionsplattform etwas verkauft, ist er dann ein Unternehmer? Erzielt er gewerbliche Einkünfte, die steuerpflichtig sind? Verkauft er nur alle Jubeljahre etwas aus seinem persönlichen Besitz, kann man diese Frage getrost verneinen. Was aber, wenn er seine Büchersammlung auflöst und über mehrere Monate hinweg regelmäßig größere Umsätze macht? Was, wenn er als Sammler gewohnheitsmäßig Dinge kauft und verkauft? Das riecht nach Einkommen und das wäre dann zu versteuern. Was viele eBay-Benutzer nicht wissen: Das

Finanzamt ist längst auf den Seiten der Auktionsplattformen unterwegs, wirft ein Auge auf die Begutachtungen, die Verkäufer auf den Plattformen von ihren Kunden erhalten, zählt die Umsätze und wirft gerne und rasch die Aufforderung in den Briefkasten, die Einnahmen zu deklarieren und Steuern zu zahlen.

So schizophren kann Steuergesetzgebung sein: Der eine möchte gerne, dass das Finanzamt ihn als Unternehmer anerkennt, damit er seine Ausgaben von der Steuer absetzen kann, der andere möchte nicht als Unternehmer, sondern als Liebhaber angesehen werden, um der Steuer zu entgehen – und das Finanzamt kann sich im schlimmsten Fall steuermaximierend aussuchen, wen es wie einstuft. Dass solche gegensätzlichen Interessen Raum für Streitigkeiten schaffen, ist nicht überraschend.

Ursache dieses Dilemmas ist der Wille, bei der Besteuerung der Einkommen nur das tatsächliche Einkommen respektive die tatsächliche Leistungsfähigkeit des Steuerzahlers zu berücksichtigen – wer 10 000 Euro verdient, ohne dass ihm dabei Kosten entstehen, hat eine andere Leistungsfähigkeit als jemand, der die gleiche Summe verdient, dafür aber 5 000 Euro aufwenden muss. Diese 5 000 Euro sind korrekterweise bei der Ermittlung des zu versteuernden Einkommens zu berücksichtigen – das sind die viel zitierten Werbungskosten beziehungsweise Betriebsausgaben. Dieses an und für sich einleuchtende Prinzip öffnet Tür und Tor zu weiteren Streitigkeiten, wie ein Blick auf das wohl umstrittenste deutsche Steuerdetail zeigt: Wie kommen Sie zur Arbeit?

Die Zersiedlungsprämie

Wir haben gesehen: Was im Detail als Werbungskosten von der Steuer abgesetzt werden kann, lässt sich abschließend und erschöpfend nirgends niederschreiben. Klar ist nur: Wer Geld aufwendet, um zu arbeiten (also Einkommen zu erzielen), sollte dafür nicht bestraft werden. Grundsätzlich achtet der Fiskus darauf, dass die Ausgaben, die man steuermindernd geltend macht, in unmittelbarem wirtschaftlichem Zusammenhang mit dem erzielten Einkommen stehen, also Einnahmen zur Folge haben. Klingt harmlos, kann aber Folgen haben: Nicht das, was gemeinhin üblich ist, als zweckmäßig oder üblich erachtet wird, gilt als Werbungskosten, sondern das, was der Steuerpflichtige als unmittelbar der Einkommenserzielung zugehörig deklariert. Und die wohl wichtigste Ausgabe, wenn es um den Job geht, sind die Kosten für den Weg zur Arbeit. Diese werden in der sogenannten Pendlerpauschale berücksichtigt.

Begonnen hat die glamouröse Geschichte der Pendlerpauschale um 1900, als die Gerichte erstmals anerkannten, dass die Ausgaben für die Anreise zur Arbeit das Einkommen des Steuerzahlers mindern. In den späteren Jahren konnten Steuerzahler zunächst nur Fahrtkosten des öffentlichen Personennahverkehrs geltend machen. Erst seit den 50er-Jahren darf man auch die Kosten des privaten Autos bei der Fahrt zum Schreibtisch oder zur Werkbank als Werbungskosten absetzen. Doch damit ging der Ärger erst richtig los.

Denkt man einen Moment nach, so kommt man rasch auf Ideen, was da alles schiefgehen kann. Die erste Idee ist naheliegend: Wenn man die Kosten des privaten Autos beim Finanzamt geltend machen kann, warum dann nicht den flotten Sportwagen statt des biederen Spritsparmobils kaufen? Fährt man mit dem Sportmodell zur Arbeit, so sind das Kosten, die man bei der Steuer absetzen kann; damit beteiligt sich der Staat an der Finanzierung des Sportwagenhobbys. Dass dies nicht im Sinne des Finanzamtes sein kann, ist klar, weshalb dieses statt einer Bezahlung der tatsächlichen Kosten eine Pauschale ansetzt – wer mit dem Auto zur Arbeit fährt, kann pro Kilometer einen festen Betrag geltend machen, unabhängig davon, ob er Rolls-Royce oder Fiat 500 fährt. Und da man keinen Unterschied machen darf zwischen solchen Bürgern, die mit dem Auto zur Arbeit fahren, und den Bürgern, die per Fahrrad, Bus, Bahn fahren oder zu Fuß zur Arbeit gehen, muss man allen Arbeitnehmern das Recht zugestehen, eine Pauschale als Aufwand für den Weg zur Arbeit anzusetzen. Und das ist sie, die legendäre Pendlerpauschale.

Der richtige Ärger beginnt mit der Frage danach, wie weit man sich von seinem Arbeitsort entfernen darf. Der findige Steuerzahler kommt rasch auf eine andere Idee: Er erwirbt 200 Kilometer entfernt von seinem Arbeitsplatz eine kleine Butze und gibt an, von dort aus zur Arbeit zu fahren, während er in Wirklichkeit 200 Meter Luftlinie von seinem Betrieb entfernt schläft. Ein attraktives Steuersparmodell. Um diesen Anreiz weiß auch das Finanzamt, weshalb es die Fahrtkosten von einer weiter entfernt liegenden Wohnung nur anerkennt, wenn diese „den örtlichen Mittelpunkt der Lebensinteressen des Arbeitnehmers darstellt und nicht nur gelegentlich aufgesucht wird" – wie auch immer man das interpretieren und kontrollieren will.

Nun ist der Steuerbetrug mit Zweitwohnungen nicht das wirkliche Problem der Pendlerpauschale, aber er wirft die relevante Frage auf: Wie weit darf sich der Arbeitnehmer von seiner Arbeitsstätte entfernen? Solange der in der Steuererklärung angegebene Wohnsitz den Lebensmittelpunkt des Steuerzahlers darstellt, darf er sich den Buchstaben des Steuergesetzes gemäß so weit von seinem Arbeitsplatz entfernen, wie er will. Es gibt allerdings eine Höchstgrenze, bis zu der man die Kosten für die Fahrt zur Arbeit absetzen darf, doch die ist recht üppig und erlaubt es, steuerlich begünstigt aufs Land zu ziehen. Und genau das werfen Kritiker der Pendlerpauschale dem Gesetzgeber vor – für sie ist diese Pauschale eine „Zersiedlungsprämie".

In der Tat: Wer für den Weg zur Arbeit vom Finanzamt eine finanzielle Unterstützung erhält, wird leichten Herzens aufs Land ziehen, die frische Luft und die billigen Mieten oder niedrigen Kosten des Eigenheims genießen. Dank der Steuergesetzgebung nimmt damit die Zahl der Pendler unbarmherzig zu, immer mehr Arbeitnehmer ziehen aufs Land und pendeln in die Innenstädte zur Arbeit – Staus, Umweltverschmutzung, ein zersiedeltes Hinterland, verstopfte Straßen am Montagmorgen und verödete Innenstädte am Wochenende sind demnach (auch) eine Folge der Pendlerpauschale. Pessimisten sehen in der Pendlerpauschale den Wegbereiter einer zunehmenden Gettoisierung der Innenstädte: Wer es sich leisten kann, zieht steuerlich subventioniert aufs Land, der Rest wohnt in Ballungsgebieten nahe der Innenstadt und sorgt dort für soziales Konfliktpotenzial, wie es Sozialarbeiter nennen. Obendrein kann man überspitzt die Pendlerpauschale als eine Art Strafe für die Dummen bezeichnen, die trotzdem in der Innenstadt wohnen wollen: Sie zahlen höhere Mieten als auf dem Land, können diese aber nicht von der Steuer absetzen, weil die Miete nicht steuerlich absetzbar ist.

Das sind schwere Geschütze gegen die Pendlerpauschale, weswegen ihre Kritiker fordern, selbige abzuschaffen: Wo jemand wohne, sei Privatsache und dürfe nicht steuerlich begünstigt werden. In der

Sprache der Steuergesetzgebung heißt das Werktorprinzip: Die Arbeit beginnt erst am Werktor, der Weg dorthin ist Privatsache. Das hört sich plausibel an, eckt jedoch am Gedanken des Leistungsfähigkeits-prinzips an, das ja fordert, Aufwendungen, die durch die Aufnahme der Arbeit an einem bestimmten Ort entstehen, vom zu versteuernden Einkommen abzuziehen. Dieser Auffassung haben sich zuletzt auch der Bundesfinanzhof und das Bundesverfassungsgericht angeschlossen und die 2007 erfolgte Kürzung der von den Deutschen heiß geliebten Pendlerpauschale als verfassungswidrig eingestuft. Durch die Kürzung der Pendlerpauschale hatte der Bund pro Jahr 2,5 Milliarden Euro sparen wollen – jetzt wird er nach neuen Ideen suchen müssen, wie er an dieses Geld kommt. Schon die chronische Mittelknappheit des Staates dürfte dafür sorgen, dass in Sachen Pendlerpauschale das letzte Wort noch nicht gesprochen ist.

Die Diskussion um Werbungskosten ist beileibe nicht auf die Pendlerpauschale begrenzt. Ein anderes Steuersparpolitikum, mit dem es sich ähnlich verhält wie mit der Pendlerpauschale, ist das Ar-beitszimmer im Privathaus: Darf man einen Raum in seiner Wohnung oder seinem Haus, in dem man auch arbeitet, von der Steuer absetzen? Handelt es sich wirklich um einen Arbeitsplatz in der privaten Woh-nung, so ist es nur fair, wenn der Steuerbürger einen Teil der Kosten steuerlich geltend macht. Allerdings ist eine Rumpelkammer auf dem Papier rasch in ein Arbeitszimmer verwandelt – und schwups betei-ligt sich der Fiskus an der Finanzierung der privaten Wohnung. Kein Wunder, dass der Streit um das häusliche Arbeitszimmer Regalwände mit Akten füllt. Diese Debatte betrifft vor allem Lehrer – einer der Gründe, warum Finanzbeamte angeblich nicht gut auf Lehrer zu sprechen sind. Das Finanzamt ist der Ansicht, dass der Arbeitsmittel-punkt eines Lehrers die Schule ist, weswegen er kein Arbeitszimmer zu Hause benötigt – die Lehrer hingegen sind der Auffassung, dass sie so viel zu Hause arbeiten, dass sie dort ein eigenes Arbeitszimmer benötigen, was Kosten verursacht, die man von der Steuer absetzen will. Wer behauptet, dass es für diesen Streit eine objektive Lösung gibt, lügt. Deshalb hat der Gesetzgeber ein Machtwort gesprochen und neuerdings gesetzlich festgeschrieben, dass ein Arbeitszimmer nur steuerlich geltend gemacht werden kann, wenn es den Mittelpunkt der gesamten betrieblichen oder beruflichen Tätigkeit bildet. Ob diese

Regelung vor den Gerichten Bestand haben wird, wird zurzeit geklärt. Es steht zu vermuten, dass dies nicht der Fall sein wird.

Der Ärger um die Pendlerpauschale und das Arbeitszimmer zeigt, dass die Regeln des Steuerrechts in der Praxis daran zu scheitern drohen, dass eine objektive und saubere Abgrenzung zwischen Einkunftserzielung und Privatausgaben kaum möglich ist. Dadurch gerät das Steuerrecht in ein Dilemma: Egal, was der Fiskus verfügt, er schafft Ungerechtigkeiten. Entweder man verweigert grundsätzlich Ausgaben, die der Einkunftserzielung dienen, die Anerkennung – Arbeitszimmer, Pendlerwege oder andere Ausgaben werden grundsätzlich nicht als steuermindernd anerkannt, basta. Das hat zur Folge, dass man viele Steuerbürger ungerecht behandelt, da nicht jedes Arbeitszimmer eine Steuermogelei ist und nicht jeder Weg zur Arbeit Steuerbetrug. Zudem muss man befürchten, dass viele Arbeitnehmer auf diese Art der Steuergesetzgebung reagieren werden – Lehrer richten kein Arbeitszimmer mehr ein, arbeiten zu Hause nicht mehr, Pendler lehnen Jobs ab, die zu weit von ihrer Wohnung liegen. Kurzum: Wer weniger Aufwendungen für seinen Job von der Steuer absetzen kann, wird weniger aufwenden, um zu arbeiten, respektive weniger arbeiten – was nicht im Interesse der Gesellschaft als Ganzes, des Gesetzgebers und der Steuerbehörden liegt.

Die Alternative zu diesem Szenario ist, alle Ausgaben als Werbungskosten (Betriebsausgaben) anerkennen, die irgendwie mit der Einkommenserzielung in Verbindung stehen. Das wäre nicht weniger ungerecht, abgesehen von den beträchtlichen Steuerausfällen, die das zur Folge hätte – die nur mit höheren Steuersätzen zu bekämpfen wären. Ein Ausweg aus diesem Dilemma wäre es, die Ausgaben für die Einkunftserzielung in deutlich höherem Umfang als bisher in Form von Pauschalen in festen Euro-Beträgen festzulegen: Das Finanzamt verfügt einfach, dass nicht mehr als ein fester Euro-Betrag als Ausgabe fürs Arbeitszimmer, Pendeln oder was auch immer zugelassen ist.

Bisher haben wir diskutiert, was Einkommen ist, und überlegt, welche Ausgaben man von seinem Einkommen abziehen darf. Jetzt wird es Zeit, sich der dritten Frage im großen Einkommensteuerrätsel zu widmen: Wir müssen uns fragen, welche Ausgaben außer den Werbungskosten man noch abziehen muss, um die Leistungsfähigkeit eines Menschen zu ermitteln. Das bringt uns zu einer haarigen Angelegenheit, genauer gesagt zu falschen Haaren.

Falsche Haare und Diäten

Man kann es niemandem verdenken, dass er mögliche Blößen auf dem Kopf mit einem künstlichen Haarteil, einem Toupet, kaschieren will – doch muss das Finanzamt sich an diesen Ausgaben beteiligen? Ja, fand ein 65-jähriger Steuerbürger und machte seine Ausgaben für ein Toupet – immerhin 850 Euro – beim Finanzamt als sogenannte außergewöhnliche Belastung geltend. Ein Neurologe hatte ihm bescheinigt, dass er krankheitsbedingt alle zwei Jahre ein künstliches Haarteil benötige; für die Kosten komme die Krankenkasse nicht auf. Diese Kosten müsse das Finanzamt als außergewöhnliche Belastung anerkennen, da die Ausgaben für das Toupet ja seine Leistungsfähigkeit senken. Das Finanzgericht Rheinland-Pfalz sah das – wenig überraschend – anders: Eine medizinische Notwendigkeit zur Anschaffung eines Toupets sei nicht nachgewiesen. Zudem stellte das Gericht fest, dass – anders als bei Frauen – bei Männern Kahlköpfigkeit nicht als besonders auffällig angesehen werde. Damit wird das Toupet in den Augen des Finanzamtes zu einem Privatvergnügen, das nichts mit der Leistungsfähigkeit des Klägers zu tun hat.

Auch wenn das auf den ersten Blick nicht so scheint, so tun sich hier Abgründe des Steuerrechts auf, nämlich die Frage nach der individuellen Leistungsfähigkeit oder, wie der Steuerfachmann es nennt, der subjektiven Leistungsfähigkeit. Bis jetzt haben wir nur die objektive Leistungsfähigkeit der Steuerbürger ermittelt: Wir haben das Einkommen ermittelt und die Kosten der Einkunftserzielung davon abgezogen. Aber wenn unser Toupetträger und sein Nachbar den gleichen Job, das gleiche Einkommen und die gleichen Kosten der Einkommenserzielung haben – sind sie dann gleich leistungsfähig? Objektiv gesehen ja; dem Gefühl nach nein. Denn was ist mit Ausgaben, die zwar nichts mit dem Beruf zu tun haben, aber dennoch die individuelle Leistungsfähigkeit reduzieren, weil sie unvermeidlich sind? Sobald wir unterstellen, dass unser Freund das Toupet wirklich benötigt, da er sonst schwere psychische Schäden erleidet – die Ausgabe für das Toupet also nötig ist, um seine seelische Gesundheit zu erhalten –, sagt uns unser Gefühl, dass wir einen Unterschied zwischen den beiden Nachbarn machen sollten: Da der Nachbar unseres Toupetträgers keine Ausgaben für ein Toupet hat, kann er 850 Euro mehr ausgeben als dieser – ist er damit leistungsfähiger?

Im Kern geht es also um die Frage, inwieweit wir die persönlichen Lebensumstände der Steuerzahler bei der Erhebung der Steuer berücksichtigen sollten. Nehmen wir im Extremfall an, dass jemand fast sein ganzes Einkommen zur Behandlung einer Krankheit ausgeben muss. Nach unserem intuitiven Verständnis von Gerechtigkeit und Fairness ist klar, dass dieser Mensch nicht die gleiche Leistungsfähigkeit hat wie ein gesunder Mensch – also müssen wir das bei der Steuererhebung berücksichtigen. Selbst der kalte Blick des Finanztechnokraten sieht das Problem: Nimmt man dem Steuerpflichtigen Geld, das er zur Behandlung seiner Krankheit benötigt, so hat das unmittelbare negative Folgen für ihn, die seine gesunden Nachbarn und Freunde – bei gleichem Einkommen – nicht tragen müssen. Man kann es drehen und wenden, wie man will: Wir müssen bei der Steuererhebung die individuellen Lebensumstände der Steuerpflichtigen zumindest teilweise berücksichtigen. Dazu sind im Einkommensteuerrecht Sonderausgaben und außergewöhnliche Belastungen vorgesehen.

Die Kosten einer Krankheit fallen unter die Rubrik „außergewöhnliche Belastungen". Das erschließt sich angesichts unseres obigen Beispiels von selbst: Wer durch persönliches Pech krank, invalide oder in anderer Form beeinträchtigt ist, hat nicht die gleiche Leistungsfähigkeit wie ein gesunder Mensch. Dementsprechend berücksichtigt das Finanzamt die Ausgaben, die aus diesen besonderen persönlichen Lebensumständen entstehen, bei der Ermittlung des zu versteuernden Einkommens. Solche Ausgaben sind steuerlich abzugsfähig, wenn sie zwangsläufig anfallen, wenn sich der Steuerzahler ihnen aus sittlichen, rechtlichen oder tatsächlichen Gründen nicht entziehen kann und die entsprechenden Aufwendungen notwendig und angemessen sind. Klingt gut, klingt einfach, führt in der Praxis aber zu erheblichen Problemen.

Typische Beispiele für solche außergewöhnlichen Belastungen sind Ausgaben infolge von Krankheit, Tod, Unfall, Erpressung, Scheidung oder die Unterbringung in einem Pflegeheim – allesamt nachvollziehbare Kategorien. Doch was ist notwendig? Was zwangsläufig, was rechtlich und sittlich angemessen? Wenn wir an unseren Toupetträger denken, wird klar, worin das Problem besteht: Ist ein Kahlkopf eine Krankheit? Ist der Kauf eines Toupets eine notwendige Ausgabe, der sich der jeweilige Toupetträger nicht entziehen kann? Die Finanzgerichte mögen das verneinen, doch das mag von Fall zu Fall verschieden sein – was ist mit jemandem, der psychisch unter seiner Kahlköpfigkeit leidet? Was ist mit einem Verkäufer, der das Toupet zur Förderung seiner Geschäfte benötigt? Oder handelt es sich nur um pure Eitelkeit, die man steuerlich geltend machen will? Wir kommen zu einem der heikelsten Punkte der Einkommensteuer.

Das Problem ist klar: Wir wollen die individuelle Leistungsfähigkeit eines Steuerzahlers erfassen. Alle Ausgaben, die seine Fähigkeit schmälern, Steuern zu zahlen, reduzieren auch seine Leistungsfähigkeit; deswegen sind diese Ausgaben bei der Steuer zu berücksichtigen. Der Teufel versteckt sich hier hinter einem Wort, nämlich dem Wort „individuell". Die Idee, die tatsächliche individuelle Leistungsfähigkeit eines Menschen zu erfassen, öffnet die Büchse der Pandora: Wer zulässt, dass persönliche Lebensumstände im Steuerrecht eine Rolle spielen, öffnet das Steuerrecht für Einzelfallbetrachtungen und Einzelfallgerechtigkeit – jeder Mensch ist anders, also ist jeder Steuerbescheid anders. Das Toupet ist im einen Fall keine außergewöhnliche Belastung, im anderen Fall kann es sehr wohl eine solche sein – und wer diesen Unterschied einfordert, geht den Weg durch die gerichtlichen Instanzen. Die Existenz von außergewöhnlichen Belastungen im Steuerrecht ist eine Aufforderung an jeden Bürger, seine privaten Kosten als außergewöhnlich zu bezeichnen und beim Finanzamt als abzugsfähig zu deklarieren. Die Folge: Prozesslawinen und Klagewellen, die dazu führen, dass sich erwachsene Menschen mit juristischem Staatsexamen tage- oder wochenlang mit der Frage beschäftigen müssen, ob ein Toupet eine notwendige, unvermeidbare und deswegen steuerabzugsfähige Belastung ist.

Natürlich kann man versuchen, die Einzelfallgerechtigkeit durch pauschale Leitplanken zumindest im Ansatz sicherzustellen: So versucht der Gesetzgeber, bestimmte Formen außergewöhnlicher Ausgaben zu typisieren, beispielsweise Unterhaltzahlungen oder Ausgaben für Berufsausbildung und Heimunterbringung. Für Behinderte beispielsweise gibt es eine Pauschale, welche diese von der Steuer abziehen können – doch die Vorstellung, dass man über allgemein formulierte Gesetze Einzelfallgerechtigkeit erzielen kann, ist naiv. Der Gesetzgeber stellt sich selbst vor ein unlösbares Dilemma: Im Bestreben, die individuelle Leistungsfähigkeit eines Steuerzahlers zu erfassen, öffnet er das Tor zur Einzelfallgerechtigkeit, die für jeden einzelnen Fall vor Gericht ausgefochten wird. Ein paar Beispiele gefällig?

Da wären zum Beispiel die Kosten eines Rechtsstreites: Ein Ehepaar kauft eine Doppelhaushälfte, will aber anschließend den Kauf rückabwickeln und verklagt den Verkäufer. Sind die Kosten, die aus diesem Prozess erwachsen, als außergewöhnliche Belastung von der Steuer absetzbar? Nicht, wenn ein solcher Prozess freiwillig geführt wird, meinen die Gerichte. Wenn er aber für den Steuerzahler existenziell ist und dieser ohne Prozess Gefahr läuft, seine Existenzgrundlage zu verlieren, dann sicherlich ja. Doch wann sind diese Voraussetzungen gegeben? Das kann nur in einer Einzelfallbetrachtung entschieden werden, womit die nächsten Prozesse vorprogrammiert sind.

Das gilt auch für geprellte Ehemänner: So wies der Bundesfinanzhof die Klage eines Mannes ab, der mithilfe einer Detektei nachwies, dass seine Ex-Gattin in einem eheähnlichen Verhältnis lebt – was für die Unterhaltszahlungen eine wichtige Rolle spielte. Die Kosten für die Detektei wollte er als außergewöhnliche Belastung absetzen – ohne Erfolg. Aufwendungen für einen Detektiv gehören grundsätzlich nicht zu den unmittelbaren und unvermeidbaren Kosten eines Ehescheidungsprozesses, die Aufklärung strittiger Sachverhalte sei vorrangig mithilfe des Gerichts zu führen, so die Begründung. Doch das hätte sich sicherlich nicht die Mühe gemacht, die Lebensumstände der Ex-Gattin so nachdrücklich zu untersuchen – was für den Ex-Ehemann wesentlich teurer geworden wäre.

Auch Trinkgelder sind keine außergewöhnliche Belastung, wie ein Ehepaar erfahren musste, das im Rahmen einer Kur dem Personal den ein oder anderen Betrag zugesteckt haben will – insgesamt 255,79 D-Mark machten sie als außergewöhnliche Belastung geltend, schließlich seien die Trinkgelder ja im Rahmen einer ärztlich verordneten Kur angefallen. Schlechte Nachrichten haben die Finanzrichter auch für Ehebrecher: Ebenfalls nicht absetzbar sind Erpressungsgelder, wenn sie gezahlt werden, um der besseren Hälfte ein außereheliches

Verhältnis zu verschweigen. In diesem speziellen Fall hatte ein rüstiger älterer Herr eine Affäre nebst unehelichem Kind sowie ein kurzes Abenteuer mit der Haushaltshilfe – beides wollte er seiner herzkranken Frau verschweigen. Also zahlte er in Raten rund 191 000 D-Mark an eine Erpresserin, von der er sich vorformulierte Erklärungen unterschreiben ließ, in denen sie den Empfang des Geldes bestätigte und versicherte, in Zukunft keine Geldforderungen mehr zu stellen. Nach dem Tod seiner Ehefrau zeigte der Kläger die Erpresserin an, woraufhin diese zu zwei Jahren und drei Monaten Haft verurteilt wurde. Die Erpressungsgelder allerdings waren futsch. Also deklarierte der frischgebackene Witwer diese beim Finanzamt als außergewöhnliche Belastung – ohne Erfolg. Unter dem Strich kamen die Finanzrichter zu dem Urteil, dass der Mann diese Notsituation selbst herbeigeführt hatte – im Gegensatz zu Menschen, die beispielsweise Lösegeld zahlen müssen – und damit an dieser Misere schuld war. In der Folge solle er selbst dafür einstehen und dieses Geld nicht dem Fiskus anlasten.

Selbst bei Krankheiten ist das Urteil weniger eindeutig, als man es auf den ersten Blick vermutet: So gelten Kosten, die durch Diätverpflegung entstehen, nicht als außergewöhnliche Belastung. In einem Urteil hat der Bundesfinanzhof an seiner bisherigen Rechtsprechung festgehalten, dass das Abzugsverbot auch für Aufwendungen für Sonderdiäten gilt, die eine medikamentöse Behandlung ersetzen. Im Streitfall machte eine Klägerin Mehraufwendungen für krankheitsbedingte Diätkosten in Höhe von 3 192 D-Mark als außergewöhnliche Belastung geltend; diese erkannte das Finanzamt nicht an. Der Bundesfinanzhof schloss sich diesem Urteil an und war der Ansicht, dass nur unmittelbare Krankheitskosten wie beispielsweise Arzneimittel abziehbar seien, Diätkosten aber nicht. Diese Auffassung muss man nicht teilen. Ebenfalls nicht berücksichtigungsfähig fanden die Richter die Kosten einer Leihmutterschaft oder eines Vaterschaftsprozesses – die Prozessakten der Finanzverwaltungen sind voll von Beispielen aus dem prallen Leben.

Diese Urteile zeigen: Mittels des Steuerrechts alle tatsächlichen und vermeintlichen Ungerechtigkeiten und Ungleichheiten ausmerzen und ausgleichen zu wollen ist ein sinnloses Unterfangen. Sollte jemals ein Politiker den ernsthaften Versuch unternehmen, das Steuerrecht zu vereinfachen, wird er kaum umhinkommen, sich vom

Ziel der individuellen Einzelfallgerechtigkeit zu verabschieden. Und außerdem: Wer sagt eigentlich, dass individuelle Einzelfallgerechtigkeit letzten Endes nicht reine Willkür ist, nur in anderer Verpackung? Weniger könnte mehr sein. Die Rückkehr zu einem eng abgegrenzten, klaren, einfachen und von gerechten Prinzipien geleiteten Steuerrecht könnte Steuergelder einer besseren Verwendung zuführen, als sie in vielen Finanzbeamten und endlosen Finanzgerichtsprozessen anzulegen.

Doch damit sind wir noch lange nicht am Ende, was den Ärger mit der Einkommensteuer angeht, denn es müssen nicht falsche Haare, Prozesskosten oder Diäten sein, die zum Streit mit dem Finanzamt führen – dazu reichen schon so triviale Dinge wie eine Haushaltshilfe.

Das Dienstmädchenprivileg und Parteispenden

Das altmodische Wort „Dienstmädchen" hat im Steuerrecht und in der Politik einen besonderen Platz; wer es gerne wissenschaftlich-moderner mag, spricht von „haushaltsnahen Dienstleistungen" oder „hauswirtschaftlichen Hilfen". Doch was haben die mit der Steuer zu tun? Nach wie vor geht es immer noch darum, die Leistungsfähigkeit eines Steuerzahlers korrekt zu erfassen. Dazu haben wir in einem ersten Schritt (nicht ohne Probleme) seine Einnahmen ermittelt und anschließend alle Ausgaben abgezogen, die erforderlich sind, um diese Einnahmen zu erzielen (auch das nicht ohne Probleme). Damit haben wir so etwas wie ein objektives Maß für Leistungsfähigkeit ermittelt – oder es zumindest versucht. Dann kam der Gedanke auf, dass man ja bestimmte Ausgaben der Steuerzahler berücksichtigen muss, die deren Leistungsfähigkeit individuell schmälern – Kosten einer Krankheit, Tod, Unfall oder Erpressung beispielsweise. Diese außergewöhnlichen Belastungen fallen nicht bei jedem Bürger an und sind individuell verschieden – außergewöhnlich eben. Was aber, wenn es bestimmte Ausgaben gibt, welche die Leistungsfähigkeit eines Bürgers senken, aber nicht außergewöhnlich sind und mehr oder weniger jeden Bürger treffen? Ein Paradebeispiel für solche Ausgaben sind die Kosten der Altersvorsorge: Jeder Bürger muss für den Ruhestand vorsorgen, und die Kosten dieser Vorsorge reduzieren ohne Frage die heutige Leistungsfähigkeit – wer sein Geld spart, kann es nicht ausgeben oder damit Steuern zahlen.

Klarer Fall – solche Ausgaben senken die Leistungsfähigkeit der Bürger; also müssen wir sie bei der Ermittlung der Steuerlast berücksichtigen. Dementsprechend hat der Gesetzgeber eine ganze Reihe von Ausgaben bestimmt, die als Sonderausgaben gelten und damit vom Einkommen abgezogen werden dürfen. Dazu gehören unter anderem Unterhaltsleistungen, Renten und dauernde Lasten, Kirchensteuer und Aufwendungen für eine Berufsausbildung. Aber was ist mit den Dienstmädchen? Sollte man die Kosten einer Haushaltshilfe, oder vornehmer formuliert die Ausgaben für hauswirtschaftliche Beschäftigungsverhältnisse, als steuerlich abzugsfähig anerkennen? Darüber wird im deutschen Steuerrecht permanent gestritten, das sogenannte Dienstmädchenprivileg – das Recht, die Kosten einer Haushaltshilfe bei der Steuer geltend zu machen – wurde mal eingeführt, mal abgeschafft, wieder eingeführt. Was ist das Problem?

Da wäre zunächst einmal die Frage, was eine haushaltsnahe Dienstleistung ist. Gewöhnlich fallen einem da Tätigkeiten wie Kochen, Putzen, Waschen, Einkaufen, Gartenarbeit oder ähnliche Ärgernisse des täglichen Lebens ein. Sollte man Menschen, die sich für diese Arbeiten professionelle Hilfe engagieren, einen Steuervorteil gewähren? Das klingt nicht fair: Wer viel Geld hat, kann sich eine Haushaltshilfe leisten und kassiert dafür eine Steuersubvention; wer arm ist, kann sich keine Haushaltshilfe leisten und muss selbst putzen. Will man also gerecht sein, muss man denjenigen, die keine Haushaltshilfe haben, einen fiktiven Abzug dieser Ausgaben von der Steuer ermöglichen, damit sie quasi die Kosten der Haushaltshilfe, die sie ja selbst sind, steuerlich geltend machen können. Besser vielleicht noch, man könnte den Standpunkt vertreten, dass Waschen, Putzen, Kochen Privatsache sind und in der Steuererklärung nichts verloren hätten. Ähnliche Argumente kann man auch für andere Ausgaben anführen.

Doch es gibt ein Argument, das für die steuerliche Anerkennung solcher Ausgaben spricht, und das ist – so seltsam das klingt – die Einkommensteuer selbst. Genauer gesagt die Einkommensteuer auf diejenigen Einkommen, die man erzielt, wenn man seine Hausarbeit nicht selbst macht. Nehmen wir einmal einen vermögenden Steuerzahler, der seine Hausarbeiten von einer Hilfskraft erledigen lässt: In der Zeit, in der er nicht seinen Haushalt macht, geht er arbeiten, und das Einkommen, das er in dieser Zeit erzielt, muss er versteuern. Würde er stattdessen nicht arbeiten, sondern seinen Haushalt selbst in Schuss halten, so würde er zwar weniger verdienen, müsste aber auch weniger Steuern zahlen. Die steuerliche Entlastung, die man dafür erhält, dass man eine Haushaltshilfe beschäftigt, ist also sozusagen eine Gutschrift dafür, dass man nicht putzt, sondern arbeitet und deswegen höhere Steuern zahlt. Wäre das Dienstmädchen nicht von der Steuer absetzbar, so wären die Anreize groß, entweder die steuerfreie Hausarbeit selbst durchzuführen und damit Geld zu sparen, oder aber jemand anderen dafür zu engagieren, aber schwarz, also ohne Rechnung.

Aktuell – also im Jahr 2010 – werden Hilfen im Haushalt, Pflegeleistungen sowie Handwerkerleistungen steuerlich gefördert. Einen Steuerbonus gibt es beispielsweise für den offiziell zum Putzen engagierten Hausmann, den Fensterputzer, Gärtner, Schneeräumdienst oder die Hilfe für die Straßen- und Hofreinigung. Ebenfalls steuerbegünstigt sind Kosten für die Betreuung von Kindern, Senioren oder Pflegebedürftigen im Haushalt, außerdem Ausgaben für einen privaten Umzug. Auch die Versorgung Pflegebedürftiger daheim wird zusätzlich gefördert. Ebenfalls gefördert werden Handwerkerleistungen in den eigenen vier Wänden – dazu zählen Schönheitsreparaturen wie Tapezieren, Streichen von Wänden, Decken oder Heizkörpern, Arbeiten an Innen- und Außenwänden. Steuerlich förderungswürdig sind derzeit auch Ausgaben für die Reparatur von Haushaltsgeräten. Wenn also die Waschmaschine, der Fernseher oder der Computer streiken, der Herd oder der Geschirrspüler zu Hause repariert werden müssen, kann man das steuerlich geltend machen. Muss ein Gerät aber in die Werkstatt, schmälern die Kosten der Reparatur nicht den Steuerbescheid.

Dieser bunte Katalog an Steuervergünstigungen legt nahe, dass es nicht nur darum geht, Bürger mit gleicher Leistungsfähigkeit gleich zu besteuern. Neben den sozialen Aspekten ist es nicht nur die Frage nach der Steuergerechtigkeit, die beim Dienstmädchenprivileg eine Rolle spielt – da ist noch ein Problem. Und der Mann, der dieses Problem kennt, heißt Friedrich Schneider. Schneider ist einer der prominentesten deutschsprachigen Ökonomen, hochdekoriert mit wissenschaftlichen Auszeichnungen und Ämtern, Autor zahlreicher Fachartikel. Eines von Schneiders Spezialgebieten erregt regelmäßig Aufsehen in der Öffentlichkeit: Schneider ist einer der renommiertesten Forscher auf dem Gebiet der Schwarzarbeit und Schattenwirtschaft.

Die Steuerrebellion des kleinen Mannes

Für Schneider ist Schwarzarbeit „die Steuerrebellion des kleinen Mannes": Wem die Steuerbelastung zu groß wird, der geht in den steuerlichen Untergrund, dort, wo das Finanzamt seinen Schrecken verliert. Aber was hat das mit dem Dienstmädchenprivileg zu tun? Alles. „Wenn in deutschen Haushalten geputzt wird, dann wird das zu 98 Prozent schwarz gemacht. Ich kenne in meinem Bekanntenkreis niemanden, der seine Putzfrau offiziell anmeldet und bezahlt. Wir haben ganze Berufszweige dorthin ausgelagert", sagt Schneider – und er hat wohl recht. Umfragen zeigen, dass die illegale Beschäftigung von Handwerkern besonders beliebt ist: Ihr Anteil an der Schwarzarbeit machte 2007 insgesamt 19 Prozent aus. Aber auch die Kosten für Haushaltshilfen wie etwa Putzfrauen und -männer, Gärtner oder Kinderbetreuer werden häufig am Finanzamt vorbei abgerechnet. Laut Umfrage macht ihr Anteil 16 Prozent an Schwarzarbeit in Haushalten aus.

Die hohe Attraktivität dieser Steuerrebellion ist offensichtlich: Der Eigenheimbesitzer bekommt es billiger, weil der Handwerker keine Steuern und Sozialabgaben auf die Rechnung setzt, der Handwerker hat trotz des reduzierten Preises mehr in der Tasche, weil er keine Steuern und Sozialabgaben abführen muss. Handwerker und Bauherr beschummeln gemeinsam den Staat und teilen sich die Beute. Und irgendwie wirkt das ja auch nicht wie ein Verbrechen, schließlich muss man ja nicht irgendjemandem in die Tasche greifen oder etwas wegnehmen – Schwarzarbeit scheint ein Delikt ohne Opfer zu sein. Scheint.

Doch der Schein trügt: Schneider schätzt für das Jahr 2008 das Ausmaß der Schwarzarbeit auf 349 Milliarden Euro, ein Siebtel der offiziellen Wirtschaftsleistung des Landes. In diese Summe fließt der

Wert der Arbeitsstunden sowie des – meist legal erworbenen – Materials ein. Dem Staat entgingen dadurch jährlich 15 bis 20 Milliarden Euro Steuern und Abgaben, sagt der Forscher. Keine Frage – ein auf Steuern aufgebautes demokratisches Gemeinwesen kann diesem Treiben nicht tatenlos zusehen. Doch hier zeigt sich ein weiteres Problem: „Die Schwarzarbeit ist für sieben bis zwölf Millionen Deutsche ein unverzichtbarer Gehaltsbestandteil zur Sicherung ihres Lebensstandards", sagt Schneider. Will heißen: Wer Schwarzarbeit mit der vollen Wucht des Gesetzes verfolgt, kriminalisiert Millionen Bundesbürger und verärgert sie, da man sie in ihren Verdienstmöglichkeiten beschneidet. Was also tun?

Hier setzt die Idee des Dienstmädchenprivilegs an: Wenn Haushalte die Arbeiten von Haushaltshilfen von der Steuer absetzen können, dann werden sie erpicht darauf sein, von ihren guten Haushaltsgeistern eine Rechnung einzufordern – was bei Schwarzarbeit nicht funktioniert. Das war eine der Ideen der Reformen, die unter dem Namen „Hartz" eine unrühmliche Karriere gemacht haben – Steuerermäßigungen für haushaltsnahe Dienstleistungen sollten helfen, die Schwarzarbeit zu bekämpfen und mehr Jobs für Geringverdiener zu schaffen.

Hoppla, jetzt sind wir allerdings auf einer ganz anderen Baustelle gelandet: Eigentlich wollten wir bei der Einkommensteuer die Leistungsfähigkeit eines Steuerzahlers berücksichtigen – jetzt sprechen wir davon, mittels der Einkommensteuer Schwarzarbeit zu bekämpfen und neue Arbeitsplätze zu schaffen. Auf einmal bekommt unser Steuerrecht eine ganz neue Note, die fast so alt ist wie die Steuer selbst: Die Steuer soll Dienerin mehrerer Herren sein.

Politik mit dem Steuergesetz

Bis hierhin war die Idee der Gerechtigkeit das Leuchtfeuer auf dem Weg zur Gestaltung einer Steuer: Sie sollte so beschaffen sein, dass derjenige, der viel hat, viel zahlt, und sie sollte dafür sorgen, dass Menschen mit gleicher Leistungsfähigkeit auch die gleiche Steuerlast tragen. Doch mit dem Argument, dass man mithilfe des Dienstmädchenprivilegs den Sumpf der Schwarzarbeit trockenlegen kann, eröffnet sich eine völlig neue Perspektive: Warum nicht die Steuer dazu verwenden, andere Ziele zu verfolgen? Warum nicht mit der Steuer die Schwarzarbeit bekämpfen, warum nicht mit Steuersubventionen die Geburtenraten erhöhen, warum nicht über den Fiskus dafür sorgen, dass die Bürger in denkmalgeschützte Gebäude investieren und damit die Stadt verschönern?

Die letztgenannte Idee kennen wir bereits aus der Debatte über Steuersparmodelle – der aktuell letzte Schrei (sicher nicht der letzte) sind die Steuernachlässe auf Investitionen in Altbauten; mit „Kapitalanlage Denkmalschutz" lockt die Finanzbranche den potenziellen Steuersparer – mit den bereits ausführlich diskutierten Folgen. Das Problem dieser Idee liegt auf der Hand: Natürlich ist es verlockend, mithilfe des Steuergesetzes die Bürger zu einem politisch gewollten Verhalten zu bringen, aber wo bleibt da die Gleichheit und Gerechtigkeit im Steuerrecht? Wer zulässt, dass Schönheitsreparaturen an der 20-Zimmer-Villa die Steuerschuld schmälern, verhindert vielleicht Schwarzarbeit, aber möglicherweise auf Kosten derjenigen Steuerzahler, die sich keine eigene Villa leisten können. Die zentrale Frage lautet demnach: Zerstört die Verfolgung anderer Politikziele mit Steuern das hart erkämpfte Prinzip der Allgemeinheit der Steuergesetze? Die Folge wäre ein Rückschritt in die Zeiten absolutistisch herrschender Monarchen mit den vielen Sonderregeln für einzelne Stände. Villenbesitzer zahlen andere Steuern als Mieter, Nicht-Denkmal-Investoren werden stärker zur Kasse gebeten als Denkmal-Investoren und so weiter. Wir begeben uns damit auf das gefährlichste Terrain der Steuergesetzgebung und -geschichte: Wie gerecht muss eine Steuer sein, wie gerecht kann sie sein? Wenn Ihnen die bisherigen Ausführungen schon grauenhaft erschienen sein sollten, so halten Sie sich fest: Das war nur der Vorhof zur Steuerhölle. Jetzt geht es an die richtigen Probleme. Willkommen in der Steuerhölle.

7 | Der Weg in die Hölle: Die Illusion der gerechten Steuer

„Menschen wollen eher gerechte Steuern als niedrige Steuern."
Will Rogers, amerikanischer Humorist

Der Lastesel verweigert den Dienst

Der Weg in die Hölle, sagt ein altes Sprichwort, ist gepflastert mit guten Vorsätzen. Das gilt auch für das Steuerrecht: Im Bestreben, gerecht zu sein, haben wir ein Monster geschaffen, dokumentiert in meterlangen Regalen voller Aktenordner, ein Monster, das fragt, ob Toupets von der Steuer abgesetzt werden dürfen, ein Monster, das Monate Arbeitszeit und Tonnen von Papier auf die Frage verschwendet, ob Diätkost die Steuerlast mindert, ein Monster, das jedes noch so kleine Detail unter das Mikroskop der Individualgerechtigkeit legt, wendet und wiegt – alles in dem Bestreben, für Gerechtigkeit zu sorgen. Doch dieses Monster nimmt sich bescheiden aus gegen die Herausforderung, der wir uns jetzt stellen müssen: Wir wollen die Steuer nicht nur gerecht machen, nein, wir wollen zudem mit ihrer Hilfe politische Ziele verfolgen – unser Lastesel soll die Staatsausgaben finanzieren, gerecht sein und obendrein auch noch den Staat bei vielfältigen politischen Zielen unterstützen. Die Steuer soll also zur Wollmilch und dem Speck noch die Eier liefern.

Die Grundidee ist einfach und mächtig: Fast alle Bürger müssen an der ein oder anderen Stelle Steuern zahlen, was bedeutet, dass man über die Besteuerung jeden Bürger erreichen – und damit auch dessen Verhalten über die Besteuerung beeinflussen kann. Ein Beispiel kennen wir bereits: Kann man die Ausgaben für Handwerker von der Steuer absetzen, so geht (hoffentlich) die ungeliebte Schwarzarbeit zurück. Doch dieses Beispiel zeigt zugleich die Schwäche dieser Idee: Sie liegt zumeist quer zum Gerechtigkeitsgedanken. Wer kein Geld hat, um sich sein Heim von Handwerkern verschönern zu lassen, kann nichts von der Steuer absetzen. Wer viel Geld hat und sein Eigenheim schöner machen will, wird von der Steuer belohnt.

Damit steht die (Steuer-)Politik vor einem weiteren unlösbaren Dilemma: Sie hängt zwischen Baum und Borke, zwischen Steuergerechtigkeit und Steuerpolitik. Jede Steuererleichterung, die man aus politischen Gründen gewährt, droht unsere mit Mühe aufgebaute und nur mühsam im Gleichgewicht gehaltene Steuergerechtigkeit zu zerstören. Um es auf den Punkt zu bringen: Politik mit Steuern bedroht das hart erkämpfte Prinzip, nach dem alle Bürger Steuern gemäß ihrer Leistungsfähigkeit zahlen sollen. Und wir sprechen hier nicht über Kleinigkeiten: Die Liste der Dinge, die man über die Steuer, vor allem die Einkommensteuer, fördern will und fördert, ist lang, und die prominentesten Beispiele sorgen immer wieder für Unruhe im Blätterwald und seinen Bewohnern, den Steuerzahlern und Wählern.

2008 waren es rund 27 Milliarden Euro, die sich der Fiskus entgehen ließ, weil er seinen Schäfchen Steuervergünstigungen jeglicher Art gewährte – ein paar Beispiele gefällig? Da gibt es Freibeträge für die Land- und Forstwirtschaft, eine Steuerbefreiung für Vermietungsgenossenschaften, Sonderabschreibungen zur Förderung kleiner und mittlerer Betriebe bei beweglichen Wirtschaftsgütern; da finden wir den Freibetrag für Gewinne aus Betriebsveräußerungen und -aufgaben, den Freibetrag für Gewinne aus der Veräußerung von Anteilen an Kapitalgesellschaften und die Steuerbefreiung kleinerer Versicherungsvereine auf Gegenseitigkeit. Dann wäre da die Ermäßigung der Einkommen- und Körperschaftsteuer, die auf den Gewinn aus den steuerbegünstigten Wasserkraftanlagen entfällt, und die erhöhten Absetzungen bei kulturhistorisch wertvollen Gebäuden, dicht gefolgt von den Steuerbegünstigungen für selbst genutzte Baudenkmale und Gebäude in Sanierungsgebieten und städtebaulichen Entwicklungsbereichen. Und wem das nicht genug ist, der findet Trost in der Steuerbegünstigung für schutzwürdige Kulturgüter, die weder zur Einkunftserzielung noch zu eigenen Wohnzwecken genutzt werden – und das ist noch lange nicht alles.

Einer der ganz großen Lieblinge der Politik und der Wähler ist die Eigenheimförderung über die Einkommensteuer – warum soll nicht jeder Deutsche vier Wände sein Eigen nennen? Dass der Traum von den eigenen vier Wänden oft mit Zwangsversteigerung und persönlichem Bankrott endet, weil sich nun mal nicht jeder Deutsche das eigene Häuschen leisten kann, stört die Politik wenig – sie hat in den vergangenen Jahren alles getan, um dem Wähler die eigenen Steine, auf die man bauen kann, zu finanzieren; selbstlos unterstützt von den Lobbys der Bauindustrie und der Finanzbranche, die daran prächtig verdienten. Und was glaubte oder glaubt man nicht alles damit erreichen zu können: Defizite in der Wohnungsversorgung beseitigen, Familien und ökologische Aspekte fördern, die Vermögensbildung der privaten Haushalte verbessern oder sozialpolitische Probleme lösen – die Eigenheimförderung scheint eine Wunderwaffe zu sein. Und man hat es mit aller Macht probiert: Degressive Abschreibung für den Mietwohnungsbau, Eigenheimzulage, Baukindergeld und seit Neuestem der Wohn-Riester – wenn es darum ging, dem Bürger den Traum von den eigenen vier Wänden zu ermöglichen, war die Politik nie um eine Antwort verlegen. Und auch nicht um Gelder: Das Baukindergeld belief sich 2005 noch auf 30 Millionen Euro, bevor es der Gesetzgeber beerdigte, für das Eigenheim spendierte er 2008 rund 4,4 Milliarden Euro.

Nun geht es hier nicht darum, das Ziel der Eigenheimförderung zu kritisieren (obwohl es da einiges zu kritisieren gäbe), aber der Punkt ist folgender: Erstens muss der Lastesel Einkommensteuer unter der Bürde der Ansprüche, welche die Politik an sie stellt, zwangsläufig den Dienst verweigern. Gerechtigkeit, Wohnungsbauförderung, Konjunkturpolitik, Familienpolitik – das sind zu viele Ansprüche an eine Steuer. Und zweitens führt die Politik mit der Steuer dazu, dass aus der ohnehin schon komplizierten und wenig überschaubaren Einkommensteuer ein bürokratisches Monstrum wird, das statt Gerechtigkeit, Transparenz und Einfachheit ein Urteil wie dieses das Licht der Welt erblicken lässt:

> Die miteinander verheirateten Kläger machten in ihrer Einkommensteuererklärung 2003 Aufwendungen von insgesamt 3 255,53 € für ein haushaltsnahes Beschäftigungsverhältnis i. S. d. § 35a Abs. 1 Satz 1 Nr. 1 EStG geltend. Sie beantragten außerdem für ihre beiden Kinder die Steuerermäßigung nach § 34f Abs. 3 EStG i. H. v. je 512 €. Dabei beantragten sie, bei der Berechnung der Einkommensteuer zunächst die Ermäßigung nach § 35a EStG und erst dann dieje-

nige nach § 34f Abs. 3 EStG anzuwenden. In dem angefochtenen Einkommensteuerbescheid folgte das FA dieser Reihenfolge nicht, sondern zog zunächst von der mit 676 € ermittelten tariflichen Einkommensteuer der Kläger 676 € als Kinderermäßigung nach § 34f EStG ab. Ein Abzug einer Steuerermäßigung nach § 35a EStG erfolgte sodann nicht mehr.

Dieser skurrile Text – es geht hier unter anderem auch um das Dienstmädchenprivileg und das Baukindergeld – ist kein Einzelfall, sondern der Standard. Und selbst wenn man versteht, um was es da eigentlich geht, ist man weit davon entfernt zu verstehen, wie man das Ganze bewerten soll. Das ist ein weiterer entscheidender Nachteil einer Steuer, die mit den Wünschen der Politik überfrachtet wird: Die Folgen solcher Gesetze für den Bürger lassen sich nicht mehr feststellen – wer wie viel Steuern zahlt und warum, wird ebenso zur Lotterie wie die Frage, wer davon profitiert. Wie schwierig es ist, die Folgen steuerpolitischer Maßnahmen abzuschätzen, wollen wir uns anhand eines Beispiels ansehen: Was tut der Staat für Familien?

Kinder, Kinder ...

Eine Angewohnheit von Menschen besteht darin, dass sie komplexe Sachverhalte gerne auf einen Satz reduzieren, wenn möglich auf eine Zahl: Nicht lange überlegen, nicht viel recherchieren, nicht stundenlang grübeln und nachdenken – ein Satz, eine Zahl sagt alles. Sagt vermeintlich alles. Wer die Lufthoheit über ein Thema gewinnen will, sucht eine Zahl. Da es jedoch in der Regel mehrere Meinungen zu ein und demselben Thema gibt, wundert es nicht, dass es mehr als eine Zahl zu jedem Thema gibt. In der Debatte um die Familienpolitik beispielsweise kursieren Zahlen, wie sie kaum unterschiedlicher sein könnten: Die Kieler Ökonomin Astrid Rosenschon zählte alle familienpolitischen Leistungen des Landes zusammen und kam für das Jahr 2005 auf die üppige Summe von 240 Milliarden Euro – das sind fast elf Prozent des deutschen Bruttoinlandsprodukts. Von den Familienlobbys musste sie sich für diese Berechnungen eine Menge Unflätigkeiten anhören: „Hochwissenschaftlicher Unsinn", pöbelte ein Familieninstitut, seien diese Berechnungen. Abgesehen davon, dass sachlicher Diskurs anders aussieht, kann man natürlich auch anders rechnen, die Deutsche Bundesbank kommt für das Jahr 2001 auf etwa 150 Milliarden Euro und der Bund selbst auf etwas mehr als 50 Milliarden, die er den Familien spendiert; andere Autoren behaupten sogar, dass von der Familienförderung des Bundes nur die Hälfte – also rund 26 Milliarden – der Familienförderung zuzurechnen sei, der Rest sei „Lug und Trug".

Wir wollen uns nicht in diesen äußerst emotional geführten Streit einmischen, und wir wollen nicht fragen, ob diese Summen gerechtfertigt sind oder nicht, wir wollen auch nicht kommentieren, dass andere Länder mit deutlich weniger familienpolitischen Ausgaben höhere Geburtenraten haben – interessant ist für uns folgender Punkt: Rund ein Drittel der mehr als 100 verschiedenen familienpolitischen Maßnahmen, so schätzt man, laufen über das Steuerrecht: Kindergeld, Kinderfreibetrag, Betreuungsfreibetrag, Absetzung nachgewiesener Betreuungsaufwendungen, Ausbildungsfreibetrag, Haushaltsfreibetrag, Wohnungsbauförderung – auf mehr als 37 Milliarden Euro schätzt die Bundesbank das Ausmaß der Mittelumverteilung über das Steuerrecht alleine für das Jahr 2000. Kann man da ernsthaft erwarten, dass diese Maßnahmen aufeinander abgestimmt sind? Und kann man erwarten, dass irgendjemand überblickt, wer von diesen Maßnahmen profitiert? Und kann man erwarten, dass diese Maßnahmen gerecht sind?

Ein vollständiges Bild ist kaum möglich, aber einige tendenzielle Aussagen lassen sich über die wichtigsten familienpolitischen Instrumente treffen, beispielsweise über Kindergeld und Kinderfreibeträge. Und sie verraten uns einiges darüber, wie eine Steuer in einem modernen Staat funktioniert.

Auf den ersten Blick ist so ein Kinderfreibetrag eine einfache Sache: Man zieht einen festen Betrag vom zu versteuernden Einkommen ab, versteuert das auf diesem Weg neu ermittelte Einkommen und zahlt damit weniger Steuern. Intuitiv könnte man meinen, dass das Einkommen der Familie, die diesen Kinderfreibetrag nutzt, keine Rolle für die steuerliche Entlastung spielt – und unterliegt damit einem Irrtum. Die Wirkung eines Kinderfreibetrags hängt nämlich ab vom Steuersatz, also von dem Prozentsatz, mit dem man das zu versteuernde Einkommen multipliziert, um die zu zahlende Steuer zu ermitteln. Den einfachsten Steuersatz kennen wir bereits aus dem dritten Kapitel: Es ist der biblische Zehnte. Dieser Zehnte bedeutet, dass der Steuerbürger zehn Prozent seines Einkommens an den König respektive den Fiskus abführen muss. Wer 1 000 Euro verdient, zahlt 100 Euro Steuern, wer 10 000 Euro verdient, zahlt 1 000 Euro Steuern. Eben zehn Prozent.

Das Besondere am Zehnten ist, dass er ein sogenannter proportionaler Tarif ist: Egal, wie viel jemand verdient, seine Steuerschuld ist prozentual betrachtet immer zehn Prozent. Wer 10 000 Euro verdient, zahlt zwar absolut gesehen mehr als sein Nachbar, der 1 000 Euro verdient – nämlich 1 000 Euro gegenüber 100 Euro – prozentual betrachtet zahlt er jedoch den gleichen relativen Anteil seines Einkommens als Steuer. Wer 1 000 Euro verdient, liefert von jedem Euro, den er verdient, zehn Cent an das Finanzamt ab, genauso wie derjenige, der 10 000 Euro verdient und 1 000 Euro Steuern zahlt. Das, was die Ökonomen Durchschnittssteuersatz nennen – der zu zahlende Steuerbetrag dividiert durch das Einkommen –, verändert sich also nicht. Bei einem proportionalen Tarif wie dem Zehnten zahlen die Steuerpflichtigen im Durchschnitt immer den gleichen Steuersatz, egal, wie viel sie verdienen.

Aber wie gerecht ist ein proportionaler Tarif? Unsere heutige Intuition von Gerechtigkeit sagt uns, dass jemand mit einem höheren Einkommen auch eine höhere Steuerbelastung verträgt – warum kann ein wohlhabender Mensch nicht 20 statt zehn Prozent Steuern zahlen? Diese Intuition findet in den meisten westlichen Volkswirtschaften Zustimmung, weswegen proportionale Steuersätze bei der modernen Einkommensbesteuerung mehr oder weniger keine Rolle spielen. Aber auch hier bestätigen Ausnahmen die Regel: Die jüngst eingeführte Abgeltungssteuer auf Kapitalerträge ist eine Steuer mit proportionalem Steuersatz: Egal, wie viel Einkommen aus Kapitaleinkünften der Steuerzahler hat, er zahlt immer den gleichen Steuersatz, nämlich 25 Prozent, und damit sind seine Steuerschulden auf diese Kapitalerträge abgegolten, egal, wie hoch sein Einkommen insgesamt ist. Der Kleinaktionär mit kleinem Kapitaleinkommen zahlt den gleichen Steuersatz wie der Millionär, der sich nur von seinen Zinseinkünften ernährt (den noch vorhandenen Rest des Sparerfreibetrags haben wir hierbei bewusst außen vor gelassen). Aus dieser Perspektive war die

Einführung dieser Abgeltungssteuer ein Geschenk für die Wohlhabenden, da sie deren Steuerbelastung senkt.

Aber auch ein proportionaler Tarif führt zu unterschiedlichen Belastungen der Steuerzahler, beispielsweise, wenn man einen Kinderfreibetrag einführt. Dieser Freibetrag ist leicht zu verstehen: Man darf von seinem Einkommen einen bestimmten Euro-Betrag abziehen und zahlt nur auf das Einkommen minus Freibetrag Steuern. Wer 1 000 Euro verdient und einen Kinderfreibetrag von 100 Euro geltend macht, zahlt nur auf 900 Euro Steuern; bei einem Steuersatz von zehn Prozent sind das 90 Euro. Der Kinderfreibetrag hat die Steuerlast um zehn Euro – um zehn Prozent – gesenkt. So einfach das klingt: Hier versteckt sich die steuerliche Mausefalle. Dazu muss man nachrechnen, welche Steuerlast der Steuerzahler bei gleichem Freibetrag mit einem Einkommen von 10 000 Euro hat: Er macht 100 Euro Kinderfreibetrag geltend, zahlt also zehn Prozent Steuern auf 9 900 Euro, was eine Steuerzahlung von 990 Euro ergibt. Auch seine Steuerlast ist um zehn Euro gesunken, bezogen auf seine Gesamtsteuerlast von zuvor 1 000 Euro ist das aber nur ein Prozent. Obwohl der Spitzenverdiener den gleichen Kinderfreibetrag hat, sinkt seine Steuerlast nur um ein Prozent, beim Geringverdiener sinkt die Steuerlast beim gleichen Freibetrag um zehn Prozent. Der Grund dafür ist klar: 100 Euro Freibetrag sind eine ganze Menge, wenn man nur 1 000 Euro verdient, aber wenig, wenn man 10 000 Euro verdient. Die entlastende Wirkung des Freibetrags wird umso geringer, je größer das Einkommen des Steuerzahlers ist.

Das ist eine interessante Eigenschaft eines Freibetrags: Technisch ausgedrückt steigt die durchschnittliche Steuerbelastung eines Bürgers bei der Existenz eines Freibetrags umso mehr, je höher sein Einkommen ist. Rechnen wir den Durchschnittssteuersatz aus, so stellen wir fest, dass derjenige mit dem höheren Einkommen nun im Durchschnitt mehr Steuern zahlt. Ein Freibetrag hat also im Falle eines einfachen proportionalen Tarifs eine umverteilungspolitische Wirkung: Er entlastet die Bezieher geringerer Einkommen stärker als die Bezieher höherer Einkommen. Das ist per se nichts Schlechtes, doch man muss sich fragen, wie viele Bürger und Steuerpolitiker sich dieser Tatsache bewusst sind.

Nun sind wir in der Einkommensteuer schon lange über den Zehnten hinweg. In der modernen Einkommensteuer verändert sich der Steuersatz mit der Höhe des Einkommens – eine Technik, die der Steuerwissenschaftler mit der Bezeichnung „progressiver Tarif" adelt. Technisch gesehen spricht man von einem progressiven Tarif, wenn der durchschnittliche Steuersatz, den ein Steuerpflichtiger zahlt, mit steigendem Einkommen zunimmt. Wer 1 000 Euro verdient, zahlt in unserem Beispiel im Schnitt neun Prozent Steuern, wer 10 000 Euro verdient, zahlt bezogen auf dieses Einkommen 9,9 Prozent. Man zahlt mit steigendem Einkommen also nicht nur absolut gesehen mehr, sondern auch prozentual.

Ein Beispiel für einen progressiven Tarif sind also proportionale Steuersätze wie unser Zehnter, wenn man sie mit einem Freibetrag kombiniert. Dieser Freibetrag sorgt dafür, dass die Steuerzahler bezogen auf das gesamte Einkommen umso mehr Steuern zahlen, je mehr sie verdienen. Aber man muss nicht einen Freibetrag einführen, um mit steigendem Einkommen die Steuerlast zu erhöhen (der proportionale Tarif, kombiniert mit dem Freibetrag erzeugt das, was Fachleute eine „indirekte Progression" nennen). Heutzutage geht der Staat oft den direkten Weg: Er erhöht den Steuersatz direkt mit steigendem Einkommen. Man wendet auf jeder Einkommensstufe einen anderen Steuersatz an, der mit steigendem Einkommen ebenfalls steigt. Das ist die berüchtigte (direkte) Progression.

Um die Steuerschuld bei einem direkt progressiven Tarif zu ermitteln, reiht man das Einkommen des Steuerpflichtigen gedanklich wie an einer Perlenkette auf, beginnend mit dem ersten Euro in aufsteigender Reihenfolge. Jetzt geht man an dieser Perlenschnur entlang, zählt die verdienten Euros ab und wendet auf diese Euros unterschiedliche Steuersätze an. Auf den ersten verdienten Euro zahlt man beispielsweise zehn Prozent Steuern, der zweite Euro, den man verdient, wird nicht mehr mit zehn, sondern mit sagen wir zwölf Prozent besteuert, der dritte Euro wird mit 15 Prozent versteuert und so weiter. Wichtig dabei ist, dass der jeweilige Steuersatz – die Experten sprechen hier vom Grenzsteuersatz – nur auf den einzelnen Euro angewendet wird, dem er zugeordnet ist: Euro Nummer eins, den Sie verdienen, wird also anders besteuert als Euro Nummer zwei.

Ein Beispiel: Nehmen wir an, Sie verdienen 30 000 Euro. Die ersten 10 000 Euro werden mit zehn Prozent besteuert – macht 1 000 Euro Steuern. Die zweiten 10 000 Euro – also das Einkommen von 10 000 bis 20 000 Euro – werden mit einem Steuersatz von 15 Prozent belegt – macht 1 500 Euro Steuern, die zusätzlich zu den vorherigen 1 000 Euro anfallen. Und die dritten 10 000 Euro – also das Einkommen von 20 000 bis 30 000 Euro – werden mit 20 Prozent versteuert, macht noch einmal 2 000 Euro Steuern, die Sie zu den 1 000 und den 1 500 Euro hinzuzählen. In der Summe addiert sich die Steuerlast auf 1 000 plus 1 500 plus 2 000 Euro, also auf insgesamt 4 500 Euro Steuern auf ein Einkommen von 30 000 Euro. Das macht eine durchschnittliche Steuerbelastung von 15 Prozent – auf jeden Euro zahlen Sie im Schnitt 15 Cent.

Solche progressiven Tarife sind nichts Neues; wir finden sie schon bei den Griechen und auch im alten Rom, nämlich bei Steuern zur Finanzierung von Kriegen. Dieses System der progressiven Steuersätze hat mehrere interessante Implikationen, und die erste haben wir bereits kennengelernt: Es sorgt dafür, dass der Durchschnittssteuersatz mit steigendem Einkommen steigt. Wer im obigen Beispiel nur 10 000 Euro verdient, zahlt 1 000 Euro, macht im Schnitt zehn Prozent Steuern. Wer 20 000 Euro verdient, zahlt 1 000 Euro für die ersten 10 000 Euro, 1 500 Euro für die zweiten 10 000 Euro, macht insgesamt 2 500 Euro Steuern; bezogen auf 20 000 Euro Einkommen sind das 12,5 Cent Steuern pro Euro, also ein Durchschnittssteuersatz von 12,5 Prozent. Und wer 30 000 Euro verdient, zahlt, wie wir gesehen haben, im Schnitt sogar 15 Prozent Steuern. Wer mehr verdient, zahlt im Durchschnitt mehr Steuern und er zahlt für jeden zusätzlichen Euro Einkommen mehr Steuern. Das ist der erste Merksatz zum Thema direkt progressiver Tarif: Er sorgt dafür, dass die durchschnittliche und die Grenzsteuerbelastung (also die Steuerbelastung für jeden zusätzlichen Euro Einkommen) der Steuerzahler mit steigendem Einkommen steigen. Verteilungspolitisch entspricht das der Intuition der meisten Menschen von Gerechtigkeit – jedenfalls heute; in früheren Zeiten hingegen sah man diese Art von Tarifen als unfair und willkürlich an.

Die zweite Implikation dieses Tarifs ist etwas subtiler, birgt aber politischen Sprengstoff: Er kann dazu führen, dass Menschen mehr arbeiten, aber nicht im gleichen Maße mehr dazuverdienen. Der Grund dafür ist die sogenannte Grenzbelastung. Nehmen wir noch einmal das obige Beispiel: Wer 20 000 Euro verdient, zahlt 2 000 Euro Steuern.

Jetzt bekommt er eine Gehaltserhöhung auf 21 000 Euro, doch wenn er am ersten Zahltag auf seinen Gehaltsscheck sieht, wundert er sich: Er zahlt nun 2 150 Euro Steuern, und zwar 2 000 Euro Steuern auf die ersten 20 000 Euro Einkommen (also zehn Prozent), und 150 Euro auf das Einkommen von 20 000 bis 21 000 Euro (15 Prozent); macht zusammen 2 150 Euro.

Das ist unschön: Von den 1 000 Euro Mehrverdienst bleiben dem Steuerzahler nicht 900 Euro übrig, wie er es erwartet hätte, sondern nur 850 Euro. Verdient er 1 000 Euro zusätzlich, so steigt seine Steuerlast um 150 statt um 100 Euro, sie nimmt also zu. Diese zusätzliche Steuerlast nennen Experten Grenzbelastung; Grenzbelastung deswegen, weil sie erst ab einer bestimmten Einkommensgrenze entsteht. Steigt Ihr Einkommen in unserem Beispiel von 19 000 Euro auf 20 000 Euro, so verändert sich der Durchschnittssteuersatz nicht – sie zahlen statt 1 900 Euro 2 000 Euro Steuern. In diesem Fall ist die Grenzbelastung unverändert – man zahlt für den nächsten Euro, den man verdient, einfach zehn Prozent mehr. Doch dann passiert es: Der Verdienst steigt von 20 000 Euro auf 21 000 Euro – und jetzt steigt auch die durchschnittliche Steuerlast an. Will heißen: Der zuletzt verdiente Euro ist netto betrachtet weniger wert. Die Grenzbelastung des Einkommens – also die zusätzlichen Steuern auf den zuletzt verdienten Euro – steigt.

Nun klingt das harmlos, wird aber zu einem Problem, wenn diese Grenzbelastung heute übliche Höhen erreicht: Vor wenigen Jahren noch lag der sogenannte Spitzensteuersatz – das ist der Grenzsteuersatz, der auf der höchsten Einkommensstufe verlangt wird – bei rund 50 Prozent. In Klartext heißt das: Verdiente man zu seinem bisherigen Einkommen einen Euro hinzu und wurde dieser dem Spitzensteuersatz unterworfen, so gingen von diesem zusätzlich verdienten Euro 50 Cent direkt an das Finanzamt. Noch fieser wird das, wenn man die Belastung mit Sozialversicherungsbeiträgen hinzunimmt, die ja bis zur sogenannten Beitragsbemessungsgrenze ebenfalls am Einkommen festgemacht werden: Die Bundesbank hat ausgerechnet, dass in der Bundesrepublik Deutschland für Bezieher bestimmter Einkommen zeitweise eine Grenzeinkommensbelastung von bis zu 70 Prozent herrschte. Das muss man sich einmal vorstellen: Das Bruttogehalt steigt um 100 Euro, und auf dem Lohnzettel bleiben davon netto

30 Euro übrig. Kein Wunder, dass einige Menschen daraufhin davon absahen, mehr zu arbeiten – wozu denn auch?

Und das ist der Punkt, an dem Kritiker zu hoher Grenzsteuersätze ansetzen: Wer ist bereit, mehr zu arbeiten, wenn der Staat ihm von seinem Mehrverdienst so viel wegnimmt? In der Sicht dieser Kritiker führt eine zu hohe Grenzbelastung dazu, dass Menschen weniger arbeiten und weniger investieren, weil es sich nicht lohnt. Warum soll ich mich für 1 000 Euro mehr anstrengen, wenn mir der Staat davon nur 300 oder 400 Euro übrig lässt? Es ist natürlich schwer zu sagen, ab welcher Grenzbelastung Menschen ihre wirtschaftlichen Aktivitäten reduzieren oder auf Schwarzarbeit, Steuerhinterziehung und Steuersparmodelle ausweichen. Klar ist aber: Je höher die Grenzbelastung wird, umso größer das Risiko, dass die Menschen den Weg des Wenigertuns, des Schummelns oder der Steuersparmodelle gehen. Allerdings steigt auch mit steigendem Grenzsteuersatz die Belastung der Besserverdiener, was ja wiederum unseren Vorstellungen von Gerechtigkeit entspricht.

Im Jahr 2009 sieht der deutsche Steuertarif in etwa wie folgt aus: Beträgt das zu versteuernde Einkommen 13 000 Euro, so beläuft sich die Steuerschuld auf 974 Euro – das ergibt einen durchschnittlichen Steuersatz von 7,49 Prozent und eine Grenzbelastung von 23,71 Prozent. Steigt das Einkommen auf 14 000 Euro, so erhöht sich die Steuerzahlung auf 1 215 Euro; der Durchschnittssteuersatz liegt jetzt bei 8,68 Prozent und die Grenzbelastung bei 24,36 Prozent. Von den zusätzlich verdienten 1 000 Euro landen 241 Euro beim Fiskus. Das wäre noch zu verkraften, doch nach oben wird die Luft schon dünner: Wer 54 000 Euro verdient, zahlt darauf 14 616 Euro Steuern (Durchschnittssteuersatz 27,07 Prozent, Grenzsteuersatz 42 Prozent). Steigt das Einkommen jetzt um 100 Euro auf 54 100 Euro, so steckt sich der Staat von diesen 100 Euro Mehrverdienst 42 Euro in die Tasche – aus 100 Euro brutto mehr werden netto nur 58.

Früher hat der deutsche Fiskus noch kräftiger zugelangt: In den 80er-Jahren lag der Grenzsteuersatz bei 56 Prozent – wer beispielsweise 65 000 Euro verdiente, musste nach dem Steuertarif des Jahres 1979 von jedem zusätzlich verdienten Euro 56 Cent an den Staat abführen. Wer in diesen Zeiten nur 30 000 Euro verdiente, dem erging es nicht wesentlich besser: Rund die Hälfte von jedem zusätzlich verdienten Euro ging an den Staat; bei einem Einkommen von 20 000 Euro waren es zwischen 40 und 45 Cent je Euro. Verglichen damit nimmt sich der heutige Tarif, bei dem ab einem Einkommen von 55 000 Euro der Spitzensteuersatz von 42 Prozent fällig wird, fast schon karitativ aus. Offenbar hat sich die Ansicht des Gesetzgebers, was gerecht ist, über die Jahre geändert.

Was gerecht ist, bleibt Ansichtssache, könnte man meinen – Hauptsache, man hat einen progressiven Tarif. Leider ist es nicht so einfach: Die Vielzahl von Steuervergünstigungen führt dazu, dass die Steuerlast vieler Bezieher hoher Einkommen trotz Steuerprogression deutlich gemindert wird – was uns zurück zum Kinderfreibetrag bringt.

Und noch einmal: Kinder, Kinder

Wir hatten ja gesehen, dass ein Freibetrag wie der Kinderfreibetrag dazu führt, dass Bezieher höherer Einkommen tendenziell mehr belastet werden – 100 Euro Freibetrag entlasten jemanden, der nur 1 000 Euro verdient, prozentual betrachtet mehr als denjenigen, der 10 000 Euro verdient. Allerdings gilt diese Aussage nur, wenn der Steuersatz proportional ist, wenn also jeder Steuerzahler den gleichen Steuersatz zahlt, unabhängig davon, wie viel er verdient. Doch genau das ist in unserer Einkommensteuer nicht der Fall: Wir haben ein direkt progressives Steuersystem, bei dem der Steuersatz für jeden zusätzlichen Euro mit der Höhe des Einkommens steigt. Das führt dazu, dass der Freibetrag nun das Gegenteil bewirkt: Er entlastet die Bezieher höherer Einkommen mehr als die Niedrigeinkommensbezieher. Wie unschön – oder doch nicht?

Der Grund dafür ist einfach: Wer 1 000 Euro verdient, einen Steuersatz von zehn Prozent hat und einen Freibetrag in Anspruch nimmt, zahlt weniger Steuern – aber nur nach Maßgabe seines individuellen, niedrigen Grenzsteuersatzes. Klar: Von dem Einkommen wird der Freibetrag abgezogen, und das neue Einkommen wird weiterhin mit dem niedrigen Steuersatz von zehn Prozent besteuert. Genau genommen beträgt die Entlastung durch den Freibetrag damit zehn Prozent des Freibetrags. Diese Überlegung gilt auch für Bezieher höherer Einkommen: Auch bei ihnen bestimmt sich die Entlastung durch den Freibetrag über die Höhe des Steuersatzes. Wer vorher 50 Prozent Spitzensteuersatz zahlte und nun 100 Euro Freibetrag geltend macht, reduziert sein Einkommen um 100 Euro mal Steuersatz von 50 Prozent, also um 50 Euro. Natürlich: Wer einen Spitzensteuersatz von 50 Prozent zahlt und nun mittels Freibetrag sein Einkommen um 100 Euro senkt, zahlt 50 Euro Steuern weniger.

Das ist ein bemerkenswertes Ergebnis: Der Freibetrag – also auch der Kinderfreibetrag – führt bei einem direkt progressiven Tarif dazu, dass die Steuerentlastung umso größer wird, je höher das Einkommen ist. Wer wenig verdient, hat wenig vom Freibetrag, wer viel verdient, profitiert mehr. Natürlich fragt man sich, ob das sein muss oder ob das unnötig ist. Wer ein höheres Maß an Umverteilung befürwortet, wird dieses Ergebnis fragwürdig finden – muss man jemanden mit hohem Einkommen überproportional entlasten? Wer hingegen mit der Idee der Fairness argumentiert, widerspricht diesem Gedanken: Wenn man jedem Steuerbürger einen Freibetrag einräumt, um ihn zu entlasten, so sinkt das zu versteuernde Einkommen – und damit sinkt die Steuerlast der Besserverdiener eben überproportional. Das ist nach dieser Auffassung nur folgerichtig: Wenn die Steuerlast mit steigendem Einkommen überproportional steigt, sollte sie auch bei einer Steuerentlastung überproportional sinken.

Wer mehr Verteilungsgerechtigkeit will, wird statt des Kinderfreibetrags das Kindergeld fordern, das diese Umverteilungswirkung nicht hat: Jeder Familie wird der gleiche Betrag ausgezahlt. Jetzt dreht sich der Verteilungsspieß um: Zahlt der Staat 100 Euro Kindergeld, so ist das viel für einen Haushalt mit einem Einkommen von 1 000 Euro, aber wenig für einen Haushalt mit 10 000 Euro. Kindergeld entlastet also prozentual einkommensschwächere Haushalte stärker.

Allerdings wird man kaum an der Erkenntnis vorbeikommen, dass die steuerliche Leistungsfähigkeit mit dem Vorhandensein von Kindern sinkt. Bei einem progressiven Tarif der Einkommensteuer wird die Anerkennung dieser Minderung der Leistungsfähigkeit – in bestimmten Grenzen – immer dazu führen, dass auch die Entlastungswirkung mit dem Einkommen steigt. Man muss sich aber darüber hinaus fragen, ob die sonstigen Maßnahmen der Familienpolitik unbedingt über die Einkommensteuer erfolgen müssen. Hier könnte Umdenken erforderlich sein.

Der direkt progressive Steuertarif birgt insgesamt eine Gefahr: Zwar sorgt er dafür, dass einkommensstarke Bürger überproportional mehr Steuern zahlen, zugleich aber bewirkt er, dass die Steuerzahler die Lust am Geldverdienen verlieren und dass verschiedene steuerpolitische Maßnahmen eine unerwartete Wirkung entfalten. Das lässt sich mit einem weiteren Beispiel von unerhörter Bedeutung illustrieren: Es geht um die Liebe.

Don't marry, be happy

Genau genommen geht es nicht um die Liebe, sondern um die Ehe, in der Hoffnung, dass es hierbei große Überschneidungen gibt. Das muss nicht immer so sein: Die Ehe, so sagt der Volksmund, ist ein Buch, dessen Vorwort in Reimen abgefasst ist – der Rest ist in Prosa geschrieben. Ein Teil dieser Prosa ist die Steuer, genauer gesagt das sogenannte Ehegattensplitting, oder das, was Paare meinen, wenn sie „wegen der Steuer heiraten".

Das war nicht immer so. Noch vor etwas mehr als 100 Jahren war die Steuer ein Grund, nicht zu heiraten: Mit der Einführung der Einkommensteuer im Deutschen Reich wurden die Einkünfte der Ehegatten für die Einkommensteuer zusammengerechnet. Das hat bei einem direkt progressiven Steuertarif eine fatale Wirkung: die Steuerlast steigt überproportional – genau das ist ja die Wirkung eines solchen Tarifs. Nehmen wir wieder an, dass die ersten 10 000 Euro mit zehn Prozent, die zweiten 10 000 Euro, also das Einkommen von 10 000 bis 20 000 Euro, mit zwölf Prozent versteuert wird. Zwei Alleinverdiener, die jeweils 10 000 Euro verdienen, zahlen dann jeweils 1 000 Euro Steuern – zusammen 2 000 Euro. Sind die beiden aber verheiratet und rechnet man deren Einkommen zusammen, sind das 20 000 Euro, und darauf fallen bei einem progressiven Tarif ja annahmegemäß höhere Steuern an – 1 000 Euro für die ersten 10 000 Euro und 1 200 Euro für die zweiten 10 000 Euro, macht zusammen 2 200 Euro. Mit der Heirat steigt die Steuerlast – die Ehe wird zum Steuergrab.

Als Begründung für diese steuerlich benachteiligende Wirkung einer Heirat führte man an, dass die Ehegatten, so sie gemeinsam in einem Haushalt zusammenleben und wirtschaften, eine höhere wirtschaftliche Leistungsfähigkeit haben. Dies ist ökonomisch nicht von der Hand zu weisen; wer zusammen einen Haushalt führt, hat pro Kopf geringere Ausgaben (wohlgemerkt nicht absolut). Pro Kopf betrachtet ist das Leben als Single teurer als in einer Ehe. Das hat steuerlich wichtige Implikationen. Wenn Singles systematisch höhere Lebenshaltungskosten haben als Paare, sind sie weniger leistungsfähig als ein Paar, das zusammenlebt. So gesehen müsste man in der Tat aus Gerechtigkeitsüberlegungen Paare höher besteuern.

Dem steht allerdings der grundgesetzliche Auftrag entgegen, Ehe und Familie besonders zu schützen. Kann man daraus ableiten, dass man Paare steuerlich bevorzugen kann oder sogar muss? Man kann darüber unterschiedlicher Meinung sein, auf alle Fälle droht hier Ärger, denn sobald man Paare steuerlich anders behandelt als Singles, öffnet sich ein neues Steuerschlupfloch. Genießen Paare Steuervorteile, so werden mehr Menschen das Bedürfnis nach Nähe verspüren – wenn auch nur auf dem Papier, Hauptsache, das Finanzamt zahlt. Die steuerliche Bevorzugung von Lebensgemeinschaften ist also eine Pauschaleinladung zum Steuersparen, was dazu führt, dass der Staat noch tiefer in die Privatverhältnisse seiner Bürger schnüffeln muss, um zu ermitteln, ob ein Paar wirklich zusammenlebt oder nur ein Verhältnis vortäuscht, um Steuervorteile zu erlangen.

Will man also Paare steuerlich bevorzugen, aber die Schnüffelei vermeiden, so bleibt nur ein Ausweg: Steuervorteile bekommen nur diejenigen Paare, die ein amtliches Dokument, will heißen einen Trauschein vorweisen können. Dieses amtliche Dokument bestätigt, dass es sich bei dem Pärchen nicht um Steuerschummler handelt, denn eine amtliche Ehe bringt viele Verpflichtungen mit sich, die es unwahrscheinlich machen, dass man nur heiratet, um ein wenig bei der Steuer zu mogeln. Das klingt plausibel, beißt sich aber mit einer gängigen Praxis der deutschen Sozialrechtsprechung: Hier ist festgeschrieben, dass auch Personen, die ohne Trauschein zusammenleben, wirtschaftlich füreinander einstehen müssen. Wer Arbeitslosengeld II und Sozialgeld will, muss sich erst fragen lassen, ob er einen Partner hat – hat er den, so muss dieser zahlen, egal ob es einen Trauschein gibt oder nicht. Auf der anderen Seite aber darf man ohne Trauschein nicht die steuerlichen Vorteile des Zusammenlebens nutzen. Will heißen: Wer in wilder Ehe lebt, bekommt keine Steuervorteile, weil er nach Steuerrecht nicht in einer Gemeinschaft lebt, bekommt aber im Ernstfall keine Unterstützung, weil er nach Sozialrecht in einer Gemeinschaft lebt. Mit Logik, Konsistenz oder Fairness hat das nichts zu tun.

Kein Wunder also, dass die Einführung des Einkommensteuertarifs im Deutschen Reich der Auftakt zu einer langen Rechts- und Leidensgeschichte war, in der durch die Jahrzehnte an der Ehegattenbesteuerung gefeilt wurde. Im Kern ist dabei das herausgekommen, was der Steuerfachmann „Splitting" nennt und der Volksmund unter der Rubrik „wir heiraten wegen der Steuer" verbucht. Das Grundprinzip ist – sieht man von vielfältigen rechtlichen Verzierungen ab – einfach: Man rechnet die Einkünfte beider Ehegatten zusammen, teilt die Summe durch zwei, besteuert das auf diesem Weg berechnete Einkommen mit dem dazugehörigen Steuersatz und verdoppelt die daraus berechnete Steuerschuld – das ergibt die zu zahlende Einkommensteuer.

Wenn wir auf unser Beispiel zurückgreifen, stellt sich das wie folgt dar: Wie bisher werden die ersten 10 000 Euro mit zehn Prozent, die zweiten 10 000 Euro mit zwölf Prozent versteuert; unsere zwei Alleinverdiener, die jeweils 10 000 Euro verdienen, zahlen wie gesehen jeweils 1 000 Euro Steuern – macht zusammen 2 000 Euro. Jetzt heiraten beide, man zählt ihre Einkommen zusammen, dividiert das Gesamteinkommen von 20 000 Euro durch zwei – das macht 10 000 Euro, die nun laut Tarif mit zehn Prozent versteuert werden. Das macht 1 000 Euro, mal zwei genommen beläuft sich die Steuerschuld unserer frisch verheirateten Doppelverdiener auf 2 000 Euro. Damit hat die Ehe keine steuerlichen Wirkungen mehr.

Doch warum sagen Verliebte, dass sie wegen der Steuer heiraten? Genau genommen sagen das nicht alle Verliebten, sondern nur diejenigen Paare, die ungleiche Einkommen haben. Bleiben wir bei unserem Beispiel, mit einer leichten Veränderung: Einer unserer beiden Verliebten verdient 20 000 Euro, die bessere Hälfte hat kein eigenes Einkommen. Sind die beiden unverheiratet, so zahlt der Verdiener 2 200 Euro Steuern (zehn Prozent auf die ersten 10 000 Euro, zwölf Prozent auf die zweiten 10 000 Euro), der Partner hingegen zahlt keine Steuern, er hat ja auch kein eigenes Einkommen. Wenn die beiden nun heiraten, kommt der Splittingvorteil zum Zuge: Wir zählen das Einkommen der beiden Ehepartner zusammen – macht 20 000 Euro –

teilen diese durch zwei, das macht 10 000 Euro, wenden darauf den entsprechenden Steuersatz von zehn Prozent an, das ergibt 1 000 Euro, und nehmen die 1 000 Euro mal zwei. Das macht unter dem Strich eine Steuerschuld von 2 000 Euro – durch die Heirat ist die Steuerlast der beiden Eheleute um 200 Euro gesunken. Wenn man nicht wegen der Steuer geheiratet hat, so war sie zumindest kein Hindernis.

Dieses Beispiel zeigt einen unangenehmen Effekt des Splittings: Haben beide Ehepartner das gleiche Einkommen, bringt das Ehegattensplitting nichts. Je unterschiedlicher hingegen die Einkommen der beiden Eheleute sind, umso größer wird der Vorteil aus dem Splitting. Der Grund ist klar: Je höher das Einkommen eines Ehepartners ist, umso höher ist der Steuersatz, den man auf dieses Einkommen anwendet. Kann er nun dieses Einkommen durch das Splitting zunächst halbieren, so sinkt seine Steuerlast wegen der Steuerprogression überproportional. Auf gut Steuerdeutsch: Das Ehegattensplitting begünstigt die Einverdiener-Ehe und ist umso vorteilhafter, je größer die Einkommensunterschiede der Ehepartner sind und je höher das Einkommen dcs Ehepartners ist, der mehr verdient. Wer böswillig ist, sagt, dass das Splitting die Frau am Herd und den Mann im Beruf hält. Allerdings gibt es im aktuellen Steuertarif mathematische Grenzen: Nach dem Einkommensteuertarif 2009 liegt der maximale Steuervorteil, den man aus dem Ehegattensplitting ziehen kann, bei 8 064 Euro im Jahr (bei einem zu versteuernden Einkommen bis 250 000 Euro) beziehungsweise 15 576 Euro (bei einem zu versteuernde Einkommen über 250 000 Euro).

Das Ehegattensplitting hat einen weiteren unangenehmen Nebeneffekt. Wenn einer der Partner mehr arbeiten möchte, kann ihn oder sie ein böses Erwachen treffen: Wegen des dann teilweise verloren gehenden Splittingvorteils wird das Einkommen des Paares stärker besteuert und der Einkommenszuwachs fällt geringer aus als erwartet.

Eine recht einfache Lösung dieses Problems bestünde darin, diesen Knoten zu durchtrennen und jede Person – verheiratet oder nicht, zusammen- oder alleinlebend – individuell zu besteuern. Basta. Auch dem Grundgesetz würde dadurch grundsätzlich Rechnung getragen: Es findet keinerlei Diskriminierung der Ehe statt und alle anderen längst akzeptierten Formen des Zusammenlebens würden steuerlich nicht länger diskriminiert. Der staatliche Eingriff in die Privat- und

Intimsphäre der Bürger wäre erfolgreich zurückgeschlagen. Den Deutschen gefällt diese Idee offenbar nicht, denn Deutschland gehört zu den wenigen Ländern, die immer noch am Ehegattensplitting festhalten.

Unter dem Strich ergibt sich ein verwirrendes Bild der herrschenden Steuerregeln: Ob Freibeträge oder Splittingvorteil – beide Maßnahmen haben bei näherem Hinsehen überraschende Eigenschaften. Der Freibetrag entlastet Besserverdiener ebenso wie das Splitting, das zudem auch noch die Einverdiener-Ehe begünstigt, und schuld daran ist der progressive Steuertarif. Spielt man die obigen Beispiele mit einem proportionalen Tarif – unserem Zehnten – durch, so verschwinden diese Probleme. Es ist also der direkt progressive Steuertarif, der einen Anteil daran hat, dass unser Steuersystem in seinen Folgen und Wirkungen zunehmend problematisch wird. Das klingt nach einem recht hohen Preis für einen solchen Tarifverlauf. Wie kam es dazu, dass er sich durchsetzen konnte? Diese Frage führt uns zurück ins Jahr 1894.

Vorbereitungen zur Plünderung

Das Jahr 1894 fällt in der Geschichte nicht durch sonderlich wichtige Ereignisse auf: Im Deutschen Reich wird Reichskanzler Caprivi durch Fürst Hohenlohe ersetzt, Nikolaus II. besteigt nach dem Tod seines Vaters Alexander III. den russischen Zarenthron, der Klappschlittschuh wird patentiert, und Hanau 93 und Viktoria 1889 Berlin sollten die erste Deutsche Fußballmeisterschaft austragen – allerdings kam es nie zu der Partie, da Hanau die Reisekosten nach Berlin nicht zahlen konnte; daher wurde den Berlinern der Titel kampflos zugesprochen. Zwei Ereignisse dieses Jahrs sollten allerdings für die Weltgeschichte einschneidende Folgen haben, doch auch sie blieben von den Augen der Weltöffentlichkeit weitgehend unbemerkt – und sind es bis heute geblieben: In England wurde eine Erbschaftsteuer eingeführt und in den Vereinigten Staaten eine Einkommensteuer. Das Bemerkenswerte an diesen beiden Steuern war, dass beide einen progressiven Tarif vorsahen. In England verfügte man, dass im Todesfall Brüder des Verstorbenen einen Steuersatz von zwei Prozent auf das Erbe zahlen sollten, Fremde hingegen sechs Prozent – ein progressiver Tarif, dessen Progression sich nach dem Grad der Verwandtschaft richtete. Die Steuersysteme der zivilisierten Welt sollten nie wieder sein wie vorher, schreibt der Historiker Charles Adams. Das lag vor allem daran, dass sich die Idee progressiver Steuertarife wie ein Virus von der Erbschaftsteuer auf andere Steuern ausbreitete – sicherlich nicht nur wegen der Idee der Gerechtigkeit, sondern auch wegen der höheren Ergiebigkeit solcher Steuern.

Die Reaktion der Bürger war gespalten: Die Reichen sprachen naturgemäß von einer Strafsteuer dafür, dass sie reich seien. Aber nicht alle Bürger sahen das so, in der Anfangszeit gab es Bürger, die freiwillig Steuern zahlten, weil sie einen Beitrag zu dem Staatswesen leisten wollten, von dem sie profitierten. Klingt ungewohnt, erklärt sich aber leicht, wenn man weiß, dass die Steuersätze zwischen einem und zehn Prozent lagen. Dennoch gab es Aufstand gegen diese Idee der Besteuerung, und die Hauptkritik entzündete sich an der Willkür solcher Steuersätze: Habe man erst einmal einen progressiven Steuersatz eingeführt, so das Argument, gebe es keinen objektiven Maßstab mehr dafür, was gerecht sei. Dieses Argument hat etwas für sich: Wie hoch dürfen Steuersätze sein, wie hoch dürfen die Unterschiede in der Besteuerung einzelner Bürger sein, damit wir gerechte Steuern haben?

Diese Frage lässt sich einfach beantworten – nämlich gar nicht. Sah man vor mehr als 100 Jahren bereits einen Spitzensteuersatz von zehn Prozent als unangemessen an, so sprechen wir heute von Spitzensteuersätzen von bis zu 50 Prozent – und selbst hier finden sich noch Menschen, die das für zu niedrig halten. Das ist einer der großen Haken an der Idee einer progressiven Steuer: Proportionalität ist ein Prinzip, Progression ist Willkür – so jedenfalls hat es Louis Thiers, einer der bedeutenden französischen politischen Führer des 19. Jahrhunderts, gesagt. Wir wissen nicht, welche Steuersätze gerecht sind. Wissen wir denn wenigstens, ob die Einkommensteuer gerecht ist?

Wann ist eine Einkommensteuer gerecht?

Gerechtigkeit gibt es im nächsten Leben, in diesem gibt es das Recht – befand der amerikanische Romanautor William Gaddis. Damit wäre die Frage schnell und einfach geklärt: Die deutsche Einkommensteuer ist geltendes Recht und damit basta. Vermutlich werden nur wenige dieser Ansicht zustimmen; etwas differenzierter darf es schon sein.

Der – zugegebenermaßen sehr vereinfachende – Kurzüberblick über die deutsche Einkommensteuer der vorangegangenen Abschnitte macht eines deutlich: Die Einkommensteuer ist von labyrinthischer Komplexität. Das muss nichts Schlimmes sein: Wenn man Gerechtigkeit haben will, kann eine Lösung nicht einfach sein. Aber wann ist eine Steuer gerecht? Um diese Frage zu beantworten, muss man zwischen zwei Formen der Gerechtigkeit unterscheiden, die Steuerexperten als horizontale und vertikale Gerechtigkeit bezeichnen. Bei der *horizontalen* Gerechtigkeit geht es darum, wie man Personen oder Haushalte besteuern soll, die ein *gleich hohes Einkommen* vor Steuern haben, sich aber in ihrer *sonstigen Lebenslage* unterscheiden. Wie gehen wir also damit um, dass Menschen zwar das gleiche Einkommen haben, aber unterschiedliche Ausgabenverpflichtungen? Die Größe der Familie, die Zahl der Personen in einem Haushalt, die ein Einkommen beziehen, das Alter, der Gesundheitszustand – alle diese Umstände sorgen dafür, dass Steuerzahler mit gleichem Einkommen eine unterschiedliche Leistungsfähigkeit haben und deswegen anders besteuert werden sollten. Horizontal gerecht ist es also, wenn zwei Menschen mit gleichem Einkommen in gleichen Lebensverhältnissen die gleiche Steuerschuld haben, und horizontal gerecht ist es ebenso, wenn zwei Menschen mit gleichem Einkommen in ungleichen Lebensverhältnissen eine unterschiedlich hohe Steuerlast tragen.

Verhilft uns die deutsche Einkommensteuer zu horizontaler Gerechtigkeit? Zumindest versucht sie es, denn die Vorschriften aus den vergangenen Abschnitten, die Sonderausgaben, die außergewöhnlichen Belastungen, die Kinderfreibeträge sowie das Ehegattensplitting (um nur die wichtigsten zu nennen) sollen für horizontale Gerechtigkeit in der Einkommensbesteuerung sorgen. Ob sie das wirklich tun oder nicht, lässt sich pauschal nicht sagen – hier liegt die Gerechtigkeit im Auge des Betrachters. Jede außergewöhnliche Belastung, jede Sonderausgabe, die der Bürger von der Steuer absetzen kann, die aber keine außergewöhnliche Belastung oder keine Sonderausgabe ist, ist ein Verstoß gegen die Idee der horizontalen Gerechtigkeit – und anders herum. Machen Kinderfreibeträge oder das Ehegattensplitting die Steuer horizontal gerecht? Ja, nein, vermutlich, keine Ahnung.

Damit lässt sich als enttäuschendes Fazit zur horizontalen Gerechtigkeit festhalten, dass wir versuchen, dieser Anforderung gerecht zu werden, aber gerecht wird diese Steuer wohl nie. Wir können noch nicht einmal eindeutig sagen, welche Maßnahme des Gesetzgebers für mehr oder weniger Gerechtigkeit sorgt.

Und wie sieht es mit der vertikalen Gerechtigkeit aus? Bei der *vertikalen* Gerechtigkeit geht es um die Frage, wie Personen oder Haushalte zu besteuern sind, die sich in einer *vergleichbaren Lebenslage* befinden, deren *Einkommen* aber *unterschiedlich hoch* sind. Wie sind also zwei Haushalte zu besteuern, die in einer vollkommen gleichen Situation leben und sich nur in ihrem Einkommen unterscheiden? Das ist ein Job für den direkt progressiven Tarif der Einkommensteuer; er soll dafür sorgen, dass die Steuerlast mit steigendem Einkommen überproportional zunimmt. Hier lässt sich noch viel weniger sagen, was gerecht ist: Reicht ein proportionaler Tarif, um Gerechtigkeit zu schaffen? Wenn nein, welchen Grad der Progression benötigen wir, um Gerechtigkeit herzustellen? Vor 100 Jahren empfand man schon eine Steuerprogression als ungerecht, wenn der Spitzensteuersatz auf zehn Prozent marschierte – heute lacht man darüber. Wer behauptet, er könne objektiv feststellen, was vertikale Gerechtigkeit sei, lügt. Vertikale Gerechtigkeit ist noch mehr Ansichts- und Meinungssache als horizontale Gerechtigkeit.

Doch mit der Unterscheidung nach horizontaler und vertikaler Gerechtigkeit ist der Keks noch nicht gegessen, denn wir haben noch nicht darüber gesprochen, wie wir steuerlich damit umgehen, wenn jemand mehr Glück hat als sein Nachbar. Betrachten wir dazu folgendes Beispiel: Frau Fleißig und Herr Glück sind Singles, mittleren Alters, gesund und kinderlos. Beide haben jeweils ein zu versteuerndes Einkommen von 50 000 Euro im Jahr, mit einem kleinen Unterschied: Frau Fleißig arbeitet für dieses Einkommen Vollzeit 38,5 Stunden pro Woche, während Herr Glück nicht arbeitet, sondern das Erbe seiner Eltern in eine jährliche Zahlung (eine sogenannte Leibrente) umgewandelt hat, die ihm für den Rest seines Lebens 50 000 Euro pro Jahr einbringt. Haben beide die gleichen Lebensumstände, so zahlen sie exakt dieselbe Einkommensteuer. Ist das gerecht? Wenn man von der Einkommenshöhe und den Lebensumständen der beiden ausgeht, muss man diese Frage bejahen. Dennoch melden sich leise Zweifel, wenn man berücksichtigt, dass Herr Glück keinerlei Anstrengungen auf sich nehmen muss, um sein Einkommen zu erzielen: Er hatte – *nomen est omen* – einfach Glück. Frau Fleißig dagegen muss wertvolle Lebenszeit darauf verwenden, ihr Einkommen in einem Vollzeitjob zu verdienen.

Jetzt könnte man ketzerisch fragen: Sind denn nicht die für die Einkommenserzielung von Frau Fleißig aufgewendeten Arbeitsstunden Einkunftserzielungskosten, die zur Ermittlung ihres zu versteuernden Einkommens eigentlich abgezogen werden müssten, um die Einkommensteuer gerecht zu machen? Nach geltendem Einkommensteuerrecht dürfen dafür keine Abzüge vorgenommen werden. Dieses sehr einfache Beispiel zeigt ein fundamentales Gerechtigkeitsproblem der Einkommensteuer: *Die Mühen der Einkunftserzielung werden nicht berücksichtigt.* Noch deutlicher wird das Problem, wenn Frau Fleißig eine Vollzeitstelle braucht, um 50 000 Euro mit ihrer Arbeit im Jahr zu verdienen, Herr Glück aber mit einer Halbzeitstelle 50 000 Euro verdient und (wegen der direkt progressiven Einkommensteuer) gar nicht erst daran denkt, mehr zu arbeiten. Und beide zahlen dieselbe Einkommensteuer. Ist das gerecht? Kommt drauf an: Man kann sich auf den Standpunkt stellen, dass Herr Glück deswegen mehr verdient, weil er besondere Fähigkeiten hat, und diese lässt er sich auch entsprechend vergüten. Man kann aber auch argumentieren, dass derjenige, der mehr arbeitet, auch mehr Aufwand hat und dementsprechend weniger Steuern zahlen soll.

Dieser Gedanke bringt uns aber auf einen weiteren Punkt, nämlich die Frage nach den *Anreizwirkungen* einer Steuer. Herr Glück hat – warum auch immer – Fähigkeiten, die am Arbeitsmarkt besser bezahlt werden als diejenigen von Frau Fleißig. Doch er weigert sich mehr zu arbeiten, weil der direkt progressive Einkommensteuertarif bewirkt, dass er für jeden zusätzlich verdienten Euro einen höheren Steuersatz zahlen müsste. Die Einkommensteuer verhindert also ein höheres Einkommen; stattdessen genießt Herr Glück seine großzügig bemessene Freizeit. Wäre Herr Glück Unternehmer, so würde seine Entscheidung, mehr Freizeit zu genießen, dazu führen, dass weniger Arbeitsplätze für andere Personen zur Verfügung stünden. Diese negativen Anreizwirkungen entstehen systematisch, weil bestimmte wirtschaftliche Tätigkeiten mit Steuern belastet sind (vor allem das Arbeiten), andere Tätigkeiten (wie beispielsweise Freizeit genießen) nicht. Wenn man es sich leisten kann, versucht man eben, die besteuerte Tätigkeit gegen eine nicht (oder weniger) besteuerte zu ersetzen. Unter diesem Gesichtspunkt kann man der direkt progressiven Einkommensteuer kein gutes Zeugnis ausstellen.

Sind diese Anreizwirkungen einer Steuer für die Einschätzung der Gerechtigkeit einer Steuer wichtig? Grundsätzlich ja, da auf diese Weise unser aller Wohlstand gesenkt wird. Solange wir einen höheren Wohlstand wollen, um für uns selbst und die anderen etwas Gutes zu tun, ist diese Steuerwirkung auch relevant für die Gerechtigkeit, weil wir dadurch den Kuchen, den eine Gesellschaft unter ihre Mitglieder verteilen kann, verkleinern. Je weniger Anreize die Steuerbürger haben, zu arbeiten, umso weniger arbeiten sie, umso weniger Steuern zahlen sie und umso weniger Steuern hat der Staat, um denen zu helfen, denen geholfen werden muss. Wer eine Wirtschaft mit hohen Steuern lähmt, schadet allen Beteiligten – auch denen, die keine Steuern zahlen.

Zum Abschluss dieses kurzen Ausflugs zur Gerechtigkeit erneut die Frage: Ist die deutsche Einkommensteuer gerecht? Eine Frage, die sich nicht beantworten lässt. Wirft man einen Blick in die deutschen Steuerstatistiken, so lässt sich zumindest sagen, dass sich der Gesetzgeber bemüht: So zahlen die fünf Prozent der reichsten Steuerbürger über 40 Prozent des deutschen Einkommensteueraufkommens, die reichsten zehn Prozent schultern deutlich über 50 Prozent des gesamten Aufkommens dieser Steuer. Demgegenüber zahlt die ärmere Hälfte der Steuerzahler etwas mehr als sechs Prozent des Aufkommens der Einkommensteuer.

Ist das zu viel? Zu wenig? Die Antwort liegt bei Ihnen. Und wenn Sie denken, dass dies alles recht kompliziert und verwirrend ist, dann haben Sie sicherlich recht – doch es kommt noch schlimmer: Bisher ging es nur um die Besteuerung von Menschen – was aber, wenn der

Staat beschließt, Unternehmen zu besteuern? Das lässt sich am besten diskutieren anhand eines echten Unternehmenskrimis.

8 | Das antike Orakel und moderne Steuersünden

„Von zwölf Runden boxe ich neun für die Steuer."
Dem Boxer Graciano Rocchigiani zugeschrieben

Deutsche Steuern für ausländische Firmenräuber

Es war eine der größten Übernahmeschlachten der Wirtschafts-geschichte: Am 14. November 1999 eröffnete Chris Gent, Chef des Telekommunikationsunternehmens Vodafone, den Kampf um das deutsche Traditionsunternehmen Mannesmann – nach diesem Angebot sollte die deutsche Unternehmenslandschaft nicht mehr dieselbe sein. Was folgte, war ein bis dato beispielloses Ringen um ein Unternehmen, von beiden Seiten bis zum Äußersten geführt, begleitet von einem gewaltigen Rauschen im deutschen und internationalen Blätterwald.

Begonnen hatte der Industriekonzern Mannesmann mit den Brü-dern Reinhard und Max Mannesmann aus Remscheid, die 1885 das erste Verfahren zur Herstellung nahtloser Stahlrohre durch Walzen erfanden – das sogenannte Schrägwalzverfahren. Das Unternehmen durchlitt eine lange Industriegeschichte mit Höhen und Tiefen, und am Ende dieses langen Weges stieg der Konzern in den 90er-Jahren des vergangenen Jahrhunderts in das lukrative Geschäft mit dem Mobilfunk ein. Dabei war er so erfolgreich, dass der englische Vodafone-Konzern darauf aufmerksam wurde und sich die deutsche Industrieperle einverleiben wollte – und dies auch tat: Am 3. Februar 2000 wurde eine einvernehmliche Fusion beschlossen, die, wie spätere Gerichtsprozesse zu klären versuchten, möglicherweise nicht ganz so sauber abgelaufen war.

Im Windschatten des legendären Mannesmann-Prozesses, in dem prominente Wirtschaftsführer wie der Chef der Deutschen

Bank, Josef Ackermann, vor Gericht antreten mussten, passierte ein bemerkenswertes steuerpolitisches Kabinettstückchen. Ursache dieser Steuerkapriole war der Umstand, dass sich Vodafone bei der Übernahme von Mannesmann verhoben hatte – vereinfacht gesagt hatte man für den Mannesmann-Konzern zu viel bezahlt. Vodafone hatte das Unternehmen zu einem Preis von 353 Euro je Aktie übernommen – das machte insgesamt 190 Milliarden Euro. Doch mit dem Zusammenbrechen der Internetblase an den Aktienmärkten fiel auch der Wert des Aktienpakets, welches Vodafone erworben hatte.

Keine Frage, das bedeutete Verluste für Vodafone, aber wie geht man damit steuerlich um? Die englischen Mobilfunker jedenfalls wollten sich nicht so einfach in ihr Schicksal ergeben, also suchten sie mithilfe eines einfachen Schachzugs die Unterstützung des deutschen Fiskus: Über eine Luxemburger Tochtergesellschaft verkauften sie das Aktienpaket, das sie für 190 Milliarden Euro erworben hatten, an die deutsche Vodafone-Tochter, und zwar für 147 Milliarden Euro. Ein Jahr später wandte sich die deutsche Vodafone an die deutschen Finanzbehörden und erklärte, dass dieses Aktienpaket nur noch 100 Milliarden wert sei, man müsse einen Verlust von rund 50 Milliarden Euro hinnehmen – und diesen Verlust wolle man nun steuerlich geltend machen. Das Ergebnis entsetzte Steuerbehörden gleichermaßen wie Politiker: Es drohten Steuerausfälle von mehr als 20 Milliarden Euro – Vodafone würde auf Jahre hinaus keine Steuern in Deutschland zahlen. Die Globalisierungskritiker von Attac geißelten den „Steuerklau" des Unternehmens als „Vodaklau".

Nicht Diebstahl, sondern „Teilwertabschreibung" nennt man diesen Vorgang im Steuerrecht: Wenn ein Vermögenswert, den ein Unternehmen in der Bilanz stehen hat, dauerhaft unter den Wert fällt, mit dem er in der Bilanz veranschlagt ist, darf das Unternehmen eine Wertberichtigung vornehmen, die zu einem Verlust führt – wenn man sein Aktienpaket für 147 Milliarden Euro gekauft hat und dieses Paket nun nur noch 100 Milliarden wert ist, dann ist dieses Geld weg. Klarer Fall: Das Unternehmen erleidet einen Verlust, und Verluste mindern die Steuerlast. Insofern hat Vodafone nichts Illegales oder Anrüchiges getan, sondern sich einer Praktik bedient, die auch namhafte deutsche Unternehmen wie die Allianz, die Deutsche Telekom, BMW oder E.ON genutzt haben, als sie fremde Unternehmen übernommen haben. Der Vorgang ist stets der gleiche: Man übernimmt ein Unternehmen, bucht den Kaufpreis in die Bilanz ein. Stellt sich anschließend heraus, dass das Unternehmen weniger wert ist als der Kaufpreis, wird eine Abschreibung auf diesen Wert vorgenommen; der dabei entstehende Verlust mindert die Steuerlast des Unternehmens.

Was den Fall Vodafone zu einem Aufreger machte, war neben der schieren Höhe der Summen der Eindruck, dass der deutsche Fiskus die Übernahme eines deutschen Unternehmens durch einen ausländischen Konkurrenten mitfinanzieren sollte. Ganz ohne Kalkül waren die Engländer vermutlich nicht vorgegangen: Gekauft hatte Vodafone das Aktienpaket für 190 Milliarden Euro, an die deutsche Gesellschaft hatte man es aber für nur 147 Milliarden Euro verkauft. Bereits durch den Verkauf des Aktienpakets an die deutsche Tochtergesellschaft war Vodafone ein Verlust entstanden, den das Unternehmen allerdings nicht nutzen konnte – dieser Verlust wirkte sich im britischen Steuerrecht nicht gewinnmindernd aus. Erst der Verkauf des Aktienpaketes an die deutsche Tochtergesellschaft eröffnete die Möglichkeit einer Teilwertabschreibung. Dass man angesichts der Rechtslage auf die Idee kommt, die Verluste dort anfallen zu lassen, wo sie steuerlich die größten Vorteile verschaffen, liegt auf der Hand. Aber wem soll man die Schuld geben: einem Unternehmen, das Steuerschlupflöcher ausnutzt, oder einem Gesetzgeber, der die Tragweite seiner Gesetze offenbar nicht ausreichend erkennt?

Diese Geschichte zeigt, wie schwierig das Thema Unternehmensbesteuerung ist: Darf Vodafone seine Verluste steuerlich geltend machen? Darf das Unternehmen dies in Deutschland oder muss es dies in England tun? Sind die Verluste aus dem Aktienpaket überhaupt Verluste? Vielleicht steigen die Aktien ja wieder im Wert. Als Vodafone seinen Steuersparbedarf bei den deutschen Finanzbehörden anmeldete, gab es diskrete Gespräche zwischen der Steuerabteilung des Unternehmens und den Finanzbeamten, auch die Oberfinanzdirektion und die Steuerabteilung des nordrhein-westfälischen Finanzministeriums wurden eingeschaltet – man kann davon ausgehen, dass der Diskussionsbedarf erheblich war. Vereinfacht kann man sagen, dass nichts in der Unternehmensbesteuerung sicher zu sein scheint, nicht einmal die Tatsache, dass man besteuert wird. Nur eines sei sicher, sagt der Volksmund: die Steuer und der Tod. Bei den Unternehmen kann man sich bei Ersterem nicht ganz so sicher sein. Um zu verstehen, wo die Probleme der Unternehmensbesteuerung liegen, müssen wir zuerst eine grundsätzliche Frage beantworten, die etwas überraschend ist: Was ist eigentlich ein Unternehmen?

Schlag nach bei Wöhe

Ein Buchautor hat es geschafft, wenn sein Buch nach seinem Namen benannt wird – ein Beispiel dafür ist die *Einführung in die allgemeine Betriebswirtschaftslehre* vom Betriebswirtschaftsprofessor Günther Wöhe – vermutlich weiß kaum ein Student, dass dieses Buch so heißt. Der blau-weiße dicke Schinken, in dem alles steht, was der Erstsemesterstudent über Betriebswirtschaftslehre wissen muss, wird gemeinhin als „der Wöhe" bezeichnet. Der größte Erfolgsausweis, den man als Lehrbuchautor erzielen kann. Wer wissen will, was ein Unternehmen oder ein Betrieb ist, greift zum Wöhe. Doch leider bietet der mehr als 1 000 Seiten starke Klassiker keine einfache Definition dessen, was ein Betrieb ist; stattdessen stürzt er den Studenten in tiefe Verwirrung: Die Frage, welche Einzelwirtschaften als Betriebe anzusehen sind, sei bis heute kontrovers, liest man dort. Will heißen: Eine ganze Disziplin weiß nicht, worüber sie forscht.

Ganz so schlimm ist es natürlich nicht, doch der Wöhe wirft eine schwierige Frage auf: Die Abgrenzung zwischen einem Unternehmen und einem Privathaushalt ist alles andere als trivial, denn beide machen das Gleiche: Sie arbeiten und bieten die Früchte ihrer Arbeit auf dem Markt an. Ein Haushalt ist aus dieser Perspektive betrachtet ein Ein-Mann- oder Eine-Frau-Unternehmen. Man kann sich ein Unternehmen vorstellen wie einen Trichter: Oben steckt man Güter und Dienstleistungen hinein – in der Fachsprache sind das die sogenannten Vorleistungen und Inputs –, dann passiert im Inneren des Trichters etwas – das ist der Produktionsprozess – und unten kommt ein Produkt heraus, das man verkauft. Und wenn das Unternehmen erfolgreich ist, bleibt ein Gewinn übrig, den man besteuern kann. Das ist also ein Unternehmen.

So gesehen ist jeder Arbeitnehmer ein Unternehmen: Er benötigt ein paar Vorleistungen und Inputs – Wohnung, Kleidung, Essen – und bietet sein Produkt, nämlich seine Arbeitsleistung, auf dem Markt an. Liegen seine Einnahmen aus der Arbeit (sein Gehalt) über den Ausgaben, die er benötigt, um diese Arbeitsleistung anzubieten (das sind seine Werbungskosten), so macht er einen Gewinn (das ist sein zu versteuerndes Einkommen), und der wird besteuert. Das ist das Problem, das der Wöhe anspricht und das auch den Steuerbehörden Kopfschmerzen bereitet: Die juristische Abgrenzung zwischen einem Unternehmen und einem Privathaushalt ist nicht trivial, da ökonomisch gesehen beide das Gleiche machen. So gesehen ist fraglich, ob wir eine eigene Steuer auf Unternehmen benötigen: Hinter jedem Unternehmen stehen ein, mehrere oder sogar sehr viele Unternehmer oder Anteilseigner, denen die Gewinne des Unternehmens zufallen, und hier schlägt die Einkommensteuer zu. Um es drastischer zu formulieren: Aus dieser Perspektive betrachtet ist eine besondere Unternehmensbesteuerung überflüssig. Man behandelt jedes Unternehmen wie einen normalen Arbeitnehmer, zieht von den Einnahmen die Ausgaben ab und besteuert die Differenz als Einkommen desjenigen, dem es zufällt. Ob wir das nun Unternehmen oder Arbeitnehmer nennen, macht ökonomisch keinen Unterschied. Diesem Gedanken schließt sich das deutsche Steuerrecht zumindest teilweise an, und zwar, wenn es um sogenannte Personengesellschaften geht – diese werden in der Tat nach dem Einkommensteuerrecht besteuert.

Vereinfacht gesagt muss man, um als Personengesellschaft zu gelten, selbständig sein und eine nachhaltige Gewinnerzielungsabsicht haben – Letzteres kennen wir bereits, hier geht es darum, die Liebhaber aus dem Steuerrecht zu drängen, die ihr Hobby zur steuerlich absetzbaren Betätigung machen wollen. Bei Personengesellschaften ist der Steuerfall klar: Die Einkünfte aus einer solchen Tätigkeit werden der regulären Einkommensteuer unterworfen. Das leuchtet ein: Einkommensteuer wird auf das erzielte Einkommen gezahlt, und bei Personengesellschaften ist das erzielte Einkommen der Gewinn aus ihrer Geschäftstätigkeit – wie bei einem Privathaushalt. Eine einfache, aber steuerpolitisch brisante Erkenntnis: Nicht das Unternehmen, die Personengesellschaft, wird mit der Steuer belastet, sondern der oder die Menschen, denen das Unternehmen gehört. Personengesellschaften sind lediglich Haushalte, die explizit als Unternehmen auftreten.

Aber es gibt da noch die Körperschaftsteuer in Deutschland (und in vielen anderen Ländern), welche direkt auf der Ebene des Unternehmens als Steuer ansetzt – wie passt das in das Bild vom Unternehmer oder Anteilseigner, der seine Gewinne mit seinem persönlichen Einkommensteuertarif versteuert? Dazu muss man wissen, dass die Körperschaftsteuer nur bei Körperschaften – dazu zählen in erster Linie Kapitalgesellschaften, also Aktiengesellschaften und GmbHs – erhoben wird; dies sind Unternehmen, denen der Staat eine eigene Rechtspersönlichkeit zubilligt. Im Grunde genommen beschließt der Staat, Unternehmen, die bestimmte Bedingungen erfüllen, wie Personen zu behandeln, die einer eigenen Steuer unterliegen. Personengesellschaften, respektive die Eigentümer der Personengesellschaften, unterliegen der Einkommensteuer. Kapitalgesellschaften hingegen sind eigene (Rechts-)Persönlichkeiten, aber keine Personen, keine echten Menschen, und werden mit der Körperschaftsteuer belastet.

Wer logisch denkt, vermutet, dass Kapitalgesellschaften dem gleichen Steuerrecht unterliegen wie die normalen Menschen, die das Gesetz als „natürliche Personen" bezeichnet – und liegt falsch. Die Körperschaftsteuer hat nichts mit dem Tarif und der Ausgestaltung der Einkommensteuer zu tun, hier gelten andere Spielregeln. Dazu muss man nicht ins Detail gehen, entscheidend ist der grundsätzliche Befund: Der Staat billigt bestimmten Unternehmensformen – den Kapitalgesellschaften – eine eigene Persönlichkeit zu, aber statt diese fiktiven Persönlichkeiten so zu besteuern wie natürliche Menschen respektive Personengesellschaften, entscheidet er sich für eine gänzlich andere Steuer, die nur bei diesen Rechtspersönlichkeiten anfällt. Und das ist die Wurzel einiger Probleme, über die wir sprechen müssen. Problem Nummer eins lässt sich leicht erklären – dazu begeben wir uns zurück zu einem schwülen Sommertag des Jahres 2002, der das politische Gefüge der Republik erschüttern sollte.

Ein Glücksfall für den Gummistiefelkanzler

Der Wetterbericht hatte für den 12. August des Jahres 2002 ein kühlendes Sommergewitter versprochen. Wie so häufig sollten die Wetterfrösche danebenliegen: An diesem Tag stürzte so viel Wasser vom Himmel wie sonst in einem halben Jahr. Und das war erst der Anfang: Was als unterschätztes Sommergewitter begann, sollte sich zu einer Jahrhundertkatastrophe auswachsen, die Ostdeutschland unter Wasser setzte. Deiche brachen, Ortschaften wurden evakuiert, die Elbe bei Dresden verwandelte sich in eine Seenlandschaft. Das Wasser strömte aus der Kanalisation, es flutete die Semperoper, den Zwinger und es strömte in die Galerie „Alte Meister" ebenso wie in den Hauptbahnhof. Ein ganzer Landstrich befand sich im Ausnahmezustand.

Für den damals amtierenden Bundeskanzler Gerhard Schröder erwies sich die Elbeflut als politischer Glücksfall: Hemdsärmelig, polternd und landesväterlich präsentierte er sich vor Ort in den Medien, die Bilder vom Gummistiefelkanzler im Kampf gegen die Naturgewalten retteten den SPD-Chef aus seinem Popularitätstief – nur wenige Wochen vor der Bundestagswahl trug sein medienwirksamer Kampf gegen die Flut maßgeblich zu seiner Wiederwahl bei.

Im Windschatten dieser Katastrophe entzündete sich ein heftiger Steuerstreit: Zur Finanzierung der Flutschäden, so schätzte man, würden mindestens zehn Milliarden Euro fällig werden – wo sollten die herkommen? Schröder blieb nichts anderes übrig, als seine Spendierhosen einzumotten: So verfügte die Bundesregierung, dass die nächste Stufe der sozialdemokratischen Steuerreform, die zum 1. Januar 2003 in Kraft treten sollte, um ein Jahr verschoben werde. Da diese Reformstufe vor allem Entlastungen in der Einkommensteuer vorsah, die jetzt ausblieben, gewann Schröder dadurch mehr finanzielle Manövriermasse. Für die Opposition war das ein Skandal: Hatten die ersten Stufen der schröderschen Steuerreform vor allem die Kapitalgesellschaften entlastet, so sollte jetzt, wenn Erleichterungen in der Einkommensteuer anstehen, die den Arbeitnehmern und den Personengesellschaften zugutekommen, das Reformtempo verschleppt werden. Eine „gewaltige soziale Schieflage" entstehe, der Mittelstand – hier gibt es die meisten Personengesellschaften – und

die kleinen Leute müssten Steuern zahlen, während Kapitalgesell-
schaften sich nicht an der Finanzierung der Flutschäden beteiligen.
Überspitzt lautete die Kritik, dass der kleine Bürger die Zeche für die
Flut zahlt, während die Unternehmen (den Unterschied zwischen
Personengesellschaften und Kapitalgesellschaften kennen viele Me-
dien offenbar nicht) satte Steuervorteile bekommen, statt sich an den
Aufräumarbeiten finanziell zu beteiligen.

Wer differenzierter argumentierte, beklagte, dass Kapitalgesellschaften gegenüber Personengesellschaften massiv begünstigt seien.
Dazu genügte den Kritikern eine einfache Kalkulation: Der Steuersatz
auf die Gewinne einer Kapitalgesellschaft belief sich damals, rechnete
man Körperschaftsteuer, Gewerbesteuer und Solidaritätszuschlag
zusammen, auf rund 40 Prozent. Da Personengesellschaften, wie
wir gesehen haben, dem Einkommensteuertarif unterliegen, lag ihr
Tarif damals bei rund 48 Prozent. Personengesellschaften zahlen also
höhere Steuern, lautete der Schluss vieler Kritiker. Falsch, rechneten
Wissenschaftler vor, beispielsweise die Experten vom Zentrum für
Europäische Wirtschaftsforschung. Dort hat man eigens ein Compu-
tersimulationsprogramm mit dem Namen „European Tax Analyzer"
entwickelt, mit dessen Hilfe man versucht, die Steuer- und Abgabenbe-
lastung verschiedener Unternehmensformen zu messen. Das Ergebnis
vieler Rechenoperationen und Simulationen: Personengesellschaften
zahlen sogar weniger Steuern.

Natürlich blieb diese Meinung nicht unwidersprochen, und das
Interessante an diesem Umstand ist nicht, warum man hier verschiedener Meinung sein kann, sondern dass man es überhaupt ist. „Rechtsformneutralität" nennt der wissenschaftliche Fachmund die Forderung, dass jedes Unternehmen den gleichen Besteuerungsregeln
unterliegen soll, unabhängig davon, welche Rechtsform es hat. Das
ist ganz offensichtlich nicht der Fall: Wie viel Steuern ein Unternehmen zahlt, hängt ganz wesentlich von seiner Rechtsform ab, und Experten können noch nicht einmal mit Bestimmtheit sagen, welche
Rechtsform mehr oder weniger Steuern zahlt. Die Höhe der Gewinne, Gewinnabführungsverträge, Gewinnverwendung, betriebliche
Altersvorsorge der Geschäftsführer – nichts, was nicht die Höhe der
Steuerbelastung eines Unternehmens in Abhängigkeit von der Rechtsform verändert.

Es existieren in Deutschland also praktisch zwei verschiedene Steuersysteme für Unternehmen, die nicht miteinander kompatibel sind und teilweise gleiche Tatbestände ungleich behandeln. Die Steuerbelastung zweier ansonsten identischer Unternehmen fällt unterschiedlich aus, je nachdem, ob es sich um eine Personengesellschaft oder eine Kapitalgesellschaft handelt. Die Folgen einer solchen Konstellation sind klar: Unternehmen wählen ihre Rechtsform – Personengesellschaft oder Kapitalgesellschaft – auch nach Steuervermeidungsgesichtspunkten; das muss nicht immer die beste Lösung für eine Gesellschaft sein. Und auch mit Blick auf Fairness und Gleichheit mutet das merkwürdig an: Warum soll ein Unternehmen mehr oder weniger Steuern zahlen, wenn es die Rechtsform ändert?

Die Wurzel allen Übels liegt in der Tatsache, dass die Gewinne verschiedener Unternehmen unterschiedlichen Steuern (hier Einkommensteuer, da Körperschaftsteuer) unterworfen werden – würde man alle Unternehmen der gleichen Steuer unterwerfen, wäre dieses Problem aus der Welt. Und die Existenz dieser beiden Steuern wirft ein weiteres Problem auf, das jeder kennt, der einmal ein paar Aktien besessen hat: Was passiert denn mit den Gewinnen eines Unternehmens?

Einmal gewinnen, zweimal bezahlen

Fangen wir mit den Personengesellschaften an, hier ist der Fall klar: Die Gewinne einer Personengesellschaft gehen an den oder die Inhaber dieser Gesellschaft und werden von diesen mit dem persönlichen Einkommensteuersatz versteuert. Was aber passiert mit den Gewinnen einer Kapitalgesellschaft? Diese besitzt zwar eine eigene Rechtspersönlichkeit, aber nur eine fiktive Person. Und genau so, wie eine Fußballmannschaft ein abstraktes Gebilde ist, aber letztlich aus Spielern aus Fleisch und Blut besteht, welche die Tore schießen müssen, stehen hinter einer Kapitalgesellschaft lebendige Menschen – nur sie können die Gewinne einstreichen, und nur sie können Steuern tragen. Nicht der Vereinswimpel, sondern die Spieler schießen die Tore, nicht die Gesellschaft, sondern deren Eigentümer werden mit Steuerzahlungen belastet. Um das zu verstehen, muss man wissen, wie Kapitalgesellschaften funktionieren.

Eine Kapitalgesellschaft ist ein Unternehmen, an dem sich mehrere Personen – die Kapitalgeber, bei Aktiengesellschaften die Aktionäre – beteiligen. Die Vereinbarung ist einfach: Jeder Kapitalgeber investiert eine bestimmte Summe Geld, mit dessen Hilfe das Unternehmen produziert und hoffentlich Gewinne erwirtschaftet. Die Gewinne werden an die Kapitalgeber ausgeschüttet, und zwar nach Maßgabe der Höhe ihrer Beteiligung. Die juristische Person der Kapitalgesellschaft, das Unternehmen, steht wie ein Zaun zwischen den Gewinnen des Unternehmens und seinen Eigentümern. Das Unternehmen vereinnahmt die Erlöse aus dem Verkauf seiner Waren, zieht davon die Kosten ab und leitet das, was übrig bleibt – den Gewinn – an die Eigentümer weiter. Wenn also in der Zeitung steht, dass BASF, die Deutsche Bank oder wer auch immer Gewinne gemacht hat, so ist das nicht ganz korrekt: Es sind die Eigentümer dieser Kapitalgesellschaften, die Aktionäre, denen der Gewinn zusteht. Das abstrakte Rechtskonstrukt „BASF" oder „Deutsche Bank" hat von diesem Gewinn nichts – was soll eine juristische Person, die nicht lebt, mit einem Gewinn machen? Es ist ja auch nicht der Vereinswimpel, der den Siegerpokal hochhält, sondern die Spieler.

Doch genau jenes Rechtskonstrukt, jener Zaun, zahlt die Körperschaftsteuer – wie verträgt sich das mit diesen Überlegungen? Natürlich wird das Unternehmen nicht mit der Steuer belastet, sondern wiederum die Eigentümer respektive Aktionäre. Wie wir gesehen haben, leitet das Unternehmen die Gewinne direkt oder indirekt an die Aktionäre weiter. Werden nun Steuern fällig, die auf Unternehmensebene zu zahlen sind, so werden die Gewinne um die fälligen Steuern nach unten korrigiert, und danach den Eigentümern gutgeschrieben. Eine Steuer auf der Ebene des Unternehmens mindert also lediglich die Gewinne, welche die Aktionäre erhalten. Damit zahlen unter dem Strich die Eigentümer des Unternehmens die Unternehmenssteuern, also echte Menschen, und keine abstrakten Rechtspersönlichkeiten. Eigentlich eine triviale Erkenntnis.

Aber eine brisante Erkenntnis, denn sie bedeutet, dass Unternehmen nie Steuern zahlen, sondern immer Menschen, echte Menschen aus Fleisch und Blut. Um es auf den Punkt zu bringen: Alle Unternehmenssteuern werden letztlich von Personen getragen. Man kann sich drehen und wenden, wie man will: Steuern auf Gewinne schmälern diese, und die Last der Steuern über geschmälerte Gewinne tragen diejenigen, denen diese Gewinne zustehen. Eine juristische Person, eine Kapitalgesellschaft, zahlt keine Steuern. Genauso gut könnte man behaupten, dass das Auto die Kfz-Steuer zahlt – hier ist jedem sofort klar, dass der Halter des Autos sie trägt.

Steuersystematisch passiert dabei Folgendes: Wenn den Eigentümern Gewinne aus ihrem Unternehmen zufließen, so sind das Einkünfte aus Kapitalerträgen, die von der Einkommensteuer erfasst werden. Wer Kapital investiert und aus diesem Investment Gewinn zieht, muss diesen im Rahmen seiner persönlichen Einkommensteuererklärung natürlich versteuern. Im Rahmen der Einkommensteuer ist dies sogar zwingend notwendig: Jemand, dem Einkünfte aus Kapitalerträgen zufließen, hat ein höheres Einkommen – will heißen eine höhere Leistungsfähigkeit, und diese muss dementsprechend besteuert werden.

Damit entsteht ein Problem: Die Gewinne, die den Eigentümern des Unternehmens zufließen, sind ja bereits mit Unternehmenssteuern belastet, vor allem mit der Körperschaftsteuer (und auch noch mit der Gewerbesteuer). Das würde bedeuten, dass der Fiskus die Eigentümer des Unternehmens zweimal zur Kasse bittet: Zuerst zahlt das Unternehmen Körperschaftsteuer, weswegen der Gewinn, der dem Eigentümer zufließt, geringer ausfällt. Besteuert man diesen Gewinn nochmals mit der persönlichen Einkommensteuer des Eigentümers, so hat er auf ein und denselben Gewinn zweimal Steuern gezahlt. Man muss kein ausgewiesener Kapitalismusanhänger sein, um das unkorrekt zu finden, aber man kann sich auch auf den Standpunkt stellen, dass man Eigentümer von Unternehmen ruhig doppelt besteuern darf (wobei es allerdings ein Irrtum ist zu glauben, dass dies nur reiche Menschen trifft – jeder, der Aktien oder Fondsanteile besitzt oder eine aktienbasierte Riester-Rente hat, zahlt dann doppelt Steuer).

Doch selbst wenn man nichts dabei findet, Gewinne aus Unternehmen doppelt zu besteuern, bekommt man ein Problem: Die Rechtsformneutralität ist nicht mehr gewahrt. Was bei entsprechend hoher Steuerbelastung passiert, ist klar: Die Kapitalgesellschaft als Rechtsform verschwindet, weil niemand zweimal Steuern zahlen will. Der Fiskus muss etwas tun, um eine Doppelbesteuerung von Gewinnen aus Kapitalgesellschaften wenn nicht komplett zu vermeiden, so doch zu reduzieren.

Der einfachste Weg dazu ist ein sogenanntes Anrechnungsverfahren: Man besteuert die Gewinne auf der Unternehmensebene, und wenn diese an die Eigentümer ausgeschüttet werden, rechnet man diesen die bereits gezahlte Steuer auf ihre Einkommensteuerschuld an. Wenn also das Unternehmen 100 Euro Gewinn macht, so werden diese auf der Ebene des Unternehmens zunächst mit sagen wir 25 Prozent Körperschaftsteuer belastet – macht 25 Euro. Dann werden die verbleibenden 75 Euro an den Eigentümer ausgeschüttet; doch bei der Berechnung seiner Einkommensteuerschuld werden ihm 25 Euro gutgeschrieben, die sein Unternehmen ja für ihn bereits in Form von Körperschaftsteuer gezahlt hat. Damit ist der gesamte Vorgang rechtsformneutral, und die Einkommen aus Unternehmenstätigkeit werden nur einmal besteuert, und zwar mit der Einkommensteuer des Anteilseigners. Noch einfacher wäre es, wenn man alle Gewinne, die das Unternehmen ausschüttet, an seine Eigentümer weitergibt, nicht besteuert, sondern diese erst bei den Eigentümern selbst mit deren persönlichem Einkommensteuersatz versteuert. Neben der hier geschilderten Möglichkeit der Vermeidung von Doppelbelastungen gibt es eine Vielzahl von Gestaltungsmöglichkeiten, die darauf hinauslaufen, die Bezieher von Gewinnen aus Kapitalgesellschaften zumindest teilweise von dieser Doppelbesteuerung zu entlasten, wobei sich diese Systeme in ihrer Kompliziertheit und Verworrenheit mit jedem anderen Teil des labyrinthischen Steuerrechts lässig messen können.

Eines dieser Systeme war das legendäre Halbeinkünfteverfahren, bei dem grob gesagt auf Unternehmensebene Steuern gezahlt wurden, aber nur die Hälfte der Kapitaleinkünfte bei den Eigentümern der persönlichen Einkommensteuer unterworfen wurde – ein System, das Legionen von Bürgern bei ihrer Steuererklärung entnervt hat. Im Jahr 2009 hat man sich für einen etwas grobschlächtigeren Weg entschieden: Auf Unternehmensebene besteuert man die Gewinne der Unternehmen mit einem Satz von 15 Prozent Körperschaftsteuer (es kommen dann noch die Gewerbesteuer und der Solidaritätszuschlag hinzu), die Bezieher von Kapitalerträgen zahlen pauschal 25 Prozent auf ihre Kapitaleinkünfte, und damit ist alles abgegolten. Hier ging dem Gesetzgeber wohl Pragmatismus vor Präzision.

Mit Blick auf die Gerechtigkeitsideen, mit denen die Einkommensteuer befrachtet ist, ist diese Lösung eher schlichter Natur: Jeder

Steuerbürger zahlt bei seinen Kapitaleinkünften einen einheitlichen Satz von 25 Prozent, unabhängig davon, wie hoch sein Einkommen ist – ein glatter Widerspruch zum ansonsten progressiven Tarif der Einkommensteuer. Wer sagen wir 55 000 Euro pro Jahr mit Arbeit verdient, und nun noch 1 000 Euro Kapitaleinkünfte hat, zahlt auf diese zusätzlichen 1 000 Euro 250 Euro Steuern. Wer hingegen von seinem Chef eine Gehaltserhöhung von 55 000 auf 56 000 Euro bekommt, zahlt auf diese zusätzlichen 1 000 Euro mehr als 400 Euro Steuern. Je höher das Einkommen und je größer der Anteil des Einkommens, das man aus Kapitaleinkünften erhält, umso größer wird das Steuergeschenk. Die Art des Einkommens entscheidet jetzt über die Höhe der Steuerschuld – unter Fairnessaspekten äußerst schräg.

Noch bedenklicher als die Verteilungswirkungen dieses Verfahrens ist, dass durch diese Steuer eine Einkommensart – die Einkünfte aus Kapitalerträgen – anders behandelt wird als Einkünfte aus Arbeit, Vermietung, Verpachtung oder anderen Quellen. Wer also kann, wird versuchen, sein Einkommen nicht aus Arbeit, sondern aus Kapital zu ziehen, weil dies steuerlich vorteilhafter ist. Eine sachlich völlig ungerechtfertigte Ungleichbehandlung, deren Ursache die Tatsache ist, dass der Fiskus aus leblosen Gebilden fiktive Rechtspersönlichkeiten macht und diese besteuert.

Warum tut sich das der Fiskus an? Wieso ersinnt er ein derart kompliziertes System von Steuern, Steuerentlastungen und Gegensteuern, wieso nimmt er billigend solche Ungerechtigkeiten wie die Abgeltungsteuer in Kauf, wenn es doch viel einfacher ginge? Wenn Unternehmen, wie wir festgestellt haben, gar keine Steuern tragen können, sondern immer nur die Eigentümer der Unternehmen, dann wäre es das Einfachste, keine eigenständigen Unternehmenssteuern zu erheben und die Gewinne der Unternehmen nur bei denjenigen zu besteuern, denen sie zugutekommen: den Eigentümern. Wir beseitigen einfach die künstliche Trennwand „Unternehmen", die zwischen der Firma und ihren Eigentümern steht, und besteuern die Gewinne gleich bei den Eigentümern. Das wäre einfacher. Doch da gibt es ein Problem, das sich uns erschließt, wenn wir eine kurze Reise zum Mittelpunkt der Welt machen.

Ein geschäftstüchtiges Orakel

Dem Mythos zufolge ließ Zeus zwei Adler von je einem Ende der Welt aufsteigen; diese trafen sich in der antiken Stadt Delphi, die deswegen in der Antike als der Mittelpunkt der Welt galt. Das Besondere an Delphi war das dem Gott Apollon geweihte legendäre Orakel, das aufgrund der damals üblichen Querelen und Streitereien unter Göttern und Sterblichen sowie der handelsüblichen Lösung solcher Kontroversen – Mord und Totschlag – entstanden war. Dieses Orakel pflegte seinen Kunden Rat und Weissagung zu spenden. Den Athenern beispielsweise riet das Orakel, ihre Stadt zu verlassen und mit hölzernen Mauern zu verteidigen. Der Feldherr Themistokles deutete diesen Ratschlag richtig – er ließ die Segel setzen und bezwang die Perser in der Seeschlacht von Salamis. Anderen Königen brachte das Orakel weniger Glück: Als Krösus 546 vor Christus gegen die Perser in den Krieg zog, befragte er das Orakel nach seinen Chancen, den Krieg zu gewinnen. Das Orakel antwortete ihm, dass er ein großes Reich zerstören werde, wenn er in den Krieg ziehen würde. Krösus wertete dies als Bestätigung, schlug los – und sah sein eigenes Reich untergehen.

Doch das übersinnliche Orakel hatte auch eine weltliche Komponente: Entlang der Straße, die zum Orakel führte, lag ein Schatzhaus, in dem die Weihgeschenke der Orakeltouristen aufbewahrt wurden. Das prächtige Schatzhaus sollte die Bedeutung und Macht Athens im Vergleich zu den anderen griechischen Stadtstaaten demonstrieren. „Thesauros" heißt dieses Schatzhaus im Griechischen, und da diese antiken Tempel oft die Funktion einer kommerziellen Bank hatten, ist das Wort „Tresor" davon abgeleitet. Das andere Wort, das sich vom Thesauros in unsere heutige Zeit gerettet hat, ist der Begriff des Thesaurierens. Thesaurieren bedeutet so viel wie das Einbehalten von Gewinnen im Unternehmen. Wenn ein Unternehmen Gewinne einbehält und investiert, statt diese an die Eigentümer auszuschütten, dann nennt die Betriebswirtschaft das Thesaurieren. Und dieses Thesaurieren sorgt für Ärger im Steuerrecht.

Grundsätzlich ist der Vorgang der Thesaurierung nicht ungewöhnlich, er ist sogar notwendig: Einen Teil seiner Gewinne muss ein

Unternehmen den Eigentümern vorenthalten, wenn es Investitionen tätigen will – neue Maschinen, Erschließung neuer Märkte oder was auch immer. Das Finanzamt sieht diese Investitionen durchaus gerne, verheißen sie doch mehr Geschäft für das Unternehmen und damit auch höhere Gewinne, also auch höhere Steuereinnahmen. Doch was, wenn der findige Unternehmer seine Gewinne im Unternehmen belässt, um Steuern zu sparen?

Die Idee ist einfach: Wenn das Unternehmen Gewinne einbehält, muss der Eigentümer des Unternehmens keine Steuern darauf zahlen. Als Anteilseigner oder Eigentümer einer Kapitalgesellschaft kommt man da auf eine einfache Idee: Man lässt die Gewinne in der Unternehmenskasse – man thesauriert sie also – und spart dadurch die persönliche Einkommensteuer. Damit würde das Unternehmen zum Schatzhaus des Unternehmers, dem Thesauros, in dem seine Gewinne dem Zugriff der Steuerbehörden entzogen würden. Ist das ein Problem? Rechtfertigt das eine eigene Unternehmenssteuer?

Grundsätzlich nein: Es bleibt bei unserer Einsicht, dass Steuern nur von lebendigen Menschen getragen werden können, und ebenso können Gewinne nur von lebendigen Menschen kassiert und verwendet werden. Solange die Gewinne im Unternehmen bleiben, sind sie dem persönlichen Zugriff des Eigentümers entzogen, aber in dem Moment, in dem er sie für sein persönliches Wohl verwenden will, muss er sie aus dem Unternehmen entnehmen; dann schlägt die (Einkommen-)Steuer zu. Damit wäre die Thesaurierung nur eine Möglichkeit, die Gewinne temporär dem Finanzamt zu entziehen; sobald man diese für das persönliche Wohlbefinden ausgeben will, muss man Steuern zahlen.

Allerdings übersieht diese Idee einen wesentlichen Vorteil der Gewinnthesaurierung: Die im Unternehmen angelegten Gewinne ersparen es dem Unternehmen, sich bei Banken oder anderen Geldgebern Kapital zu beschaffen, was Zinsen kosten würde. Die Gewinnthesaurierung spart demnach Zinskosten für das Unternehmen beziehungsweise für seine Eigentümer. Andererseits können die Anteilseigner eines Unternehmens die thesaurierten Gewinne nicht anderweitig, also für private Ausgaben, verwenden. Solange die Anteilseigner die thesaurierten Gewinne selbst wiederum im Unternehmen anlegen würden, entstehen ihnen keine Kosten. In diesem Fall führt die Nichtbesteuerung einbehaltener Gewinne zu einer Steuerstundung mit geldwerten Vorteilen für die Eigner des Unternehmens. Um diesen Effekt zu vermeiden, geht man bei Personengesellschaften, deren Eigentümer der Einkommensteuer unterliegen, einen einfachen Weg, indem man grundsätzlich den gesamten Gewinn besteuert, unabhängig davon, ob er ausgeschüttet oder thesauriert wird. Bei Kapitalgesellschaften und allen anderen Unternehmen, die der Körperschaftsteuer unterliegen, wird der thesaurierte Gewinn ebenfalls auf der Ebene des Unternehmens besteuert, also genauso behandelt wie ausgeschütteter Gewinn – mit all den Problemen, die wir bereits gesehen haben.

Nun lassen Sie uns kurz einen revolutionären Gedanken wagen: Wir schaffen die Besteuerung von Unternehmen einfach ab. Der Clou dieser Idee besteht darin, dass wir alle, neben dem Fiskus und dem Gesetzgeber, es gerne sehen, wenn Unternehmen investieren: Je mehr sie investieren, umso mehr Steuern zahlen sie und umso mehr Arbeitsplätze schaffen sie zum Wohlgefallen des Finanzamtes, der Politiker, denen ein boomender Arbeitsmarkt zur Wiederwahl verhilft, und letztlich uns allen. Die Idee: Wir schaffen die Körperschaftsteuer ab und besteuern nur noch Unternehmensgewinne bei den Eigentümern der Unternehmen im Rahmen der Einkommensteuer. Was würde passieren?

Erstens würden die Gewinne von Unternehmen immer noch besteuert, und zwar über die Einkommensteuer. Die Idee, dass Unternehmen als solche im Rahmen der Körperschaftsteuer Steuern zahlen, beruht letztlich auf der Fiktion, dass juristische Gebilde Personen mit einer eigenen Leistungsfähigkeit sind – und das ist bedenklich. Ein Unternehmen ist ein Geflecht von Verträgen und Vereinbarungen, das keine eigene Identität oder wie auch immer geartete Persönlichkeit hat. Man müsste also keineswegs befürchten, dass dem Fiskus Steuern entgehen oder dass irgendjemand unbesteuert davonkommt – sobald ein Unternehmen Gewinne macht, schlägt der Fiskus zu. Zwei Dinge sind eben doch sicher: der Tod und die Steuern.

Der zweite Effekt einer Abschaffung der Körperschaftsteuer wäre ebenso interessant: Kapitalgesellschaften würden mehr investieren, da sie nicht mehr der Doppelbesteuerung durch Einkommen- und Körperschaftsteuer unterliegen. Eine niedrigere Steuerbelastung der Investitionserträge führt zu höheren Ertragserwartungen und damit zu höheren Investitionen. Um zu verhindern, dass auch die Einkommensteuer zumindest zeitweise umgangen werden kann, um Steuerstundungseffekte zu realisieren, wäre es eine gute Strategie, nur noch einbehaltene Gewinne von Kapitalgesellschaften über die Körperschaftsteuer zu belasten, und zwar mit dem Spitzensteuersatz der Einkommensteuer.

Noch revolutionärer wäre der vollständige Verzicht auf die Besteuerung von Unternehmensgewinnen, auch wenn sie nicht ausgeschüttet werden. Da nicht ausgeschüttete Gewinne auch nicht ausgegeben, also konsumiert werden können, sondern in den Unternehmen bleiben, wäre es durchaus vorstellbar, auf die Besteuerung thesaurierter Gewinne zu verzichten. Gewinne würden nur versteuert, wenn sie ausgeschüttet würden. Das könnte funktionieren und wäre vermutlich das beste Konjunkturprogramm, das man sich denken kann.

Warum verzichtet man nicht komplett auf eine Besteuerung auf Unternehmensebene? Warum nimmt der Staat all diese Unannehmlichkeiten und steuerlichen Inkonsistenzen auf sich? Ein Grund mag die Furcht vor Gespenstern sein.

Ein Gespenst geht um

Genau genommen dreht es sich hier um ein Gespenst, das vor mehr als 150 Jahren das Licht der Welt erblickte: „Ein Gespenst geht um in Europa – das Gespenst des Kommunismus", droht das *Manifest der Kommunistischen Partei*, das Karl Marx zusammen mit seinem Freund und Kampfgefährten Friedrich Engels im Jahr 1847 verfasste – manche Autoren behaupten, dass das *Manifest* eine höhere Auflage habe als die *Bibel*. Die „*Bibel* der Arbeiter", wie Engels das Hauptwerk von Marx, *Das Kapital*, nannte, hat die Welt verändert – das geben selbst Ökonomen zu, die von Marxisten als „bürgerlich" beschimpft werden. Milliarden von Menschen lebten jahrelang in Systemen, die von den Ideen des promovierten Philosophen geprägt waren, der Biografen zufolge zeit seines Lebens nicht mit Geld umgehen konnte.

Auch heute, zwei Jahrzehnte nach der Kapitulation des Kommunismus vor der Realität, wirken seine Ideen nach, und ein Echo dieser Ideen ist die seit Marx in den Köpfen der Menschen verankerte

Zweiteilung der ökonomischen Welt in Arbeit und Kapital. Arbeit, um es überspitzt zu formulieren, ist der aufrechte, ehrbare Arbeiter im Blaumann; Kapital, das sind dicke, Zigarren rauchende, gehässige kleine Männer mit Zylinder, deren Ziel es ist, Geld zu scheffeln und die Arbeiterklasse auszubeuten. Man muss es nicht ganz so bösartig formulieren, aber ein Blick in die politische Debatte zeigt, dass in unseren Köpfen immer noch der vom „kommunistischen Manifest" aufgeworfene Gegensatz von Arbeit und Kapital spukt – das Gespenst hat 160 Jahre Wirtschaftsgeschichte lässig überlebt.

Dass die Realität anders ist, dringt in den emotional geführten Debatten kaum durch: Viele Arbeiter verdienen heute mehr als mancher Kapitalist, denn jeder Betreiber einer Würstelbude, jeder mittelständische Handwerker ist ein Kapitalist (und diese Mittelständler stellen in der Bundesrepublik mehr als 80 Prozent aller Arbeitsplätze), während sich unter den Arbeitern Ingenieure, Unternehmensberater, EDV-Spezialisten oder angestellte Banker und Unternehmensvorstände finden. Die Idee, die ökonomische Welt durch den Gegensatz von Arbeit und Kapital zu erklären, ist für die heutigen Wirtschaftsstrukturen westlicher Industrienationen überholt. Doch sie reicht aus, um damit Steuerpolitik zu betreiben.

Und so dürfte eines der wichtigsten Argumente für eine eigenständige Unternehmenssteuer ein politisch-emotionales Argument sein. Würde man die Steuern auf Unternehmen streichen, so würden keine Steuereinnahmen verloren gehen, solange man die Unternehmensgewinne dort besteuert, wo sie letztlich landen, nämlich bei den Eigentümern. Doch es wäre naiv zu glauben, dass man eine solche Maßnahme den Bürgern verkaufen könnte, zu sehr ist die Idee vom „Kapital" als einem eigenständigen Wesen, das es zu besteuern gilt, in den Köpfen der Menschen verankert. Eine Abschaffung der Körperschaftsteuer wäre in der Wahrnehmung der Bürger ein Steuergeschenk an das Kapital – eine solche Maßnahme wäre politischer Selbstmord. Dass man mit der aktuellen Regelung – Körperschaftsteuer plus Abgeltungsteuer – tendenziell eher die Besserverdienenden entlastet, die nun statt im Zweifelsfall 42 oder 45 Prozent Einkommensteuer nur 25 Prozent Abgeltungsteuer zahlen müssen, ist unter den Teppich der politischen Debatte gekehrt worden. Hauptsache, das Kapital zahlt Steuern – wer auch immer das sein mag.

Kurzum: Es ist auch politische Räson, Unternehmen als eigenständige Wesen zu besteuern, die Idee und Fiktion eines Unternehmens, des Kapitals, als einer eigenständigen Person, ist zu tief in den Köpfen der Menschen und Politiker verankert. Eine Abschaffung steht daher nicht zur Debatte. So viel zur Theorie. Gibt es denn aus Sicht des Praktikers möglicherweise noch Argumente für eine eigenständige Unternehmenssteuer? Ja, und zwar weil eine Unternehmenssteuer einfach und bequem ist. Das könnten sie von einem Bankräuber gelernt haben.

Als man den Bankräuber Willie Sutton fragte, warum er eine Bank überfallen habe, gab er eine verblüffend einfache Antwort: „Weil dort das Geld ist." Nun muss man den Fiskus nicht mit einem Bankräuber vergleichen, aber das Argument sticht: Man besteuert Unternehmen, weil dort das Geld verdient wird. Unternehmen lassen sich leichter überwachen und kontrollieren als Privatpersonen, da sie strengeren Dokumentationspflichten unterliegen; zudem bündeln sich die Einkommen vieler Steuerbürger, nämlich der Eigentümer und Anteilseigner, bei einem Unternehmen. Unternehmen sind eine ideale Anlaufstelle, um schnell, einfach und umfassend Einkommensströme zu erfassen. Ein weiterer Vorteil: Einkommen, die auf der Unternehmensebene besteuert werden, können auf der Ebene der Eigentümer nicht mehr hinterzogen werden. Insofern kann eine Steuer auf Unternehmensebene dabei helfen, Schlupflöcher in der Einkommensteuer zu stopfen.

Keine Frage, das sind zwei wichtige Punkte, die für eine eigenständige Unternehmensbesteuerung sprechen, allerdings rechtfertigen sie nicht, dass Einkommen, die bei Kapitalgesellschaften entstehen, anders behandelt werden als Einkommen, die bei Einzelpersonen oder Personengesellschaften erwirtschaftet werden. Nach dieser Lesart wäre die Körperschaftsteuer eine Art Vorauszahlung auf die Einkommensteuer; die Belastung der Gewinne respektive Einkommen muss aber nach Berücksichtigung der Einkommensteuer die gleiche sein. Ganz offensichtlich ist das aber nicht der Fall, wie wir gesehen haben – das wirft die Frage auf, womit man diese Ungleichbehandlung rechtfertigen will, zumal sie ja, wie wir gesehen haben, beträchtliche Schwierigkeiten mit sich bringt. Warum sollen wir Gewinne bei Unternehmen anders besteuern als bei Personen oder Personengesellschaften?

Das erste Argument erinnert an eine Debatte aus der Welt der Einkommensteuer: Unternehmen, so die Idee, beanspruchen Leistungen und Dienste des Staates, und dafür sollen sie auch zahlen. Die Autobahn, die Infrastruktur, die Rechtsordnung, all das, was der Staat bereitstellt und was die Unternehmen nutzen, um zu produzieren, zu transportierten, zu verkaufen – dafür sollen sie zahlen. Dieses Argument – die Äquivalenz – rechtfertigt durchaus eine eigenständige Steuer auf Unternehmen, allerdings ohne Ansehen der Rechtsform. Egal ob Personengesellschaft oder Kapitalgesellschaft, jedes Unternehmen soll für die Nutzung öffentlicher Ressourcen zahlen. Man kann mit diesem Argument eher eine allgemeine Unternehmenssteuer rechtfertigen, die sich nach der Größe des Unternehmens richtet, wenn man vermutet, dass ein Unternehmen die öffentlichen Ressourcen umso mehr beansprucht, je größer es ist. Gefordert ist demnach eine Belastung aller Unternehmen und nicht eine Sonderbehandlung von Kapitalgesellschaften.

Argument Nummer zwei für eine eigenständige Unternehmenssteuer erinnert ebenfalls an die Einkommensteuer, denn es geht um die Leistungsfähigkeit: Lässt man sich auf die Idee ein, dass Unternehmen eigenständige Personen sind, die eine eigene Leistungsfähigkeit haben (was nur schwer begründbar ist, wie wir wissen), und wenn man sich weiter darauf einlässt, dass diese Unternehmen viel zu viel besitzen, dann liegt es doch nahe, dieses „viel zu viel" den Unternehmen wegzunehmen, oder? Sollte man Unternehmen also nicht einfach deswegen besteuern, weil es geht? Und kann man den Unternehmen überhaupt Geld wegnehmen? Damit sind wir bei einer heiklen Frage: Wer trägt die Steuerlast, die wir den Unternehmen aufbürden? Wir wissen ja bereits aus der Geschichte der gescheiterten Luxussteuer, dass derjenige, der die Steuer zahlt, nicht immer derjenige ist, der sie trägt – und ähnlich verhält es sich auch im Falle der Unternehmenssteuern. Also, wer zahlt diese Zeche?

Eine erste Antwort kennen wir bereits: Wer Unternehmen besteuert, besteuert letztlich die Eigentümer dieser Unternehmen. Diesen werden geringere Gewinne ausgeschüttet und sie zahlen auf diesem Weg durch ihr verringertes Einkommen die Steuern. Auf den ersten Blick entspricht das der Vorstellung vieler Parteien und Interessenverbände: Sind denn die Eigentümer von Unternehmen ohnehin nicht reich? Und wenn man diesen Reichen ein wenig mehr wegnimmt, dient das doch nur der Gerechtigkeit. Oder?

Grundsätzlich ist nichts dagegen einzuwenden, Reiche stärker zu belasten, doch ist dies wirklich der Fall, wenn man Unternehmen stärker besteuert? Leider ist das nicht sichergestellt; um diese Frage beantworten zu können, müsste man wissen, wer die Eigentümer der Unternehmen sind, die man besteuert. Also, wer sind die Eigentümer der Unternehmen, wer sind die Unternehmer? Zeit, dem Kapital ein Gesicht zu geben.

Rendezvous mit dem Kapital

Klaus Kaldemorgen wirkt so gar nicht wie der Prototyp des ausbeuterischen Kapitalisten: Er ist ein angenehm unaufgeregter Gesprächspartner, der ruhig und sachlich, amüsant diskutiert, der entspannt ist und so gar nicht so wirkt wie in unserer Vorstellung von einem Kapitalisten – obwohl er täglich mit vielen Milliarden Euro jongliert, ja jonglieren muss. Kaldemorgen ist Geschäftsführer der DWS, der Fondsgesellschaft der Deutschen Bank, und in dieser Eigenschaft ist er verantwortlich für viele Milliarden Euro Anlegergelder, die er und seine Kollegen verwalten. Ist Kaldemorgen also ein Kapitalist? Ist er das Gesicht des Kapitals?

Streng genommen nein, Kaldemorgen ist sogar ein Angestellter – nämlich der Angestellte der vielen Tausend Kunden, die ihr Geld bei der DWS angelegt haben. Fonds, wie sie die DWS anbietet, funktionieren nach einem einfachen Prinzip: Die Kunden geben ihr Geld dem Unternehmen, das versucht, dieses Geld so gut wie möglich zu erhalten und zu vermehren, und die Gewinne aus diesen Investments fließen den Kunden zu – abzüglich einer Gebühr für die Verwaltung. Und wie erzielt Kaldemorgen Gewinne für seine Kunden? Vor allem, indem er in Unternehmen investiert – viele Milliarden Kundengelder der DWS sind nichts anderes als Beteiligungen an deutschen, europäischen, amerikanischen oder asiatischen Unternehmen. Damit sind letztlich die Kunden der DWS das Kapital, die Kapitalisten, denn ihr Geld ist es, das in die vielen Unternehmen investiert wird; damit sind sie Miteigentümer dieser Unternehmen. Kaldemorgen ist nur der

Statthalter: Er sucht zusammen mit seinen Kollegen die Unternehmen aus, an denen sich seine Kunden beteiligen sollen, er achtet darauf, dass diese Unternehmen mit den Geldern sorgfältig umgehen, und er entscheidet, wann man sich von einem Unternehmen trennt. Das alles macht Kaldemorgen, doch eines macht er nicht: Er zahlt nicht die Unternehmenssteuern für seine Kunden; diese sind das Kapital.

Allerdings entsprechen sie nicht dem zweifelhaften Bild eines Kapitalisten, wie wir es zu kennen glauben: Die wirklich reichen Anleger lassen ihr Geld selten von Gesellschaften wie der DWS verwalten, sie bevorzugen exquisite kleine Vermögensverwalter, die auch als Investment-Boutiquen bezeichnet werden. Fondsgesellschaften wie die DWS sind hingegen eher die Vermögensverwaltungs-Discounter für das breite Publikum, für Kapitalisten wie du und ich. Mit 50 Euro pro Monat kann man hier schon regelmäßig sparen, und damit jeden Monat 50 Euro in die vielen Unternehmen investieren, denen das Geld über die DWS dann zufließt. Das klingt nicht nach reichen Kapitalisten, denen man ordentlich Butter vom Brot nehmen kann.

Gesellschaften wie die DWS gibt es viele in Deutschland; die Mittel, die Privatkunden ihnen anvertraut haben, betrugen 2009 rund 550 Milliarden Euro. Weitere 721 Milliarden Euro verwaltet die Fondsbranche in Deutschland für sogenannte institutionelle Investoren – auch hinter diesen stehen letztlich Arbeitnehmer, Pensionäre, Rentner, Beamte, Freiberufler und andere Durchschnittsbürger, die diesen Investoren ihre Altersvorsorge oder Versicherung anvertraut haben. Jeder Deutsche, der einen Fonds besitzt, eine Lebensversicherung hält, eine betriebliche Altersvorsorge sein Eigen nennt, ist ein Kapitalist, seine Gelder werden von den Fondsgesellschaften, den Lebensversicherungen, den berufsständischen Versorgungswerken im Namen ihrer Kunden in Unternehmen investiert. Viele Hunderte Kaldemorgens sammeln die Gelder ihrer Kunden ein, unsere Gelder, und investieren sie in deren Namen – die Kunden sind die Kapitalisten, nicht die Verwalter ihres Kapitals.

Damit gerät das Argument ins Wanken, dass eine Steuer auf Unternehmen die reichen Kapitalisten besteuert: Wenn die vielen Milliarden, die Fondsgesellschaften, Versicherungsunternehmen, Versorgungswerke oder Banken bei Unternehmen anlegen, besteuert werden, so müssen letztlich deren Kunden diese Steuern tragen – also der kleine Fondssparer, der Rentner, der von seiner Lebensversicherung lebt, der Arbeitnehmer, für den sein Unternehmen eine betriebliche Altersvorsorge anspart, der Enkel, für den dessen Opa Geld für die Ausbildung zurücklegt. Die Idee, dass nur reiche Leute Unternehmer sind, ist in den Zeiten von Aktien, Fonds, Lebensversicherungen und Versorgungswerken längst passé – Kapitalismus ist zum Volkssport geworden. Fonds, Lebensversicherungen, betriebliche Altersvorsorge oder Versorgungswerke der freien Berufe haben den Kapitalismus demokratisiert – jeder kann heute mit wenig Geld Anteile an Unternehmen erwerben, was ihn entsprechend Steuern kostet.

Natürlich besitzen auch Millionäre Anteile an Unternehmen, natürlich zahlen auch sie Steuern auf Unternehmen, wer allerdings diese Steuern damit rechtfertigt, dass man den Millionären etwas wegnehmen will, muss die zusätzliche Besteuerung vieler Millionen Durchschnittsverdiener billigend als Kollateralschaden in Kauf nehmen. Auf den Punkt gebracht: Die Idee, dass man durch eine zusätzliche Steuer auf Unternehmen vor allem den Reichen das Budget kürzen kann, verliert in Zeiten des Volkskapitalismus seine Gültigkeit – fast jeder Bundesbürger ist über seine Altersvorsorge in irgendeiner Form an Unternehmen beteiligt. Und es kommt noch schlimmer.

Noch schlimmer? In der Tat. Abgesehen davon, dass man mit der Unternehmenssteuer nicht nur reiche Eigentümer belastet, sondern auch den Durchschnittsverdiener, der für sein Alter vorsorgen will, gibt es Experten, die bezweifeln, dass es überhaupt die Eigentümer sind, welche die Last der Unternehmenssteuer tragen. Womit wir wieder beim Phänomen der Überwälzung wären. Das kennen wir bereits von der Luxussteuer, welche den Arbeitnehmern schadet. Hier zeigte sich, dass derjenige, der die Steuer an den Fiskus abführt, die Steuerlast unter Umständen abwälzen kann auf eine dritte Person, beispielsweise den Endverbraucher. Nach der Idee der Überwälzung hat eine Steuer Ähnlichkeit mit dem Schwarzen Peter: Wenn man kann, reicht man sie an einen anderen weiter; derjenige, der sie zum Schluss nicht mehr weitergeben kann, bleibt auf ihr sitzen und muss sie tragen. Dass der Steuerzahler versuchen wird, diese Last auf einen anderen Steuersündenbock abzuwälzen, ist offensichtlich – die Frage ist nur, ob er es kann. Wie sieht es da bei den Unternehmenssteuern aus? Wer trägt die Last der Unternehmenssteuern?

Die Theorie sagt, dass eine reine Gewinnsteuer unter bestimmten Bedingungen nicht überwälzt werden kann. Das bedeutet, dass die Eigentümer der Unternehmen tatsächlich die Steuer tragen müssten – mit den bereits geschilderten Konsequenzen. Allerdings ist dies schon dann nicht mehr uneingeschränkt der Fall, wenn man bedenkt, dass die Investitionen von Unternehmen von ihren Gewinnen abhängig sind. Zwar werden die Unternehmen wegen der Unternehmenssteuern kaum alle Investitionen einstellen, aber sie können diese reduzieren. Eine Möglichkeit, die Steuerlast zu senken.

Darüber hinaus gibt es noch weitere Möglichkeiten. Eine besteht darin, die Konsumenten zur Kasse zu bitten. Wenn ein Unternehmen höhere Steuern zahlt, so schmälert das den Gewinn des Unternehmens. Dieses wird sich nicht kampflos in sein Schicksal ergeben, sondern versuchen, die gestiegenen Kosten seiner Produkte (nichts anderes ist die Konsequenz einer Steuererhöhung) an seine Kunden weiterzureichen. Ob das funktioniert, hängt von den äußeren Umständen ab, von dem, was wir bereits als Elastizität kennengelernt haben. Sind die Konsumenten nicht bereit, eine kleine Preiserhöhung zu akzeptieren, so werden die Unternehmen mit dem Versuch scheitern, sich die Steuerschulden von ihren Kunden über höhere Preise bezahlen zu lassen – dann tragen die Eigentümer wirklich die Last der Unternehmenssteuern. Sind die Kunden hingegen dringend auf das Produkt angewiesen – ihre Nachfrage ist das, was wir unelastisch nennen –, dann werden die Unternehmer ohne Schwierigkeiten ihre Steuerschulden durch höhere Preise begleichen. Damit werden die Unternehmenssteuern letztlich von den Konsumenten getragen – ein Eigentor für diejenigen, die das Kapital mehr belasten wollen. Und je dringender die Konsumenten dieses Gut benötigen, umso größer wird die Steuerlast sein, welche ihnen die Unternehmen letztlich weiterreichen.

Natürlich kann man auf eine weitere Idee kommen, wer an der Steuer auf Unternehmen beteiligt ist: die ausländischen Konsumenten. Sollte das Unternehmen, das besteuert wird, viele seiner Waren ins Ausland verkaufen, so ist es gut möglich, dass die ausländischen Konsumenten einen Teil der Steuer tragen – und je dringlicher sie die Waren des Unternehmens begehren, umso eher wird das der Fall sein. Das ist natürlich das für den inländischen Steuerpolitiker beste Szenario: Das Ausland zahlt die Steuern, die man im Inland ausgeben kann.

Damit wären die ersten zwei Lastesel der Unternehmenssteuer identifiziert: Sie wird entweder von den Unternehmenseignern getragen oder von den (in- und ausländischen) Konsumenten – je nachdem, wer am längeren Hebel sitzt. Doch es gibt noch eine andere Gruppe, welche möglicherweise die Last der Unternehmenssteuer schultern muss, und das sind zu unser aller Entsetzen die Arbeitnehmer. Wie kann das passieren? Wenn Unternehmenssteuern die Gewinne der Unternehmen kürzen, dann werden diese versuchen, diesem Rückgang an Einnahmen zu entgehen. Wenn ihnen die erste Möglichkeit – Preiserhöhungen – verwehrt bleiben, weil die Konsumenten sich weigern, bleibt nur Plan A: Auswandern respektive Abwandern. Wenn das Unternehmen im Inland zu hoch besteuert wird, geht man ins Ausland, wo die Steuern niedriger sind und die Gewinne höher.

Das hat zur Folge, dass im Inland das Kapital zur Gründung von Unternehmen knapp wird. Vereinfacht gesagt muss man den Unternehmenseignern, den Kapitalgebern, nun mehr Geld zahlen, damit sie im Inland bleiben – und dieses Mehr an Geld kompensiert sie zumindest teilweise für die Steuern. Aber wer zahlt dieses Mehr? In diesem Fall letztlich die Arbeitnehmer, entweder über mehr Arbeitslosigkeit oder geringere Lohnsteigerungen. Klar: Wenn das Geld zur Gründung von Unternehmen knapper wird, dann werden die Unternehmen knapper, und schon balgen sich mehr Arbeitnehmer um die Arbeitsplätze, welche diese verbliebenen Unternehmen anbieten. Weniger Lohn oder Arbeitslosigkeit lautet dann die Devise. Unter dem Strich bedeutet das, dass die Arbeitnehmer über geringere Einkommen oder höhere Arbeitslosigkeit die Steuern auf die im Lande verbliebenen Unternehmen mittragen.

Ist das wirklich so? Das kommt jetzt wieder darauf an, wer am längeren Hebel sitzt: Können die Unternehmen so rasch und schnell ihre Gelder aus den inländischen Unternehmen abziehen? Finden sich so leicht andere Investitionsmöglichkeiten im Ausland, zumal es auch dort Steuern gibt? Sind die Steuern auf Unternehmen der entscheidende Punkt, um das Land zu verlassen – was ist mit der Infrastruktur, der Rechtssicherheit, dem Image („made in Germany")? Die Zahl der Gründe, warum ein Unternehmen ins Ausland geht oder im Inland bleibt, ist groß, und die Steuerrechnung ist nur einer von ihnen. Also: Tragen die Arbeitnehmer die Unternehmenssteuern mit?

Nach einer neueren empirischen Studie von Mihir Desai, Fritz Foley und James Hines jedenfalls ist zu vermuten, dass zwischen 45 und 75 Prozent der direkten Unternehmenssteuern vom Faktor Arbeit, der verbleibende Rest vom Faktor Kapital getragen wird. Schlechte Zeiten für Arbeitnehmer.

Diese Debatte öffnet eine weitere Unternehmenssteuer-Pandora-Büchse, und ein Blick dorthinein zeigt, dass diese Büchse keinen Boden hat: Welche Rolle spielt das Ausland bei der Debatte um Unternehmenssteuern? Vielleicht kann uns das jemand erklären, der nicht gerade für seine guten Manieren bekannt war.

Ein rüpelhafter Zar

Als Peter der Große, seines Zeichens Zar von Russland, nach einem England-Besuch London wieder verließ, sah sich das englische Parlament genötigt, einen größeren Geldbetrag in die Hand zu nehmen, um die Schäden zu beseitigen, die Peter in dem Haus angerichtet hatte, das er und seine Entourage bewohnt hatten. Angeblich dauerte es sechs Monate, bis der beißende Geruch aus allen Ecken des Hauses vertrieben war. Peter war bekannt für seine Rohheit, seine Grobschlächtigkeit: Er gab die ganze Bandbreite der Körpergeräusche von sich, er aß mit den Fingern und zwang seine Gäste zu exzessivem Alkoholkonsum, was einige angeblich nicht überlebten – trinkunwilligen Damen wurde da schon mal die Nase zugehalten und der Fusel mit Gewalt eingeflößt. Peters Ruf war aber nicht nur bezüglich seiner Manieren legendär, auch seine Steuermanieren waren vom Feinsten: Wer in seinem Reich arbeitslos war, musste sich entscheiden zwischen Kopfsteuer, Leibeigenschaft, Militärdienst oder einem Leben als Galeerensklave – da kommt einem das heutige Finanzamt wie ein guter alter Freund vor.

So leicht es Peter fiel, seine Bürger zu besteuern, so schwer war es für ihn, an die Vermögen seiner Steuerschäfchen zu kommen: Das Gold und die Reichtümer der wohlhabenden Russen schlüpften durch die Netze seiner Steuerhäscher und fanden Wege nach Amsterdam, London oder Paris, wo es sich komfortabler und vor allem steuerlich günstiger leben ließ. Peter verbot zwar den Export jeglichen Kapitals aus Russland, aber genauso wie heutige Politiker scheiterte er an der Kontrolle dieser Vorschrift – das russische Kapital verließ in Scharen das Land.

Seit Peter dem Großen hat sich daran nicht viel geändert: Nichts ist flüchtiger als Kapital. Menschen kann man an der Grenze abfangen, man kann sie einsperren, auf die Galeere oder zum Militär schicken, aber Kapital, dieses anonyme, abstrakte Wesen, gleitet dem Staat und seinen Steuerhäschern durch die Finger wie Wasser. Und Kapital ist mobiler als Menschen: Wer sich der Einkommensteuer entziehen will, muss Haus und Hof verlassen, ins Ausland gehen, Freunde, Verwandte und Familie zurücklassen. Wer sein Kapital ins Ausland schaffen will, muss heutzutage nicht einmal mehr das heimische Wohnzimmer verlassen – per Knopfdruck wird das Geld digitalisiert und ins Ausland versendet. Wie schwer es selbst den Superreichen fällt, die Heimat zu verlassen, zeigt das Beispiel Boris Becker, der, wie wir im zweiten Kapitel gesehen hatten, zwar seinen Wohnsitz offiziell in Monaco hatte, dem deutschen Fiskus aber nicht entging, weil er de facto München Monaco vorzog. Ähnlich verhält es sich mit dem Geld der Unternehmen: Im Zeitalter des Internets ist es schon lange sehr einfach, sein Geld in ausländische Fabriken statt in heimische Firmen zu investieren.

Das eigentliche Problem, das bei Unternehmenssteuern auf internationaler Ebene entsteht, ist die Frage der Gerechtigkeit: Grundsätzlich gilt das Prinzip, dass man jeden Gewinn nur einmal besteuern will – egal, in welchem Land er anfällt. Und genau in diesem Detail steckt der Teufel: Sobald Gewinne, die in einem Land erzielt worden sind, dessen Grenzen überschreiten, entsteht Gesprächsbedarf zwischen den nationalen Steuerbehörden. Warum ist klar: Entweder diese Gewinne werden im Inland besteuert – dann dürfen sie im Ausland, wohin sie fließen, nicht noch einmal besteuert werden; der ausländische Fiskus schaut in die Röhre. Oder aber man erlaubt den Ausländern, ihre Gewinne, die sie im Inland gemacht haben, steuerfrei nach Hause zu bringen – dann werden die ausländischen Steuerbehörden zuschlagen. Wer jedoch Gewinne sowohl im Inland als auch im Ausland besteuert, besteuert ein und denselben Gewinn zweimal, was die übliche Bandbreite der Reaktionen – Steuerflucht, Steuerhinterziehung, Ausweichen auf andere Einkunftsquellen – nach sich zieht.

Die Frage ist nur: Wie vermeidet man eine solche Doppelbesteuerung und welche Folgen hat das?

Fangen wir mit einer naheliegenden Idee an: Wir erlauben unseren Bürgern, ihre Einnahmen aus einem Unternehmen, das im Ausland angesiedelt ist, steuerfrei nach Hause zu bringen. Nehmen wir weiterhin an, ein inländisches Unternehmen hat eine Tochtergesellschaft im Ausland, die Gewinne abwirft. Diese Gewinne werden im Ausland besteuert, der Nettogewinn nach Abzug der ausländischen Steuern wird in die Heimat verbracht und fällt dem Unternehmen unversteuert zu. Klingt einfach, birgt aber zwei Probleme: Erstens fallen bei dieser Lösung die Steuern, welche die Bürger des Inlandes zahlen, dem Ausland zu – der inländische Fiskus geht leer aus. Noch unangenehmer ist das zweite Problem: Was, wenn die Steuersätze im In- und im Ausland auseinanderfallen? Solange das Ausland einen geringeren Steuersatz hat als das Inland, ist es für das Unternehmen steuerlich gesehen attraktiver, Gewinne im Ausland zu machen statt im Inland. Folge Nummer eins ist, dass das Unternehmen, wenn es über neue Investitionen nachdenkt, seine Aufmerksamkeit zunächst auf das Ausland richtet – im Zweifelsfall werden Investitionen lieber im Ausland getätigt, da sie netto, nach Abzug der Steuern, ergiebiger sind. Allerdings muss man hier die Kirche im Dorf, respektive im Inland lassen: Die Steuerbelastung ist nur ein Grund unter vielen, an einem bestimmten Ort zu investieren – kein Unternehmen fällt seine Investitionsentscheidungen nur aufgrund des Steuertarifs.

Aber möglicherweise muss das Unternehmen ja nicht so viel im Ausland investieren, um in den Genuss der niedrigen Steuersätze zu kommen – es geht auch einfacher. Der Trick sind sogenannte Verrechnungspreise, die immer dann ins Spiel kommen, wenn die inländische Gesellschaft etwas von ihrer ausländischen Tochtergesellschaft kauft oder etwas verkauft. Und so funktioniert das: Die inländische Gesellschaft kauft Produkte oder Dienstleistungen von ihrer ausländischen Tochtergesellschaft. Diese Transaktion muss natürlich in der unternehmensinternen Rechnungslegung berücksichtigt werden: Die ausländische Tochtergesellschaft hat Einnahmen, was deren Gewinne erhöht, die inländische Mutter Ausgaben, was deren Gewinne schmälert. Und hier liegt der Steuerhund begraben: Je höher der Preis ist, zu dem das inländische Unternehmen etwas von der ausländischen Tochtergesellschaft kauft, desto höher ist der Gewinn der ausländischen Tochter und desto niedriger ist der Gewinn der inländischen Mutter. Und da die Unternehmenssteuern im Ausland niedriger sind als im Inland, bedeutet das, dass die Gewinne, die auf diese Weise entstehen, geringer besteuert werden; die Verluste des Mutterunternehmens im Ausland hingegen bringen sogar noch eine Steuerersparnis.

Ein ganz einfaches Rezept, das bei integrierten Konzernen gut funktioniert: Man lässt die Kosten dort entstehen, wo die Steuersätze hoch sind; die Gewinne hingegen verbucht man dort, wo es niedrige Steuersätze gibt. Das funktioniert auch, wenn das Unternehmen einen Kredit aufnimmt: Die Zinsen, die bei der Aufnahme des Kredits anfallen, sind Kosten – also nimmt ein Unternehmen diesen besser in dem Land auf, in dem die Steuersätze hoch sind. Eine verzweifelte Maßnahme, diese steuerlich motivierte Kreditaufnahme zu unterbinden, ist die sogenannte Zinsschranke, welche mit der jüngsten Unternehmenssteuerreform eingeführt wurde: Sie besagt, dass ein Unternehmen Ausgaben für Zinsen nur bis zu einer bestimmten Grenze als Kosten absetzen kann. Einfach, wirkungsvoll und ungerecht. Natürlich kann man versuchen, mittels solcher Maßnahmen – und weiterer hochkomplexer Regelungen, die nur noch Profis verstehen – Gewinnverlagerungen ins Ausland zu vermeiden, allerdings um den hohen Preis eines an Wahnsinn grenzenden Regulierungsgeflechtes sowie Grenzkontrollen und Betriebsprüfungen, gefolgt von Prozesslawinen. Und dennoch geht es den modernen Steuerbürokratien ähnlich wie Peter dem Großen: Das Kapital gleitet ihnen durch die Finger. Selbst wenn es ein Staat schaffen würde, die Gewinnverlagerungen zu unterbinden, wäre das bei hinreichend hohen Unterschieden in den nationalen Steuersätzen nur ein Sieg auf Zeit: Längerfristig würde das dazu führen, dass die Unternehmen nun nicht mehr die Gewinne ins Ausland verlagern, sondern die Produktion – die Waren, die man bisher im Inland hergestellt hat, stellt man nun steuerbegünstigt im Ausland her und verkauft sie ins Inland. Und schon greifen die Steuerbehörden ins Leere.

Tun sie das wirklich? Vielleicht nicht, wenn wir uns daran erinnern, dass Steuern letztlich nur von Wesen aus Fleisch und Blut gezahlt werden können: Solange der Unternehmer, der Eigentümer des Unternehmens, seinen Wohnsitz im Inland hat, und solange er sein Einkommen im Inland deklariert, so lange wird er Steuern auf sein Einkommen zahlen – auch auf die Einkommen aus dem Ausland. Begreifen wir die Unternehmenssteuer als Vorauszahlung auf die Einkommensteuer und rechnen diese auf die Einkommensteuerschuld an, dann sinken die Anreize zur Gewinnverlagerung ins Ausland, da man als Eigentümer weiß, dass man am Ende doch Steuern zahlen muss. Jetzt bleibt dem Unternehmer nur noch der Weg, selbst ins Ausland zu gehen – und wenn er nicht aufpasst, dann ergeht es ihm wie Boris Becker und das Finanzamt lacht zuletzt.

Doch lacht das Finanzamt wirklich immer zuletzt? Wir wissen aus dem zweiten Kapitel, dass der deutsche Steuerbürger das alles so nicht mehr hinnehmen mag – und verzweifelt nach Mitteln und Wegen sucht, um sich dem packenden Zugriff des Staates zu entziehen. Damit wären wir beim nächsten Aufreger: Selbst wenn wir alle Unternehmenssteuern abschaffen respektive rechtsformneutral gestalten, bleibt doch am Ende eines übrig: Steuern. Und wer diese nicht zahlen will, verfällt neben den üblichen Vorgehensweisen – Steuersparmodelle, Schwarzarbeit, Steuerhinterziehung – rasch auf einen weiteren Weg: Warum nicht das Geld vor den Steuerbehörden im Ausland in Sicherheit bringen? Schließlich gibt es in der Geschichte der Menschheit viele prominente Vorbilder für diese Strategie, und mancher Steuerflüchtling war erst prominent, dann ein Steuerflüchtling – so wie der irische Rockstar Paul Hewson.

9 | Eine Insel mit zwei Bergen: Ein Ausflug zur Steueroase

„1971 waren wir gezwungen, mit Blick auf die englische Regierung eine Entscheidung zu treffen: in England zu leben und wegen der hohen Steuern nicht mehr in der Lage zu sein, sich einen Satz Gitarrensaiten zu leisten, oder aber fortzugehen und die Band zusammenzuhalten – Exile on Main Street.“

Die Rolling Stones 1971 in der Washington Post

„Sunday, Bloody Sunday"

Der Ire Paul Hewson ist besser bekannt als Bono, die Stimme der irischen Rockband U2. In dieser Funktion ist er zu einer Ikone der Antiglobalisierungsbewegung geworden, er trifft sich mit den Mächtigen der Welt, er kämpft gegen Armut und Unterdrückung, und – er weiß, wie man Steuern spart. U2 hat im Laufe einer langen, glanzvollen Karriere einen dreistelligen Millionenbetrag eingespielt. Doch auch Rockstars müssen Steuern zahlen, und wer viel verdient, muss viel Steuern zahlen. Vermutlich waren den Musikern die Steuern in ihrem Heimatland Irland zu hoch, weswegen sie eine Dachholding gründeten, die U2 Unlimited. Diese Dachholding residiert in einem schicken Patrizierhaus an der noblen Amsterdamer Herengracht 566; eine Adresse, die sich U2 übrigens mit der Promogroup teilt, einem Unternehmen, das die Finanzen der englischen Rockband Rolling Stones verwaltet (inklusive der Rechte für das legendäre Zungenlogo). Hier an der Herengracht lagern die Urheberrechte für weltberühmte Songs wie „Sunday, Bloody Sunday" oder „One" bei U2 Limited. Die Holding kassiert die Einkünfte aus der Songverwertung weltweit so gut wie steuerfrei und überweist sie auf U2-Konten von neun weiteren Holdings, von denen sechs in Irland, eine in den Vereinigten Staaten und eine in Großbritannien ansässig sind. Von hier aus wandern die Gelder auf die Konten der vier U2-Mitglieder. Im U2-Fanforum

U2-Forum gibt es mittlerweile eine Diskussionsgruppe mit dem Titel „Bono zum listigsten Steuerschwindler des Jahres gewählt".

„Holland Routing" nennen Fachmagazine die Strategie vieler Künstler, ihre Songs in Holland anzusiedeln – ein Netzwerk von Doppelbesteuerungsabkommen zwischen Holland und dem Rest der Welt führt dazu, dass die Einnahmen aus den Stücken mehr oder weniger steuerfrei aus aller Welt nach Holland überwiesen werden. Kein Wunder, dass Holland unter Experten als Steuerparadies, eine Art Cayman Islands für Künstler bezeichnet wird. Aber passt dieses Geschäftsgebaren zu einem Mann wie Bono, der sich gerne mit den Großen der Welt zeigt und die Gefahren und Plagen der internationalen Finanzmärkte und der Globalisierung anprangert? Das ist wohl Ansichtssache; Paul McGuinness jedenfalls, der für das Geschäft der Band verantwortliche Manager, lässt sich erfrischend ehrlich zu dieser Frage zitieren: „U2 ist auch ein Business – und wie wohl jedes Business auf der Welt darum bemüht, sich in einem steuerlich günstigen Umfeld zu bewegen." Ja, genau.

Darum geht es in der Debatte um Steueroasen, die seit dem Ausbruch der Finanzkrise und der damit verbundenen Mittelknappheit der Staaten mit zunehmender Heftigkeit geführt wird: Je packender der Zugriff der Nationalstaaten auf Einkommen und Vermögen ihrer Bürger wird, umso größer wird auch der Anreiz, sein Geld dorthin zu schaffen, wo es niedrige oder gar keine Steuern gibt. „Offshore Banking" nennt sich das im Fachchinesisch. Experten schätzen, dass rund zwölf Billionen Dollar weltweit auf den Konten von Banken schlummern, die sich um die Finanzen ausländischer Kunden kümmern.

Hier muss man zwischen zwei Strategien unterscheiden: Man kann zum einen sein Geld im Ausland für sich arbeiten lassen und die Gewinne steuerehrlich im Inland beim Finanzamt melden. Werden diese Gewinne im Inland besteuert, so ist das eine völlig legale Veranstaltung – allerdings gibt es dann wenig Gründe, das Geld überhaupt ins Ausland zu bringen. Existieren sogenannte Doppelbesteuerungsabkommen, welche die Zuständigkeit für die Besteuerung zwischen In- und Ausland regeln, kann es unter Umständen steuerliche Vorteile geben, wenn das Einkommen ganz oder teilweise nach den Regeln des Landes besteuert wird, das niedrigere Steuersätze hat. Aber viel ist da für den nach Steuererleichterung dürstenden Bürger nicht zu holen.

Strategie Nummer zwei ist lukrativer: Man unterschlägt dem Finanzamt die schönen Gewinne, die man im Ausland gemacht hat, und zahlt keine Steuern. Natürlich ist das Steuerhinterziehung und damit justiziabel, aber dafür umso lukrativer. Allerdings gibt es da einige Probleme: Man muss das Geld unbemerkt vom Finanzamt ins Ausland schaffen, und das Finanzamt darf nicht erfahren, dass man dieses Geld im Ausland hat, zudem muss man in der Lage sein, das im Ausland deponierte Geld später vom Finanzamt unbemerkt ins Inland zurückzubringen, um es dort auszugeben. Kein Spaziergang, sondern etwas für Menschen mit starken Nerven.

Geschichten zu dem ersten und letzten Teil der Steuerhinterziehungsübung kennt jeder: Man schmuggelt sein sauer verdientes Geld über die Grenze in das rettende Niedrigsteuerland, später holt man es zurück in die Heimat, wenn es sich im Ausland steuerfrei vermehrt hat – und stirbt an der Grenze tausend Tode. Grundsätzlich gilt: Wer mehr als 10 000 Euro über die Grenze schaffen will, muss dies anmelden und Fragen des Zolls beantworten. Wie unangenehm. Und die Herren beim Zoll sind extrem professionell, wenn es darum geht, Steuerflüchtlinge an den Grenzen zu fischen. Angeblich wird gerne der 7er BMW mit dem älteren Ehepaar ohne Kinder herausgewunken – jede BMW-Werkstatt erblasse, in welcher Rekordzeit die Beamten des Zolls den Wagen zerlegen und wieder zusammenbauen können, spotten Rechtsanwälte. Aber auch unauffälligere Fahrzeuge schützen nicht vor der Neugier des Zolls: Gerne wird der Fall des Steuersünders kolportiert, der mit einem Baufahrzeug die Grenze passieren wollte, aber auffiel, weil seine Garderobe nicht zum Fahrzeug passte.

Der letzte Schrei unter den Schwarzgeldschmugglern ist der „Silber Philharmoniker": Es handelt sich dabei um eine Silbermünze mit einem Durchmesser von 37 Millimetern, die aus 999er-Feinsilber besteht und auf der Vorderseite eine Orgel, die Prägung des Herkunftslands, der Republik Österreich, und den Nennwert der Münze, nämlich 1,50 Euro zeigt. Auf der Rückseite sind die Aufschrift „Wiener Philharmoniker Silber" eingeprägt sowie Instrumente des weltberühmten Orchesters. Der „Silber Philharmoniker" gilt als Zahlungsmittel im Wert von 1,50 Euro, aber niemand würde auf die Idee kommen, damit seinen Cappuccino zu zahlen, denn die Münze ist – je nach Silberpreis – rund 11 bis 14 Euro wert.

Dieser Unterschied zwischen dem Nennwert der Münze und ihrem Marktpreis hebelt die bundesdeutschen Einfuhrbestimmungen für Bargeld auf einfache Weise aus: Da der Nennwert der Münze 1,50 Euro beträgt, kann man rund 6 600 dieser Münzen über die Grenze bringen, ohne dass man sie anmelden muss – schließlich machen 6 600 Münzen mal 1,50 Euro gerade einmal 9 900 Euro. Der tatsächliche Wert dieser Münzen liegt allerdings je nach Silberpreis bei mehr als 70 000 Euro, die man auf diese Weise über die Grenze bringen kann – ohne dass der Zoll dies beanstanden könnte. Kein Wunder, dass deutsche Steuerflüchtlinge die Silbertaler schätzen – und die Österreicher angeblich mit der Prägung kaum nachkommen.

Egal, welche Tricks man wählt, um sein Erspartes über die Grenze zu bringen – es kostet Nerven. Solche muss man auch als Chef einer Steueroase mitbringen, wie ein Interview zeigt.

„Warum machen Sie Geschäfte mit Verbrechern?"

Als Prinz, respektive als Erbprinz eines Landes sollte man meinen, dass einem, wo immer man auftritt, Respekt und Höflichkeit entgegengebracht werden. Umso härter muss es Erbprinz Alois, Staatsoberhaupt des kleinen Liechtenstein, getroffen haben, als er einer bekannten deutschen Boulevardzeitung ein Interview gab. „Wir sind kein Piratennest und kein Schurkenstaat, sondern ein befreundetes Land", polterte es aus dem Prinzen heraus, als ihn die Zeitung auf die Vorwürfe der deutschen Behörden ansprach, sein Land gewähre Steuerflüchtlingen Unterschlupf. Die Zeitung war wenig zimperlich: „Warum machen Sie Geschäfte mit Verbrechern? Schämen Sie sich denn nicht?", musste sich seine Durchlaucht anhören – da kann man schon einmal die hoheitliche Fassung verlieren.

Experten schätzen, dass rund 130 Milliarden Euro im Fürstentum Asyl beantragt haben; verwaltet von 15 einheimischen Banken, 400 Treuhandgesellschaften, 187 inländischen und 241 ausländischen Investmentfirmen, 33 Versicherungsgesellschaften sowie 39 Vorsorgeeinrichtungen, die mit Filialen präsent sind. Das kleine Fürstentum hat dank seiner florierenden und von Ausländern hoch geschätzten

Finanzbranche eines der weltweit höchsten Pro-Kopf-Einkommen. Zuletzt waren es die Liechtensteiner Stiftungen, die im Zuge des Zumwinkel-Skandals, den wir bereits im zweiten Kapitel kennengelernt haben, ins Rampenlicht der öffentlichen Empörung gezerrt wurden. Rund 50 000 bis 80 000 oder gar 100 000 solcher Stiftungen, vermuten Insider, existieren auf dem 160 Quadratkilometer großen Staatsgebiet. Die große Nachfrage nach Liechtensteiner Stiftungen erklärt sich durch zwei Dinge: Erstens ist die Steuerbelastung auf solche Stiftungen lächerlich gering – Stiftungen in Liechtenstein und Briefkastenfirmen ohne eigenen Geschäftsbetrieb werden im Zwergstaat lediglich mit jährlich 0,1 Prozent des Vermögens oder der Mindestpauschale 1 000 Schweizer Franken (620 Euro) besteuert, und auf Erträge vermögensverwaltender Stiftungen müssen in Liechtenstein keine Abgaben entrichtet werden. Zweitens kennen nur die – oftmals vorgeschobenen – Treuhänder der Stiftungen die wahre Identität der Anleger, die zudem frei sind, den Stiftungszweck zu bestimmen – und der muss keineswegs, wie in Deutschland, von gemeinnütziger Art sein, damit die Kapitalerträge abgabenfrei sind.

Eine Liechtensteiner Stiftung ist zudem schnell gegründet. Ein Steuersünder erzählte der Tageszeitung *Welt*, wie es funktioniert: Zunächst überwies er Geld an eine Liechtensteiner Bank und reiste seinem Geld hinterher. Die Bankmitarbeiter in Liechtenstein nahmen sich seiner an, rieten ihm zu einer Stiftung, und innerhalb von zehn Minuten waren ein Treuhänder und ein Notar zur Hand. Der Anleger unterschrieb eine Urkunde zur Gründung einer Stiftung mit Fantasienamen, Gründungskapital: 30 000 Franken. Der Gründungsauftrag umfasste gerade einmal vier Seiten.

Anschließend wurde das Geld des Kunden auf ein Stiftungskonto überwiesen, und um alle Spuren zu verwischen, wurde es in bar eingezahlt. „Sie haben das Geld in eine Art Wäschekorb mit Rädern gelegt und zu uns in den Besprechungsraum geschoben. Dort entnahmen der Treuhänder und der Notar die Gebühren in bar. Das restliche Geld wurde zur Kasse gebracht und dort auf das neue Konto eingezahlt", lässt sich der anonyme Steuersünder in der *Welt* zitieren. Wenn er nun von seinem anonymen Stiftungskonto Geld abheben wollte, rief er bei der Bank an, nannte das vereinbarte Kennwort und holte das Geld in bar ab. So spart man Steuern. Kein Wunder, dass Steuerflüchtlinge aus aller Herren Steuerländer auf einmal das Bedürfnis verspürten, ihr sauer oder auch nicht sauer verdientes Geld in eine Liechtensteiner Stiftung einzubringen.

Liechtenstein ist beileibe nicht das einzige Steuerparadies: Da gibt es beispielsweise die Cayman Islands, trotz ihrer bescheidenen Größe der fünftgrößte Finanzplatz der Welt und der wichtigste Standort für sogenannte Hedgefonds, exklusive Vermögensverwalter; da gibt es die britischen Jungferninseln, die schätzungsweise 700 000 Briefkastenfirmen beherbergen. Monaco, die Isle of Man und die Kanalinseln, aber auch Singapur und Dubai gelten unter Experten als Top-Steuerhäfen. Und all diesen Steuerhäfen wird zum Vorwurf gemacht, dass sie ausländischen Steuerflüchtlingen willfährig zur Hand gehen, indem sie zu niedrige Steuern verlangen, abenteuerliche Steuersparkonstrukte anbieten und ausländischen Steuerfahndern Auskünfte über die Konten der Steuerflüchtlinge verweigern.

Der Begriff Steuerhafen leitet sich aus dem englischen „tax haven" ab – wobei das eigentlich nicht ganz korrekt ist. Vermutlich leitet sich der „tax haven" von „heaven", also dem englischen Wort für Himmel ab: In den Gesängen der europäischen Bauern, die unter der Last der Steuern ächzten, war der Himmel ein Ort des Friedens und der Ruhe – und ein Ort ohne Steuern. Dass der Himmel ein Ort ohne Steuern war, schien klar zu sein: Im mittelalterlichen England beispielsweise waren Geistliche vom Brückenzoll und der Straßenmaut befreit, weswegen viele englische Kaufleute als Pilger oder Teilnehmer an einer religiösen Exkursion reisten – viel hat sich seitdem nicht geändert, könnte man meinen. Wird die Steuerlast im Inland zu hoch, dann packt das Volk die Reiselust und der Fiskus verliert Kundschaft.

Heutzutage bedienen sich die Bürger oftmals professioneller Hilfe, wenn es darum geht, ihr Geld ins Ausland zu schaffen. Wer sind die Menschen, die Steuerflüchtlingen gerne zur Hand gehen? Lassen wir einen Verräter auspacken.

Verräter in Nadelstreifen

Der ehemalige UBS-Banker Bradley Birkenfeld muss seinen Ermittlern vorgekommen sein wie ein Sechser im Lotto: Birkenfeld gestand vor einem Gericht in Florida, dass er jahrelang Beihilfe zur Steuerhinterziehung geleistet habe, und in der Hoffnung auf eine milde Strafe versorgte der 43-Jährige die Fahnder der amerikanischen Steuerbehörden mit zahlreichen internen Dokumenten und Geschichten darüber, wie UBS-Berater Kunden dabei halfen, ihr Geld in Sicherheit zu bringen. So hätten die UBS-Leute Bargeld und Schecks geschmuggelt oder Überweisungen von Kunden im Namen der Bank abgewickelt. Birkenfeld selbst gestand, für seinen größten Kunden Diamanten in einer Zahnpastatube versteckt über die Grenze geschmuggelt zu haben.

„Steueroasen führen einen Wirtschaftskrieg gegen die USA. Das Bankgeheimnis und die Geschäftspraktiken ihrer Banken fördern den Steuerbetrug", klagt der demokratische Senator Carl Levin, Vorsitzender des Untersuchungsausschusses, angesichts der Ermittlungsergebnisse in Sachen UBS. Sein Vize, der republikanische Senator Norm Coleman, spart ebenfalls nicht mit markigen Worten: „Ausländische Institute ermöglichen Verbrechen", trompetete er in den Medien. Auch deutsche Ermittler sehen Hinweise, dass Banken und Vermögensberater aus der Schweiz und Liechtenstein bei anonymen Geldtransfers helfen. Es gebe Indizien dafür, dass die Institute Bargeld bei Kunden einsammeln und per Kurierdienst über die Grenze bringen lassen. Wer sein Geld einfacher und ohne Schmuggel über die Grenze bringen will, fälscht beispielsweise Rechnungen über erfundene Leistungen: Die Ersparnisse werden als Honorare für Gutachten oder Studien getarnt ins Ausland verschickt. Keine Frage – irgendwie findet das Geld seinen Weg in die Steueroase, notfalls wird es im Ersatzrad über die Grenze geschmuggelt.

Doch die Beratung der Banken endet oft nicht mit dem Transfer über die Grenze – das Geld muss auch vor den einheimischen Steuerfahndern versteckt werden. Da wäre es beispielsweise dumm, wenn den Steuerfahndern bei einer Razzia am Wohnsitz des Steuersünders Kontoauszüge einer ausländischen Bank in die Hände fielen. Deswegen sehen manche Kontoauszüge ausländischer Vermögensverwalter nicht aus wie Kontoauszüge, und sie werden anonymisiert oder verfremdet über die Grenze gebracht – am besten aber gar nicht. Bei der UBS wurden den Erkenntnissen der Fahnder zufolge keine Auszüge ins Ausland gebracht. „Wenn die Kunden ihre Auszüge während eines Schweiz-Besuchs gesichtet hatten, gingen wir in den großen Schredderraum und schredderten alles", erzählte Birkenfeld Medien zufolge den Ermittlern. Eine UBS-Richtlinie, die den Fahndern in die Hände fiel, riet Beratern, keine E-Mails, keine Post, keine Kurierdienste und kein Fax einzusetzen. Diskretion ist alles in diesem Geschäft. Berater sollten auf Auslandsreisen nur kurze Bemerkungen zu den Treffen und keine Namen speichern, codierte Laptops mitnehmen und auf Verfolger achten. „Eines Morgens werden Sie von einem FBI-Agenten abgefangen. Er sucht nach Informationen über einen Ihrer Klienten und erklärt Ihnen, dass dieser in illegale Aktivitäten verwickelt ist. Was tun Sie in einer solchen Situation?", lautete angeblich eine Frage aus einem internen Schulungstest einer großen Bank. Und dass man am Telefon keine Namen nenne, sei selbstverständlich.

Nun darf man aber nicht das Kind mit dem Bad ausschütten und alle Banken als Geldwäscher, Schmuggler und Komplizen von Steuersündern ansehen – die Grenzen zwischen Service, Kundendienst, illegaler Beihilfe und Anstiftung zur Steuerhinterziehung sind fließend – und muss eine Bank auf die Motive ihrer Kunden achten? Wenn ein Kunde Diskretion wünscht – darf man sie ihm verweigern, weil man mutmaßt, dass er Steuern hinterziehen will? Und was ist mit dem Bankgeheimnis, das der Schlüssel zum Steuerschwindel ist? Würden die ausländischen Banken auf Anfrage der Heimatstaaten der Steuersünder deren Konten offenlegen, wäre es viel gefährlicher, sein Geld im Steuerausland vor dem Fiskus in Sicherheit zu bringen. Wie gefährlich das sein kann, zeigt der bemerkenswerte Vorgang um den Zumwinkel-Skandal – hier wurde das Liechtensteiner Bankgeheimnis von einem käuflichen Verräter ausgehebelt.

Es war ein Ex-Angestellter der fürstlichen LGT Bank, der für angeblich mehrere Millionen Euro Kundendaten an deutsche Steuerbehörden verkauft hatte und dem damaligen Post-Chef Klaus Zumwinkel die medienwirksame Hausdurchsuchung bescherte. Das Ganze muss sich wie ein Spionagekrimi abgespielt haben: Der deutsche

Bundesnachrichtendienst BND kaufte letztlich eine CD mit gestohlenen Kundendaten von dem abtrünnigen Ex-Banker. Während Rechtsexperten noch darüber stritten, ob dies Hehlerei war, machten die Steuerbehörden kurzen Prozess und begannen mit der publikumswirksamen Razzia, wohl wissend, dass dies eine Welle von Selbstanzeigen lostreten würde.

Harte Bandagen im Steuerkampf

Dieser Vorgang und die Bereitschaft der deutschen Behörden, auch auf diesem Weg erworbene Daten zu nutzen, zeigt, mit welch harten Bandagen der Kampf gegen Steueroasen und das Bankgeheimnis mittlerweile geführt wird. Und da fast alle westlichen Industrienationen von dieser Form der Steuerflucht betroffen sind, wundert es nicht, dass diese Angelegenheit auf internationaler Ebene zum Gesprächsthema wurde. Bereits 1998 hat die Organisation für wirtschaftliche Zusammenarbeit und Entwicklung, die OECD, Kriterien formuliert, nach denen sie beurteilt, ob ein Land eine Steueroase ist oder nicht. Staaten, die eine geringe oder gar keine Besteuerung haben, wenig Transparenz bieten, sich den Anfragen ausländischer Steuerbehörden um Amtshilfe verweigern, gelten demnach als Steuerhäfen. Bereits zwei Jahre später hatte die OECD eine Liste mit mehr als 40 Staaten zusammengestellt, die als Steuerhäfen galten – der politische Druck nahm zu. Bereits 2007 fanden sich nur noch drei Länder auf der Liste der Steuerhafensünder: Andorra, Monaco und Liechtenstein. Mittlerweile sind auch diese Staaten weichgeklopft.

Damit haben sich mehr oder weniger alle Staaten weltweit auf den OECD-Standard zur Kooperation mit den Steuerbehörden geeinigt, der im Kern vorsieht, dass das Inland auf Anfrage ausländischer Behörden Informationen herausgibt, falls dies notwendig ist, um die Gesetze des Auslandes durchzusetzen. Auf gut Behördendeutsch: Die Steueroasen sind verpflichtet, ausländischen Steuerbehörden bei konkretem und begründetem Verdacht auf Steuerhinterziehung – wann auch immer das der Fall sein mag – Amtshilfe durch die Übermittlung von Kontodaten zu leisten. Der inländische Fiskus erhält damit Zugriff auf Kontostände, Kontobewegungen und Depotbestandteile sowie beispielsweise auch auf Protokolle von Anlageberatungen und Kreditunterlagen.

Allerdings waren den Bekundungen, sich den OECD-Standards anzuschließen, zunächst kaum Taten gefolgt. Kein Wunder, dass man nachlegen musste: Auf dem G-20-Weltfinanzgipfel im April 2009 drohte man den unkooperativen Steueroasen, eine „schwarze Liste" der OECD mit unkooperativen Steueroasen zu veröffentlichen. Das Wort „schwarze Liste" klang offenbar unfreundlich genug, um nach und nach alle Staaten zu dem Bekenntnis zu bewegen, dass man in Zukunft die OECD-Standards einhalten werde. „Die Ära des Bankgeheimnisses ist vorbei", hieß es siegessicher vom Weltfinanzgipfel. Und um zu verhindern, dass der ein oder andere Staat das zweite Mal vergisst, seinen Worten Taten folgen zu lassen, wurde eine „graue Liste" veröffentlicht, auf der diejenigen Staaten der vormals schwarzen Liste standen, die sich bisher nur per Lippenbekenntnis zur Einhaltung der OECD-Standards bekannt haben, aber diesen Worten noch keine Taten hatten folgen lassen. Darunter fanden sich auch so honorige Industrienationen wie die Schweiz und Österreich, aber auch die üblichen Steuerparadiesverdächtigen Liechtenstein, Luxemburg, Monaco, Andorra und San Marino.

Die Idee ist einfach: Je weniger Geheimnisse die Kunden bei ihren Banken haben, desto leichter wird es für die Steuerbehörden, Steuerhinterziehung nachzuweisen, und desto gefährlicher wird die Steuermogelei. Fällt das Bankgeheimnis, so dürfte es vielen Steuersündern an den Kragen gehen, und viele andere werden es erst gar nicht versuchen. Allerdings geht es hier auch um Datenschutz – keineswegs ein neues Problem: Je wichtiger die Steuern auf das Einkommen werden – und darum geht es hier, die Einkommen aus Kapitalanlagen –, umso mehr muss der Staat seinen Bürgern in die Brieftasche schauen, in den Konten schnüffeln, in seine Privatsphäre eindringen, auch im Ausland. Wer alle Einkommen erfassen will und nicht uneingeschränkt auf die Ehrlichkeit seiner Bürger vertraut, muss ihnen nachschnüffeln, und er muss einen Blick auf die Bankkonten seiner Bürger werfen, egal ob im In- oder Ausland. Hier steht Datenschutz gegen Steuergerechtigkeit, denn natürlich muss man fragen, was alles schiefgehen kann, wenn der Staat uneingeschränkt in den Finanzen seiner Bürger stöbern darf.

Grundsätzlich hat der Bürger ein Recht auf Privatsphäre; die Bank muss Kontendaten, Depotbestände, Zinseinkünfte, Verbindlichkeiten und Zahlungsgewohnheiten ihrer Kunden streng geheim halten. Aber wie bei jeder Regel gibt es Ausnahmen: Geht es um Strafprozesse, so kann die Staatsanwaltschaft Bankangestellte vernehmen, die sich nicht auf eine Schweigepflicht berufen können, der Staatsanwalt kann Geschäftsunterlagen beschlagnahmen und die Bank durchsuchen lassen. Hegt die Bank den Verdacht, dass der Kunde Geld aus Straftaten waschen will, ist sie sogar verpflichtet, dies anzuzeigen. Auch die Aufsichtsbehörden der Banken – beispielsweise die Finanzdienstleistungsaufsicht und die Deutsche Bundesbank – haben Auskunftsrechte, und stirbt der Kunde, so muss die Bank dem Finanzamt über das Vermögen des Verstorbenen berichten. Das erschwert praktischerweise die Hinterziehung der Erbschaftsteuer.

Schwieriger als bei Strafsachen wird es in Steuerfragen: Hier muss der Fiskus Rücksicht auf das Bankgeheimnis nehmen, auch wenn er prinzipiell von den Banken verlangen kann, dass sie Auskunft über steuerlich relevante Tatbestände geben. Allerdings darf das Finanzamt nicht ins Blaue ermitteln, sondern muss dazu einen Anlass haben. Was genau das bedeutet, ist umstritten: So dürfen Banken nach Auffassung des Bundesfinanzhofs in München den Finanzämtern nach Anforderung Kontodaten ihrer Kunden auch dann weiterleiten, wenn kein strafrechtlicher Verdacht auf Steuerhinterziehung vorliegt. Es reiche aus, „wenn das zu prüfende Bankgeschäft Auffälligkeiten aufweist, die es aus dem Kreis der alltäglichen und banküblichen Geschäfte hervorhebt", sagt der Bundesfinanzhof. Es bleibt eine gewisse Unschärfe im Bankgeheimnis: Grundsätzlich sind die deutschen Bankdaten vor staatlicher Pauschalschnüffelei geschützt, doch Ungereimtheiten können rasch dazu führen, dass das Finanzamt einen Blick in die Konten seiner Bürger werfen darf.

Nun kann der Staat das Bankgeheimnis im Inland lockern und damit seine Steuerbürger zu mehr Ehrlichkeit erziehen – das kann aber dazu führen, dass die Steuerschummler sich ins Ausland absetzen, und dessen Bankgeheimnis lässt sich nicht durch inländische Dekrete beseitigen. Appelle des Inlands an das Ausland, bitteschön das Bankgeheimnis zu lockern, sind in der Regel wenig hilfreich, verärgern das Ausland und sind selten von Erfolg gekrönt. Aus diesem

Grund ist der deutsche Gesetzgeber auf eine andere Idee verfallen: Das sogenannte Steuerhinterziehungsbekämpfungsgesetz soll deutschen Steuerflüchtlingen das Leben erschweren und Steueroasen isolieren. Die Grundidee dieses Gesetzes besteht darin, Staaten zu identifizieren, die vor allem wegen ihres strengen Bankgeheimnisses und mangelnden Informationsaustausches illegale Steuerumgehungen fördern – hier beruft man sich auf die OECD-Kriterien. Diese Staaten kommen auf eine Liste, und wer Geschäfte mit diesen Staaten macht, muss sich auf Unannehmlichkeiten einstellen.

Ziel dieses Gesetzes ist es, Geschäfte mit Steueroasen zu erschweren. Wer mit Staaten auf der schwarzen Liste Geschäftsbeziehungen unterhält, muss sich gegenüber dem Finanzamt extrem kooperativ verhalten und hat erhöhte Nachweis- und Mitwirkungspflichten. Er ist – nach Aufforderung der Finanzbehörden – verpflichtet, die Richtigkeit und Vollständigkeit seiner Angaben an Eides statt zu versichern und die Finanzbehörde zu bevollmächtigen, Auskünfte bei den ausländischen Instituten einzuholen. Weigert er sich, so darf das Finanzamt seine ausländischen Einkünfte schätzen – was vorsichtig gesagt selten zugunsten des Steuerpflichtigen ausfällt. Und wer eine falsche Versicherung an Eides statt abgibt, dem drohen bis zu drei Jahre Haft. So schnell wird aus einem Steuersünder ein Knacki.

Doch nicht nur das: Wer Geschäfte mit Steueroasen macht, unterliegt verschärften Aufbewahrungs- und Dokumentationspflichten, und der Fiskus hat das Recht, eine steuerliche Außenprüfung ohne besonderen Anlass vorzunehmen – im Klartext: Er darf jederzeit vorbeischauen, die Bücher auseinandernehmen und unbequeme Fragen stellen. Und um noch eins draufzusetzen, kann das Finanzamt denjenigen, die diesen erhöhten Nachweis- und Mitwirkungspflichten nicht nachkommen, Steuervorteile versagen, beispielsweise die Steuerfreiheit von Dividenden und Veräußerungsgewinnen im Teileinkünfteverfahren oder die Entlastung von der Kapitalertragsteuer.

Kurzum: Wer in Zukunft Geschäfte mit solchen Staaten macht, die von der Regierung respektive der OECD als Steueroasen geführt werden, muss dem Finanzamt mehr zeigen, muss nach dem Willen dieses Gesetzes verschärfte Kontrollen fürchten und im Zweifelsfall damit rechnen, dass man ihm Steuervorteile nimmt. Man kann es bösartiger formulieren: Jeder, der Geschäfte mit Steueroasen macht, wird nach dem Steuerhinterziehungsbekämpfungsgesetz pauschal als potenzieller Mogler angesehen und diskriminiert. Allerdings ist das nicht zwingend, denn das Gesetz enthält lediglich eine sogenannte Verordnungsermächtigung – die Regierung kann solche Maßnahmen erlassen, muss es aber nicht. Das Gesetz dient damit zunächst nur als Drohung gegenüber unkooperativen Staaten, um sie zu Verhandlungen zu bewegen. Sicherlich keine sonderlich gemütliche Maßnahme, die auch zu erheblichen diplomatischen Verstimmungen führen kann. Geht es auch eleganter? Vielleicht ja.

Sanfter Druck aus Washington und rote Reiter auf der Akte

Eine Alternative zu dieser harten Gangart der einheimischen Behörden gegenüber potenziellen Steuerflüchtlingen ist Kooperation: Man arrangiert sich mit den Steuerhäfen, entweder freundlich oder mit sanftem Druck – auf diplomatischem Weg also. Ziel ist es, mit den potenziellen Steuerfluchtstaaten Doppelbesteuerungsabkommen abzuschließen, in denen klar geregelt ist, wer wie wo Steuern zahlt und welche Auskunftsmöglichkeiten die Staaten haben, die diese Abkommen beschließen. Für die Deutschen gilt dabei das sogenannte Wohnsitzland- und Welteinkommensprinzip: Wer seinen Wohnsitz in Deutschland hat und im Ausland Zinsen erwirtschaftet, muss grundsätzlich in Deutschland darauf Steuern zahlen. Das Doppelbesteuerungsabkommen mit dem jeweiligen ausländischen Staat legt dabei fest, ob die Zinsen von Deutschland oder dem ausländischen Staat besteuert werden dürfen. Das Entscheidende dabei: Die Einkommen werden auf alle Fälle besteuert. Einigt man sich zudem auf einen Austausch von Informationen, wird der Steuerschummel riskant.

Natürlich lässt sich kein Land gerne vom Ausland vorschreiben, was es in Sachen Steuern und Bankgeheimnis tun oder lassen soll, vor allem, wenn eine ganze Industrie die Steuerfluchtgelder ausländischer Kunden atmet. Daher die atmosphärischen Störungen zwischen Deutschland und den üblichen Steuerfluchtburgen, beispielsweise der Schweiz, die irritiert darüber war, dass der deutsche Finanzminister von Kavallerie und Indianern sprach, um das Steuerfluchtproblem zu erledigen. Schweizer Zeitungen nannten Finanzminister Peer Steinbrück einen der „meistgehassten Menschen in der Schweiz", Schmähungen wie „der hässliche Deutsche" oder „Herrenmensch" fielen.

Andere Staaten wie die Vereinigten Staaten von Amerika setzen dabei weniger auf Pöbelei, sondern handeln: Angesichts der bereits erwähnten UBS-Affäre – die UBS-Berater halfen amerikanischen Bürgern bei der Steuerflucht – drohte das Land mit dem Entzug von Banklizenzen für Institute aus unkooperativen Ländern. Und man lässt den Worten auch Taten folgen: Bereits 2003 haben die Amerikaner einen Zusatz zum Doppelbesteuerungsabkommen mit der Schweiz durchgesetzt, der das Schweizer Bankgeheimnis ein Stück weit aushöhlte. Und seit die Schweizer Behörden den Amerikanern die Namen von 300 Steuersündern übergaben, geht unter reichen Amerikanern die Angst um, zumal die amerikanischen Behörden von der UBS Informationen zu weiteren 52 000 Kunden forderten, die insgesamt 15 Milliarden Dollar in der Schweiz gebunkert haben sollen. Kein Wunder, dass viele Amerikaner die Reue packte und sie sich via Selbstanzeige aus der Schusslinie zu bringen suchten. Zu dieser Reue hat sicherlich auch das rüde Vorgehen der amerikanischen Steuerbehörde IRS beigetragen, die jeden Amerikaner dazu zwingt, detailliert Auskunft zu geben über ausländische Einkünfte oder Bankkonten – wer dieser Pflicht nicht nachkommt, dem drohen drastische Strafen, die zu dem Härtesten gehören, was das amerikanische Steuerrecht zu bieten hat. Wer nur ein paar Hundert Dollar aus dem Ausland nicht deklariert, muss mit 10 000 Dollar Strafe rechnen. So etwas befördert die Steuerehrlichkeit und die Neigung zur Selbstanzeige.

In vielen Staaten gibt es diese Möglichkeit: Wer sich selbst bei den Steuerbehörden anzeigt, muss zwar die hinterzogenen Steuern nachzahlen (inklusive Zinsen) und eine saftige Strafe obendrauf (das gilt allerdings nicht in Deutschland), aber er entgeht immerhin weiteren Strafverfahren. Damit ist die Selbstanzeige eine Art Notbremse vor dem Gefängnis. Allerdings muss der Entschluss zur Reue kommen, bevor man den Atem des Steuerfahnders im Nacken spürt – ist das Finanzamt erst einmal auf den Namen eines Steuersünders gestoßen, kommt jede Selbstbezichtigung zu spät. Das macht die Selbstanzeige so riskant: Der reuige Steuersünder muss seine Beträge natürlich richtig nacherklären, und zu diesem Zweck braucht er die Bankunterlagen. Wenn diese – was durchaus üblich ist – aus Angst vor der Steuerfahndung im Ausland deponiert sind, müssen sie zuerst über die Grenze gebracht werden. Das Problem: Fallen die Unterlagen dem Zoll oder der Steuerfahndung in die Hände, ist es für eine Selbstanzeige zu spät – Strafverfahren, Geld- oder Gefängnisstrafen drohen. Wer an der Grenze auffliegt bei dem Versuch, seine schwarzen Steuerunterlagen nach Hause zu bringen, muss rasch handeln, sofort zum Steueranwalt fahren und eine geschätzte Selbstanzeige abgeben. Solange der Zoll sein Verdachtsmaterial nicht an die Finanzbehörde weitergeleitet hat, bleibt noch die Chance zur Selbstanzeige.

Denkt man das Konstrukt der Selbstanzeige konsequent weiter, so kommt man auf eine andere Idee: Warum nicht den Steuersündern Straffreiheit zusichern, wenn sie reumütig nach Hause kommen? So könnte man viele Bürger entkriminalisieren, mehr Steuerehrlichkeit schaffen und höhere Steuereinnahmen erzielen. Und um das Ganze nicht der Gerechtigkeit zu berauben, führt man eine kleine Reuegebühr ein, welche die geständigen Sünder entrichten müssen. Ein Vorteil dieses Ansatzes besteht darin, dass die Fluchtgelder wieder in den heimischen Zuständigkeitsbereich kommen, wo der Gesetzgeber Zugriff hat – statt hilflos dem Treiben des inländischen Kapitals im Ausland zuzusehen. Allerdings hängt der Erfolg einer solchen Amnestie davon ab, wie hoch die Reuegebühr ist und wie groß die Angst der potenziell geständigen Sünder ist, dass ihre Akte in Zukunft mit einem roten Reiter versehen wird, der den Finanzbeamten signalisiert, dass man einen geständigen Steuersünder vor sich hat – mit entsprechenden Folgen bei der Bearbeitung späterer Steuererklärungen. Spanien, Österreich und Italien haben mit solchen Steueramnestien bereits Erfahrungen gemacht, in Deutschland startete man mit dem Steueramnestiegesetz 2004 einen Versuch, Kapital nach Hause zu holen. Das Ergebnis war ernüchternd: Statt der erhofften fünf Milliarden waren es gerade 1,4 Milliarden Euro, die der Fiskus mit der Amnestie einnahm.

Allerdings ist eines klar: Eine Steueramnestie mit Reuegebühr funktioniert nur, wenn es eine bedrohliche Alternative gibt – je größer die Gefahr wird, mit seinen Fluchtgeldern im Ausland aufzufliegen, umso geringer wird die Neigung zum Steuerschummeln und umso größer wird der Treck der reuigen Steuersünder, die zerknirscht nach Hause kommen und schweren Herzens die Reueprämie zahlen. Am einfachsten wäre es, wenn der inländische Fiskus sich hemmungslos bei den Banken des Auslandes bedienen dürfte und alle Informationen über seine Bürger einsammelt, die Konten im Ausland haben. Dass das nicht so einfach ist, zeigt der Ärger um das internationale Bankgeheimnis, aber es gibt eine etwas weniger aufdringliche Variante, die sogenannten Kontrollmitteilungen.

In der Praxis sieht das so aus, dass Banken auf internationaler Ebene Kontrollmitteilungen austauschen, in denen nachzulesen ist, welcher Bürger ein ausländisches Konto besitzt, welche Ein- und Auszahlungen darauf vorgenommen wurden und welche Zinseinkünfte, Dividenden oder sonstigen Kapitaleinkünfte angefallen sind. Gelangt das heimische Finanzamt in den Besitz einer solchen Kontrollmitteilung, kann es diese mit der Steuererklärung des betreffenden Bürgers abgleichen und sofort feststellen, ob er Kapitaleinkünfte im Ausland unterschlagen hat. Damit ist Steuerflucht mehr oder weniger unmöglich, da kann man sein Geld auch gleich zu Hause lassen. Im Grunde genommen bedeuten solche Kontrollmitteilungen, dass das Bankgeheimnis aufgehoben wird, wenn es sich um ausländische Kunden handelt – deren Finanzamt weiß damit automatisch Bescheid über sämtliche ausländischen Einkünfte seiner Lieben. Auf gut Deutsch: Der lange Arm des Staates erstreckt sich auch ins Ausland. Was immer der Bürger wo besitzt – der Staat erfährt es.

Dieser extreme Eingriff in die Privatsphäre des Bürgers ist nichts Neues: Will der Staat die Einkommen seiner Bürger umfassend besteuern, so muss er diese erfassen, und dazu muss er seine Nase in die Angelegenheiten seiner Bürger stecken – auch wenn diese im Ausland stattfinden. Das ist der Preis für eine umfassende Einkommensteuer, die versucht, die persönlichen Umstände eines jeden Bürgers zu berücksichtigen: Um bei der Besteuerung des Einkommens – und um nichts anderes geht es hier ja – jedem Bürger Einzelfallgerechtigkeit zukommen zu lassen, muss der Staat tief in dessen Privatsphäre vordringen. Der Preis einer modernen Einkommensteuer ist die Verletzlichkeit der Privatsphäre, der Preis einer modernen Einkommensteuer auf Kapitalerträge im Zeitalter der Globalisierung ist die Verletzlichkeit der Privatsphäre auch im Ausland.

Aber es gibt eine Möglichkeit, das zu vermeiden: Man besteuert die Einkünfte der Bürger, noch bevor sie in seine Privatsphäre gelangen, allerdings um den Preis, dass man weniger Rücksicht auf dessen individuelle Lebensumstände nimmt. Das Ganze nennt sich Quellensteuer, und zwar deswegen, weil das Einkommen direkt an der Quelle, in diesem Fall bei der Bank, besteuert wird. Vereinfacht gesagt funktioniert das so: Die Bank zieht automatisch von den Zinsen oder sonstigen Kapitalerträgen, die dem Steuerbürger zufließen, einen bestimmten Prozentsatz als Steuer ab, auf das Konto wandert nur der Nettoertrag eines Investments abzüglich der bereits entrichteten Steuer. Das Geld überweist die Bank an den Fiskus, wobei man sich im Falle von Auslandseinkommen einigen muss, welche Anteile an den ausländischen Fiskus gehen und was der inländische Steuereintreiber kassiert. Der Vorteil einer solchen Quellensteuer besteht darin, dass die Privatsphäre der Bürger gewahrt bleibt – die Steuer wird anonym eingezogen. Der Nachteil ist, dass eine solche Quellensteuer die privaten Verhältnisse des Bürgers – abzugsfähige Aufwendungen und den persönlichen (Grenz-)Steuersatz – nicht berücksichtigt.

Fairness hin oder her – zumindest ist diese Lösung, ebenso wie die Kontrollmitteilungen, praktikabel, hat man sich wohl in der EU gedacht. So einigten sich die Finanzminister der Europäischen Union 2005 auf die sogenannte EU-Zinsertragsteuerrichtlinie, die einen automatischen Informationsaustausch zwischen 22 EU-Staaten festlegt; Kontrollmitteilungen über Zinserträge von Anlegern aus anderen EU-Staaten werden automatisch an die heimischen Finanzbehörden verschickt. Nur Österreich, Belgien und Luxemburg erheben stattdessen übergangsweise bis Ende 2010 eine Quellensteuer auf Zinserträge; Gleiches gilt für die Schweiz, Liechtenstein, Monaco, Andorra und San Marino. Anleger, die voll in Deutschland steuerpflichtig sind, erhalten über die abgeführte Quellensteuer eine Steuergutschrift.

Aber auch bei dieser Lösung gibt es Löcher: Bezieht sich die Quellensteuer nur auf Zinsen, nicht aber auf Dividenden oder Kursgewinne aus Aktien und Aktienfonds, Zertifikaten oder Genussscheinen – wie es derzeit der Fall ist –, so bleibt ein Teil der Kapitaleinkünfte auch weiterhin steuerfrei. Zudem gibt es in einigen Ländern besondere Konstruktionen von Lebensversicherungen und Stiftungen, über die auch Zinseinkünfte nahezu steuerfrei vereinnahmt werden können.

Doch selbst wenn diese Bastionen 2011 fallen sollten, wartet schon die neue Schweiz auf Steuerflüchtlinge: Viele große Banken und viele Schweizer Institute haben bereits Filialen in Singapur, denn entscheidend für die Quellensteuer ist, wo das Geld ausgezahlt wird, und findet diese Auszahlung in Singapur statt, wird keine Quellensteuer erhoben.

Darüber hinaus gibt es immer noch (und wird es vermutlich immer geben) leicht zugängliche Informationen über Steueroasen – und wie man dorthin kommt. Steuerhinterziehung nach dem bewährten Muster scheint ein Auslaufmodell zu sein; das heißt aber nicht, dass Kapitalanlagen nicht weiterhin weltweit legal, illegal oder in der Grauzone zwischen Legalität und Illegalität nach den günstigsten Ankerplätzen suchen.

Doch auch diese Auswege sind nicht ohne: Hohe Gebühren, plötzlich nicht mehr erreichbare Treuhänder, unerklärliche Abflüsse vom Konto, schlechte Anlagepolitik bis hin zum Verlust des Vermögens – wenn das Geld ein paar Tausend Kilometer weit in einem Land mit anderem Rechtssystem verwaltet wird, muss man mit solchen Schwierigkeiten rechnen, vor allem, wenn man nicht die Gerichte einschalten kann – wer Schwarzgeld investiert, zieht nicht vor Gericht, um seinen Vermögensverwalter zu verklagen.

Überhaupt – selbst wenn man sein Geld erfolgreich ins Ausland verbracht hat, sind die Schwierigkeiten noch nicht zu Ende: Was macht man mit dem Geld? Man kann es nur in bar über die Grenze bringen, weil elektronische Ein- und Auszahlungen Spuren hinterlassen. Und was macht man mit dem illegalen Schwarzgeld, wenn man es erfolgreich und von den Behörden unbemerkt zurück ins Inland gebracht hat? Der Kauf einer inländischen Immobilie beispielsweise weckt sofort das Interesse des Finanzamts, das den stolzen Besitzer fragt, woher er die Mittel dafür hat – unangenehm. Da bleiben allenfalls Investitionen wie luxuriös speisen, ausgehen, in Urlaub fahren – alle Tätigkeiten, bei denen man bar und ohne Fragen zahlen kann. Wiegen diese Aussichten das steuerstrafrechtliche Risiko auf? Ansichtssache.

Die weltweite Verfolgung von Fluchtkapital ist dennoch ein mühseliges Geschäft – aber immerhin hat der Staat noch Zugriff auf die Steuersünder, denn sie leben ja noch im Inland. Schwieriger wird das, wenn sich die Bürger mit Leib und Seele der Steuer entziehen. Und das tun sie auch bereits seit vielen Tausend Jahren. Und sozusagen als Betriebsunfall ist dabei der Zölibat entstanden.

Ein Steuerflüchtling erfindet den Zölibat

Der heilige Antonius war ein Einsiedler, der weit draußen in der Wüste Ägyptens Ruhe vor den Frauen suchte und in der Einsamkeit seines Eremitendaseins geplagt wurde von betörenden Trugbildern weiblicher Reize. Das zumindest ist es, was uns die vielen Kunstwerke über den heiligen Mann nahelegen. Wie aber kam es dazu, dass Antonius in die Wüste ging? Fragen wir doch einen Augenzeugen.

Athanasius von Alexandrien, ein hochgebildeter Kirchenlehrer, war mit Antonius befreundet und besuchte den Einsiedler oft in der Wüste. Seine Berichte über die Einsiedelei sind bemerkenswert: Eine regelrechte Stadt von Jüngern war entstanden um den Einsiedler, wobei das Wort „Jünger" in diesem Zusammenhang irreführend ist – die Mehrheit derjenigen, die sich um Antonius geschart hatten, waren gestandene Männer, ja bedeutende Männer, von denen man sich fragen muss, was sie in die lebensfeindliche Wüste getrieben hat. Die Antwort darauf ist zeitlos: Es war die Steuer. Antonius und seine Jünger waren vor den römischen Steuereintreibern in die Wüste geflohen.

Im Jahr 284 war Kaiser Diokletian in Rom an die Macht gekommen, und Diokletian war überzeugt von der Wichtigkeit eines effizienten Steuerwesens. Er organisierte den römischen Fiskus derart perfekt, dass von Britannien bis Ägypten keine einzige Steueroase mehr blieb, kein Schlupfloch, durch das Steuersünder entkommen konnten. Besonders ungemütlich waren die römischen Steuereintreiber in Ägypten: Dort machten Sie in jedem Dorf die drei oder vier reichsten Männer für die gesamte Steuerschuld der Gemeinde haftbar, was dazu führte, dass die reichen Großgrundbesitzer in die Wüste flohen, um dem Fiskus zu entgehen, unter ihnen auch Antonius. In der Folgezeit wurde die Eremitenstadt des Antonius zur Blaupause für das spätere christliche Mönchstum.

Der unangenehme Nebeneffekt dieser Steuerfluchtgeschichte: Da die klimatischen Bedingungen in der Wüste nicht dafür sprachen, Familie und Frauen mitzunehmen, lebten Antonius und seine Jünger im Zölibat – weniger aus tiefer Einsicht, sondern eher aus klimatischer und steuerlicher Notwendigkeit. Diese kleine Fußnote sollte allen späteren Priestern der katholischen Kirche ins Stammbuch geschrieben werden, indem die Lebensweise der Steuerflüchtlinge zum Vorbild für sie werden sollte. Das griechische Wort, aus dem sich unser Wort „Mönch" ableitet, bedeutet dementsprechend so viel wie „Single". Nach dieser Lesart sind Mönche zumindest ideologisch gesehen Abkömmlinge von Steuerflüchtlingen. Die Übernahme des Zölibats in die allgemeinen Kirchenbräuche war aber wohl auch als Heilmittel gegen die Priesterweihebonanza gedacht, die sich unter der Regierung von Konstantin dem Großen entwickelte: Ganz Rom wollte sich auf einmal zum Priester weihen lassen. Der Grund für diesen Priestergoldrausch war weniger christliche Erweckung, sondern das römische Finanzamt: Konstantin hatte den christlichen Priestern Steuerfreiheit gewährt. Kein Wunder, dass sich die reichen Bürger Roms auf einmal berufen fühlten. Die mit dem Priesteramt verbundene Entsagung dürfte den steuerlich motivierten Erweckungsruck vieler Römer gedämpft haben.

Auch heute versuchen Bürger, sich dem Fiskus zu entziehen, indem sie das Land verlassen, nur dass es heute nicht mehr in die Wüste geht, sondern in die Oase – die Steueroase. Stars wie Boris Becker und Michael Schumacher, der Milliardär Otto Happel, der Milchbaron Theo Müller, der Babybreihersteller Claus Hipp oder der Metro-Patriarch Otto Beisheim. Nur wenige denken an eine Rückkehr, wie beispielsweise der Entertainer Harald Schmidt, der aus steuerlichen Gründen nach Belgien übersiedelt war, aber zurückkam nach Köln – „Ich bin zurückgekommen, weil das Leben als Steuerflüchtling unfassbar öde ist", erklärte er in einer Talkshow. Der Rest bleibt lieber in der Oase.

Irgendwie scheint die Flucht vor dem Steuereintreiber auch heute noch etwas Religiöses zu haben: „Sie machen den Eindruck, als müssten sie der Hölle entkommen", lässt sich ein ranghoher Schweizer Beamter zitieren, wenn die Sprache auf die deutschen Auswanderer kommt, die es in die Schweiz zieht – alleine 2007 waren das fast 30 000 Bundesbürger. Das dürfte auch an einer der Hauptattraktionen der Schweiz liegen: Dort können Vermögende, die nicht erwerbstätig sind, mit den Behörden eine Pauschalsteuer aushandeln, die nur einen Bruchteil der hiesigen Lasten ausmacht. Aber nicht nur die Steuer zu Lebzeiten, auch die Todessteuer, wie die Amerikaner die Erbschaftsteuer nennen, bewegt Deutsche ins Ausland: Wer seine Zelte abbricht und mit Kind und Kegel in die Schweiz zieht, kann seinem Ehepartner und seinen Kindern sein Vermögen steuerfrei hinterlassen – allerdings müssen die Erben ebenfalls in der Schweiz leben (oder in anderen Staaten, in denen ein solches Erbe steuerfrei ist), und es darf nicht der Hauch des Eindruckes entstehen, dass man noch einen Koffer in Berlin hat. Eine Ferienwohnung in der Eifel ruft sofort den deutschen Fiskus auf den Plan.

Wer der Heimat den Rücken kehrt, kann vom inländischen Fiskus nicht mehr belästigt werden – kein Wunder also, dass der Staat wenigstens beim Wegzug noch ein letztes Mal dem Bürger in die Tasche greifen will. Und dass er das tut, verdanken wir einem Kaufhausbesitzer der ganz alten Schule: Helmut Horten.

Die Älteren unter uns kennen noch die Horten-Kaufhäuser, viele von ihnen waren mit einer ornamentalen Aluminiumkachelfassade versehen, an einigen Filialen wurde auch Keramik verwendet – „Horten-Kacheln" heißt dieses Dekor, das heute denkmalschutzverdächtig ist. Horten hatte den Grundstein zu seinem Imperium im Jahr 1936 gelegt und dieses in der Nachkriegszeit erfolgreich vergrößert, als er im Jahr 1968 sich von seinem Konzern trennte: Er verkaufte die Anteile an seinem Unternehmen und schrieb damit ein kleines Stück deutscher Steuergeschichte. Der Clou an dem Verkauf seines Konzerns war nämlich, dass Horten sich mit den Erlösen aus dem Verkauf – Medien sprechen hier von mehr als einer Milliarde Mark – unversteuert ins Tessin absetzte. Völlig legal.

Wer sich beispielsweise 1950 mit einer Million Mark an einem Unternehmen beteiligt und diese Anteile ein paar Jahre später wieder verkaufen will, muss die Differenz zwischen seinem Einstandspreis und dem Verkaufserlös versteuern. Warum ist klar: Steigt der Anteil an dem Unternehmen im Wert, so ist das ein Gewinn aus unternehmerischer Tätigkeit, der ganz normal versteuert werden muss. Würde man dies nicht tun, so könnten Unternehmer die Steuer leicht aushebeln: Man belässt die Gewinne im Unternehmen und vereinnahmt sie später steuerfrei, indem man das Unternehmen samt den darin angesammelten Gewinnen verkauft. Wer sein Unternehmen mit Gewinn verkauft, muss diesen versteuern.

Aber was, wenn der Steuerpflichtige zum Steuerflüchtigen wird, so wie im Fall Horten? Horten übersiedelte ins Tessin, bevor er die Anteile an seinem Unternehmen verkaufte, und umging so den deutschen Fiskus, der auf Hortens Einkünfte in der Schweiz nicht mehr zugreifen konnte. Um solche Praktiken zu verhindern, wurde die Lex Horten geschaffen, die eine sogenannte Wegzugsbesteuerung vorsieht. Nach ihr muss ein Deutscher, der auswandert, zuvor aber mindestens zehn Jahre in Deutschland Steuern gezahlt hat und mehr als ein Prozent Anteile an deutschen GmbHs oder AGs hält, eine sogenannte Wegzugsteuer zahlen. Das Finanzamt unterstellt dabei, dass der Auswanderer seine Anteile im Ausland verkaufen will, und besteuert die Differenz zwischen dem Anschaffungspreis der Anteile und ihrem aktuellen Wert. Hätte es diese Steuer bereits zu Zeiten des Herrn Horten gegeben, wäre der Wegzug ins Tessin nutzlos gewesen: Das Finanzamt hätte zugeschlagen, unabhängig davon, ob er seinen Konzern verkauft oder nicht. Man hätte einfach angenommen, dass er verkauft und den dabei entstehenden fiktiven Gewinn sehr real besteuert.

Was in der Vergangenheit gut funktioniert hat, ist jetzt bedroht, nämlich durch die europäische Idee: Eine solche Wegzugsteuer, so muss man befürchten, schränkt die sogenannte Niederlassungsfreiheit ein, die allen Bürgern der Union zusichert, dass sie sich innerhalb der Grenzen der Europäischen Union niederlassen dürfen, wo sie wollen. Deswegen hatte der Europäische Gerichtshof bereits 2004 entschieden, dass die französischen Regeln zur Wegzugsbesteuerung gegen das Gemeinschaftsrecht verstoßen. Und da die deutschen Regeln den französischen sehr ähnlich waren, ging man davon aus, dass auch die deutschen Regeln mit EU-Recht unvereinbar sind. Die deutsche Finanzverwaltung reagierte und verabschiedete am 7. Dezember 2006 ein Gesetz, nach dem die beim Wegzug anfallende Steuer zinslos gestundet wird, solange der Bürger seine Anteile nicht verkauft oder in ein Nicht-EU-Land zieht. Die Wegzugsteuer wird damit erst fällig, wenn der Steuerpflichtige seine Anteile tatsächlich verkauft – dann darf der Fiskus noch einmal nach seinem ehemaligen Steuerbürger greifen, auch wenn dieser nun im EU-Ausland wohnt.

Jetzt erst endet der ansonsten lebenslange Zugriff des Fiskus auf die Einkommen seiner Bürger.

Was bleibt? Unter dem Strich zeigt sich, dass das Thema Steuern noch schwieriger wird, wenn man die internationale Dimension berücksichtigt. Ob es sich lohnt, sein Geld oder gar seinen Wohnsitz wegen der Steuer ins Ausland zu schaffen oder zu verlegen, ist Ansichtssache – dem Entertainer Harald Schmidt war es das offensichtlich nicht wert. So verrät er in einem Interview: „Irgendwann stellen Sie fest: Wofür sparen Sie die Steuern? Und dann bin ich wieder zurückgekommen." Sein fünfjähriger Aufenthalt in Belgien sei aber völlig legal gewesen. Jetzt wohne er in Köln zwar nur zwei Straßen von Ex-Postchef Klaus Zumwinkel entfernt, müsse Steuerfahnder aber nicht fürchten: „Ich habe einen ganz einfachen Trick: Ich zahle Steuern."

10 | Tabak, Schnaps und Sprit

„Wer hofft, dass es eine Steuer ohne Fehler gibt, hofft auf etwas, was es nie gab, nicht ist und nie sein wird."

Alexander Pope

| Ein Robin Hood namens Tommy Tinker

Jeder kennt sie, die Loblieder auf die Liebe und den Alkohol, die jedes Jahr an den einschlägigen Stränden gesungen werden – wie wäre es mit diesem: „Wenn ich sie küsse und sie öffnet ihre Lippen, bin ich auch ohne Bier glücklich." Man mag es kaum glauben, aber dieses Lied stammt nicht vom Ballermann, es ist schon einige Tausend Jahre alt, es findet sich auf Hicroglyphen aus dem alten Ägypten. Die Liebe mag im alten Ägypten ein billiger Ersatz für das Bier gewesen sein, denn damals hatte der Staat ein Monopol auf Bier und – wie könnte es anders sein – besteuerte den berauschenden Gerstensaft heftig. Bier war zu allen Zeiten ein beliebtes Ziel der Steuereintreiber: Im Köln des 15. Jahrhunderts beispielsweise gab es einen Bierpfennig, einen Malzpfennig, eine Keuteakzise, mit der der Rotbierverbrauch belastet wurde; hinzu kamen Trankgelder, Schankgelder und andere Abgaben, die sich alle auf dem berauschenden Getränk ansammelten. Warum gerade Bier respektive Alkohol so gerne besteuert wurde und wird, zeigen die damaligen Einnahmen von Städten wie Köln: Trotz der hohen Steuerbelastung von Alkohol machten die Getränkesteuern einen sehr hohen Anteil an den Gesamtsteuereinnahmen aus – was erahnen lässt, wie trinkfest und -freudig unsere Vorfahren waren.

Diese Trinkfreudigkeit war zu allen Zeiten und an allen Orten groß genug, um aufgebrachte Bürger zu den Waffen greifen zu lassen. Selbiges taten beispielsweise die sogenannten Whiskey Boys, als der amerikanische Finanzminister Alexander Hamilton 1792 eine Steuer auf Whiskey einführte. Seine Motive für diese Steuer waren die üblichen: Er brauchte Geld, um Kriegsschulden zu bezahlen, und auf diesem Weg – zumindest erklärte er es so seinen Bürgern – diene die Steuer dazu, den Amerikanern das Trinken abzugewöhnen. Die Reaktion seiner Landsmänner war heftig: Aufgebrachte Bürger, die sich Whiskey Boys nannten, rotteten sich zusammen, teerten und federten die Steuereintreiber, brannten deren Häuser nieder, und die Destillerien der Farmer, die ihre Whiskeysteuern bezahlten, wurden von einem selbst ernannten Robin Hood, der sich „Tommy Tinker" nannte, mit Kugeln durchlöchert. Erst die Aussicht auf Regierungstruppen, die diesen Aufstand niederschlagen sollten, ließ die Alkoholrebellen einlenken – doch kein einziger von ihnen ging ins Gefängnis. Ein Grund dafür, dass die Farmer über diese Steuer so aufgebracht waren, war wohl, dass Whiskey in diesen Zeiten nicht nur getrunken wurde, sondern auch als Tauschmittel diente – die Steuer auf das Malzgetränk war somit quasi eine Steuer auf Geld.

Keine Frage – Steuern auf Alkohol haben schon über Jahrtausende hinweg beide Seiten erregt: die Bürger, weil sie diese nicht zahlen wollen, und den Staat, weil sie so ergiebig sind. Womit wir beim großen Charme von Steuern auf Alkohol oder sonstige Laster wären: Sie füllen den Staatssäckel. Kein Wunder, dass der Staat nicht beim Alkohol aufhört: Tabak, Kaffee, Tee, Zucker, Salz, Spielkarten, Benzin – nichts, was man nicht mit einer kleinen Abgabe belegen könnte. In den mittelalterlichen Städten wurden diese speziellen Verbrauchsteuern – so der korrekte Fachausdruck – an den Toren der Stadt erhoben, und sie waren eng verknüpft mit sonstigen Abgaben wie Mess-, Wäge- und Verladegebühren, Markt- und Kaufhausstandgeldern, Zöllen und Gewerbeerlaubnisabgaben.

Neben dem Alkohol ist es der Tabak, der es dem Gesetzgeber angetan hat: Nachdem man anfänglich Tabak und Tabakhandel komplett verboten hatte, wurde 1629 in Frankreich ein Tabakzoll eingeführt – natürlich nur, weil man die Bürger vor dem narkotischen Kraut schützen wollte. Diese Begründung musste des Öfteren herhalten, wenn es darum ging, eine Steuer auf den Verbrauch eines Gutes zu begründen. Das gilt beispielsweise für Kaffee, dessen Genuss man im 17. Jahrhundert meinte, eindämmen zu müssen, weil er gesundheitsschädlich sei. Anfangs waren die Steuersätze so hoch, dass es zu einem blühenden Kaffeeschmuggel kam, den es zu bekämpfen galt – Friedrich der Große beispielsweise schickte Kaffeeriecher los, um Steuerhinterzieher zu finden.

Überhaupt war und ist der Fiskus gerne dabei, wenn sich der Bürger zu einem Tässchen mit einem heißen Getränk niederlässt: Tee wurde selbstverständlich ebenso besteuert wie Zucker oder Süßstoffe. Auch wer es deftig mag, muss schon seit Jahrhunderten Steuern zahlen, nämlich auf Salz: China, Byzanz, Indien, Ägypten – alle diese Kulturen kannten Abgaben auf Salz, das für die menschliche Ernährung unerlässlich ist.

Spezielle Verbrauchsteuern gibt oder gab es auf alles, was nicht niet- und nagelfest war: Da ist die aus fiskalischer Verzweiflung 1930 geborene Speiseeissteuer, die bis 1971 in Deutschland erhoben wurde, die seit dem Mittelalter erhobene Spielkartensteuer, die in Deutschland ebenso wie die Zündwarensteuer und die Essigsäuresteuer 1981 wegen zu geringer Ergiebigkeit abgeschafft wurde. Und natürlich wurde alles besteuert, was Spaß macht: Kino, Tanz und Glücksspiel, öffentliche Tanzveranstaltungen, Filmvorführungen, Wetten und Rennwetten, Lotterien sowie der Betrieb von Spielautomaten, Billardtischen oder Kegelbahnen sind oder waren steuerwürdig. Ihre Ursprünge haben solche Lustbarkeitssteuern in den mittelalterlichen Städten: Durch Steuern auf Glücksspiele sollte das Armenwesen finanziert werden. Ein weiteres schönes Beispiel ist die bis 1993 erhobene Leuchtmittelsteuer: Für sie gab es 29 verschiedene Steuersätze: Besteuert wurden Glühlampen in Standardausführung, in Kerzen-, Tropfen- oder Pilzform, Kraftfahrzeuglampen, Entladungslampen und, und, und – da kommt man als Steuerzahler rasch ins Schwitzen.

Die wohl wichtigste und ergiebigste der speziellen Verbrauchsteuern ist die Steuer auf Mineralöl. Mineralöl hat mit den meisten Gütern, die besteuert werden, eine wichtige Gemeinsamkeit: Die meisten Menschen können oder wollen auf die Nutzung nicht verzichten. Das ist kein Zufall, dass der Staat besonders gerne zulangt, wenn es um Güter geht, welche der Konsument nur schwer entbehren kann – dann ist diese Steuer besonders ergiebig. Das gilt für alle Verbrauchsteuern mit dem größten Einnahmenpotenzial – die Steuern auf Mineralöl, Tabak und Alkohol.

Was diese speziellen Steuern noch attraktiver macht, ist das Feigenblatt der politischen Motivation, mit der man solche Steuern erheben kann: Alkohol und Tabak werden ja auch deswegen besteuert, weil sie den Bürger in seinem exzessiven, gesundheitsgefährdenden Konsum dieser teuflischen Genussmittel bremsen sollen. Seit es diese Steuern gibt, werden sie mit dem Verweis darauf gerechtfertigt, dass der Konsum ungesund ist, und dass Steuern auf diese Suchtmittel den Bürger daran hindern, sich seine Gesundheit zu ruinieren. Nach dieser Lesart sind die Einnahmen aus diesen Steuern eher eine Nebenwirkung. Natürlich. Das muss auch so sein, denn sonst würden diese Steuern an einem inneren Widerspruch zugrunde gehen. Dieser Widerspruch lässt sich hervorragend an einem der Lieblingsprojekte der Politik demonstrieren, nämlich der Ökosteuer. Lassen Sie uns die Umwelt retten und zugleich den Generationenvertrag erfüllen. Und einen bayrischen Ministerpräsidenten ärgern.

Rasen für die Rente

Auch ein bayrischer Ministerpräsident darf sich ärgern – und das sogar öffentlich: Als er auf dem Rückweg von der Kirche seinen Diesel-Kombi für 1,54 Euro pro Liter betankt habe, habe er sich über den Spritpreis geärgert, gab Günther Beckstein, damals bayrischer Landesvater, 2008 der *ADAC Motorwelt* zu Protokoll. Dabei resultierte dieser hohe Preis für Herrn Becksteins Tankfüllung weniger aus der Unverschämtheit der Scheichs, sondern aus der 1999 eingeführten Ökosteuer, welche die Umwelt retten sollte, indem sie Mineralöl teurer macht, und die Rente mit den Einnahmen aus dieser Steuer saniert. „Wenn ein Politiker das heute neu einführen wollte, dann müsste man fest mit einer Revolution rechnen. Das ginge nicht", grantelte Beckstein weiter. Aber er war auch ehrlich: Das Geld, erklärte er freimütig, sei schon längst fest verbucht für die Rente. Also könne man die Ökosteuer nicht einfach abschaffen.

Das Geständnis Becksteins ist freimütig, und die Logik der Ökosteuer ist elegant: Man erhöht die Mineralölsteuer, was dazu führt, dass die Deutschen weniger (oder verbrauchsärmer) Auto fahren und damit die Umwelt schonen, zugleich verwendet man die Einnahmen aus dieser Steuer, um damit das Finanzloch in der Rentenversicherung zu stopfen. Das wäre eine doppelte Dividende: mehr Umweltqualität und weniger Finanzierungsprobleme in der Rentenversicherung. Aber wie fast immer gilt auch hier: Was zu schön klingt, um wahr zu sein, ist auch nicht wahr. Die Idee der doppelten Dividende hat einen Denkfehler. Das Problem liegt in der Konstruktion dieser Steuer: Ihr Ziel ist ja, dass die Bürger weniger Auto fahren. Tun sie dies, so sinkt zwar die Umweltbelastung, aber zugleich sinken die Einnahmen aus der Mineralölsteuer – was die Sanierung der Rentenversicherung verhindert, die von den Einnahmen aus dieser Steuer leben soll. Sprudeln hingegen die Einnahmen aus der Ökosteuer, so kann man zwar die Rentenversicherung sanieren, allerdings auf Kosten der Umwelt, denn hohe Steuereinnahmen aus der Ökosteuer bedeuten, dass viel Mineralöl verbraucht wird respektive die Umwelt leidet. Die Ziele, die Umweltbelastung mittels Steuer zu reduzieren und aus den Einnahmen dieser Steuer die Rente zu sanieren, kommen sich somit ins Gehege.

Das ist ein grundsätzlicher Konflikt, an dem alle Steuern leiden, mit denen der Verbrauch spezieller Güter besteuert wird: Entweder man erzielt mit diesen Steuern hohe Einnahmen – und der Verbrauch des Gutes ändert sich nicht. Oder aber man will, dass die Bürger weniger von diesem Gut verbrauchen bzw. nutzen – Alkohol, Tabak, Glücksspiele –, dann sinkt der Ertrag dieser Steuer. Wer mit einer Steuer das Verhalten der Bürger ändern will, darf nicht auf hohe Einnahmen aus dieser Steuer hoffen. Wer hohe Steuereinnahmen erzielen will, muss darauf bauen, dass die Verbraucher dieser Steuer nicht ausweichen werden, indem sie weniger von dem besteuerten Gut konsumieren. Wenn Politiker uns tatsächlich zu Nichtrauchern erziehen wollen, sollten sie jeden Rückgang der Einnahmen aus der Tabaksteuer als Erfolg feiern – davon müsste man noch das erste Mal etwas hören.

Allerdings muss man auch anerkennen, dass insbesondere die Mineralölsteuer sowie die Tabak- und Alkoholsteuer etwas bewirken. Die Mineralölsteuer hat dazu geführt, dass in Ländern, in denen es diese Steuer gibt, die Energieeffizienz der Fahrzeuge zum Teil deutlich höher ist (der Verbrauch pro Kilometer also niedriger liegt) als in denjenigen Vergleichsländern mit ähnlicher Wirtschaftsleistung, aber ohne Mineralölsteuer. Der Grund dafür ist, dass der Verbrauch als Verkaufsargument für Fahrzeuge eine Rolle spielt, was wiederum Anreize dafür schafft, Fahrzeuge zu konstruieren, die weniger verbrauchen. Ähnliches gilt für Tabak- und Alkoholsteuer. Zwar senken sie nicht so sehr den Konsum derjenigen, die schon lange rauchen oder trinken, aber sie erhöhen die Preise dieser Güter vor allem für bisher abstinente Personen, also insbesondere Jugendliche. Je weniger Jugendliche mit dem Konsum überhaupt beginnen, je später sie damit beginnen, desto geringer wird die zukünftige Zahl der Abhängigen von Tabak und Alkohol sein.

Bei Mineralölsteuer muss man aber bedenken, dass der Gesamtverbrauch durch die Besteuerung nicht notwendigerweise sinkt. Das liegt daran, dass die Nachfrage nach Mobilität auch einkommensabhängig ist – je reicher die Bürger werden, umso mehr fahren sie Auto statt Fahrrad. Natürlich führt die Besteuerung dazu, dass man tendenziell aufs Rad oder Bus und Bahn umsteigt. Andererseits aber führen steigende Einkommen dazu, dass man insgesamt mehr Auto fährt, trotz höherer Steuern. Allerdings wäre der Gesamtverbrauch ohne die Steuer möglicherweise noch höher. Für Zigaretten gilt dies vermutlich nicht, da Menschen umso weniger rauchen, je höher ihr Einkommen ist.

Diese Zusammenhänge bei den speziellen Verbrauchsteuern werfen ein Licht auf Politiker, die behaupten, dass sie Alkohol, Tabak und sonstige verwerfliche Dinge nur deswegen besteuern, damit der Verbrauch dieser schädlichen Gifte und die damit verbundenen Laster sinken. Denn wenn dem Staat seine Spendierhosen zu eng werden und er auf der Suche nach neuen Mitteln ist, fällt der Blick häufig auf die ergiebigen Verbrauchsteuern auf Alkohol, Tabak und Mineralöl. Zuletzt beispielsweise wurde die Tabaksteuer erhöht, um die gestiegenen Ausgaben zur Terrorismusbekämpfung zu stemmen – von Gesundheitspolitik war da nicht die Rede.

Warum der Staat gerne solche Steuern wählt, um die Finanzlöcher zu stopfen, ist rasch erklärt: Wenn man sich an den Konsum dieser Produkte erst einmal gewöhnt hat, ist die Nachfrage nach diesen Gütern wenig preiselastisch, will heißen, Raucher, Trinker und Autofahrer verzichten äußerst ungern auf ihre Laster. Deswegen tragen sie – wenn auch murrend – die höhere Steuerbelastung und füllen über ihre Laster den Staatssäckel. Diese unelastische Nachfrage ist gut für die Steuereinnahmen, beschränkt aber zumindest kurzfristig den Weltverbesserungsauftrag dieser Steuern, denn eine preisunelastische Nachfrage bedeutet, dass die Leute weiter rauchen, trinken oder die

Umwelt verschmutzen – Steuer hin, Steuer her. Zumindest kurzfristig muss man angesichts der Ergiebigkeit dieser Steuern den Anspruch der Politik, mit ihrer Hilfe die Bürger zu besseren Menschen zu erziehen, bezweifeln. Das Motiv, Einnahmen zu erzielen, scheint dann doch die Oberhand zu gewinnen. (Einen speziellen Grund, diese Steuern zu mögen, hat der deutsche Politiker: Die Einnahmen aus diesen Steuern – außer der Biersteuer – stehen ausschließlich dem Bund zu. Das bedeutet, dass der Bund alleine, ohne Auseinandersetzung mit den Ländern, über Änderungen bestimmen kann.)

Allerdings hat diese Art der Politik einen weiteren Haken: Irgendwann ist der Bogen überspannt. Steigt die Steuer auf die Laster zu sehr, so kommt es erst zu Protesten, was vor allem in Wahljahren wenig Spaß macht, und dann zu legaler Steuerausweichung. So beantworteten die Raucher die steigenden Steuern auf fertige Zigaretten mit dem Konsum selbst gestopfter Glimmstängel, sogenannter Stopfzigaretten oder Sticks, weil diese günstiger besteuert wurden – weswegen dieses Steuerprivileg nicht von langer Dauer war. Die Steuer auf Alcopops, süße, klebrige Promillebomben, beantworteten Jugendliche, die man vor diesen Einstiegsdrogen schützen wollte, indem sie zu selbst gemixtem, härterem Stoff griffen. Und die hohe Tankstellenrechnung wird von den Deutschen mit dem sogenannten Tanktourismus beantwortet – wer kann, fährt zum Tanken ins billigere Ausland. Diese legale Steuerausweichung beantwortet der Staat zumeist mit weiteren Steuern, jedenfalls solange diese Güter noch legal sind. Dann kommt die nächste Runde im Steuervermeidungswettlauf: Ausweichen in die Illegalität, also Schmuggel, oder Ausweichen auf sonstige, möglicherweise illegale Genussmittel. Wie sieht das dann aus? In Frankfurt an der Oder beispielsweise hatten laut Erhebungen bis zu 65 Prozent der in den Abfall gelangten leeren Zigarettenpackungen entweder gar keine oder keine deutsche Steuerbanderole – so sieht das dann aus. In Berlin werden fast 53 Prozent der gerauchten Zigaretten nicht in Deutschland versteuert, deutschlandweit sind es 20 Prozent. Vermutlich ist das Bedürfnis der Menschen nach Tabak, Alkohol, Glücksspielen oder sonstigen Vergnügungen zu hoch, als dass es sich durch staatliche Maßnahmen ausmerzen ließe – Laster hat es zu allen Zeiten gegeben und wird es zu allen Zeiten geben, unabhängig davon, was der Staat dazu meint.

Einmal abgesehen davon, dass die guten Absichten solcher Steuern untergraben werden, wenn die Belastung solcher Verbrauchsgüter zu hoch wird, entstehen durch die Ausweichreaktionen Löcher im Staatssäckel, sodass rasch die Frage aufkommt, warum man nur bestimmte Güter besteuert – warum nicht den gesamten Konsum besteuern? Die Möglichkeiten, einer solchen Steuer auszuweichen, sind deutlich geringer, und die Einnahmen wären sicherlich nicht zu verachten. Das klingt nach einer guten Idee. Kein Wunder, dass sie schon vor vielen Hundert Jahren in die Tat umgesetzt wurde. Und ein Weltreich stürzte.

Die Königin der Verbrauchsteuern ruiniert ein Weltreich

„Spanien ist das einzige Land, in dem zwei und zwei nicht vier machen", soll der Duke of Wellington über die damalige Weltmacht Spanien gesagt haben. Die spanischen Steuerzahler entwickelten angesichts der dramatischen Belastung, der sie ausgesetzt waren, ein System von Steuerbetrug und Korruption, das teilweise bis zu 90 Prozent der Steuern am Staat vorbeigemogelt haben soll. Im frühen 17. Jahrhundert muss es so schlimm gewesen sein, dass sich zeitgenössische Schreiber nicht fragten, warum so viele Bürger das Land verlassen, sondern warum es immer noch welche gebe, die bleiben.

Die beim Volk am meisten gefürchtete (und bei den Regierenden am heißesten verehrte) Steuer war die sogenannte Alcabala, eine Steuer auf den Verkauf aller Gegenstände – damit war die Alcabala eine Urgroßmutter der heutigen Umsatzsteuer. Aber eine Umsatzsteuer von besonders schwerem Kaliber: Viele Historiker machen sie für den Niedergang der spanischen Volkswirtschaft verantwortlich. Dass dieses Argument nicht so abwegig ist, wird sofort klar, wenn man sich diese Steuer etwas näher anschaut.

Das Prinzip ist denkbar einfach: Jedes Mal, wenn ein Gut verkauft wird, wird ein bestimmter Prozentsatz des Verkaufspreises als Steuer fällig, den der Käufer zahlen muss und der Verkäufer an den Staat abführt. Also: Verkauft der Großhändler dem Gastwirt ein Fass Bier für 100 Pesos, so kommen auf diese 100 Pesos bei einem Steuersatz von zehn Prozent noch einmal zehn Pesos als Steuer hinzu – mithin muss der Gastwirt also 110 Pesos für das Fass bezahlen. Von den 110 Pesos liefert der Großhändler zehn Pesos beim Fiskus ab.

Doch da diese Steuer bei jedem Verkauf fällig wird, muss der Wirt, wenn er das Fass weiterverkauft, ebenfalls die Alcabala auf den Verkaufspreis draufschlagen. Verkauft er es ohne Aufschlag für die 110 Pesos, die er bezahlt hat, dann werden auf diese 110 Pesos wieder zehn Prozent Alcabala fällig, das macht einen Verkaufspreis von 121 Pesos – 110 plus elf Pesos Steuer, die er an das Finanzamt abführt. Ohne dass der Wirt einen Aufschlag verlangt, ist das Fass teurer geworden, nur wegen der Steuer. Verlangt der Wirt einen Aufschlag von zehn Pesos auf den ursprünglich bezahlten Preis von 110 Pesos, dann kostet das Fass netto 120 Pesos. Auf diese 120 Pesos werden wieder zehn Prozent Alcabala fällig – macht zwölf Pesos Steuer, die der Wirt an den Fiskus abliefert, weswegen das Fass jetzt brutto 132 Pesos kostet – davon sind 22 Pesos Steuern. Wird das Fass noch einmal weiterverkauft, für sagen wir netto 150 Pesos, so werden auf diesen Verkauf abermals 15 Pesos Steuern fällig, es kostet damit 165 Pesos (150 Pesos plus 15 Pesos Steuern), davon sind 37 Pesos Steuern.

Das ist die Alcabala: Je häufiger ein Gegenstand den Besitzer wechselt, umso teurer wird er, und jedes Mal verdient der Steuereintreiber dabei. So etwas nennt sich Steuerkumulation. Kommt das Gut beim Endverbraucher an, so besteht der Endverkaufspreis zum überwiegenden Teil aus Steuern. Kein Wunder, dass die Alcabala so ergiebig war, dass sie erst Anfang des 19. Jahrhunderts zu den Akten gelegt wurde – lange, nachdem das glorreiche spanische Weltreich untergegangen war, auch aufgrund der exzessiven Steuerbelastung, die das Weltreich erstickte.

Eine solche Steuer würde man heute, im modernen Steuerstaat, Bruttoallphasenumsatzsteuer nennen: Bei jedem Verkaufsakt wird eine Steuer auf den gesamten Bruttoumsatz erhoben, was, wie wir gesehen haben, zu einer Kumulation der Steuerlast führt. Eine solche Steuer bewirkt, dass sich der Großhändler mit dem Endverkäufer zusammenschließt und der Hersteller mit dem Großhändler – wird das Gut nämlich innerhalb eines Konzerns hergestellt und weiterverkauft, fällt nur einmal die Umsatzsteuer an, nämlich beim Verkauf an den Endverbraucher. Schließen sich der Großhändler und der Wirt zusammen, dann liefert der Großhändler das Fass innerhalb des Konzerns an seinen Vertriebsarm, den Wirt – das ist steuerfrei. Das ist billiger als für den Fall, dass der Großhandel und der Wirt eigenständige Betriebe sind und jeder von ihnen beim Weiterverkauf Steuern zahlen muss. Das Ergebnis ist eine Konzentration der heimischen Wirtschaft, nur um die Steuer zu vermeiden. Darüber hinaus benachteiligt eine solche Steuer jede Produktion, die viele Vorprodukte – Maschinen, Rohstoffe und sonstige Güter – benötigt, da bei jedem Kauf dieser Vorprodukte die Steuer fällig wird, die entsprechend das Endprodukt verteuert. Wer hingegen eine Dienstleistung anbietet – sagen wir Beratung –, benötigt kaum Vorprodukte, zahlt dementsprechend weniger Steuer.

Klarer Fall: Diese Bruttoallphasenumsatzsteuer ist nicht der Stein der Steuerweisen, auch wenn sie sehr ergiebig ist. Klar ist aber auch, dass eine Besteuerung aller Umsätze einfach zu attraktiv ist, als dass der Staat an ihr vorbeigehen kann – die Bemessungsgrundlage ist zu groß. Um Steuerkumulation zu vermeiden, könnte man nun die Umsatzsteuer einfach nur auf der Endverkaufsebene erheben: Erst wenn das Gut an den Endverbraucher verkauft wird, wird eine Steuer fällig. Dies nennen Steuerexperten eine Bruttoeinphasenumsatzsteuer. Leider funktioniert diese Idee mehr schlecht als recht, da sie einen entscheidenden Nachteil hat: Sie kann leicht umgangen werden. Jeder Bürger besorgt sich einen Gewerbeschein und tätigt seine Einkäufe – steuerfrei – im Großhandel. Das heißt aber, dass die Idee nicht funktioniert, selbst wenn man versuchen würde, das zu unterbinden. Also braucht man eine andere Idee, um die Mängel der Bruttoallphasenumsatzsteuer zu beseitigen: den Vorsteuerabzug. Das klingt einfach, ist einfach – und erklärt zugleich, warum die Umsatzsteuer – allgemein als Mehrwertsteuer bekannt – bei Betrügern so beliebt ist.

Alleine 2008, so schätzt das renommierte Münchener ifo Institut, wurden Umsatzsteuern in Höhe von insgesamt 17 Milliarden Euro hinterzogen. Etwa die Hälfte davon geht nach Einschätzung des Instituts auf das Konto krimineller Aktivitäten mit Scheinfirmen. Die andere Hälfte entfällt wohl auf gefälschte Rechnungen, Schwarzarbeit und fingierte Warenausfuhren. Nun sind Schwarzarbeit und Leistungen ohne Rechnung als steuermindernde Notwehr der Bürger keine Besonderheit der Mehrwertsteuer, die interessanteren Betrugsmöglichkeiten, die nur der Mehrwertsteuer eigen sind, ergeben sich aus dem Vorsteuerabzug.

Das Prinzip des Vorsteuerabzugs ist denkbar einfach: Da man verhindern will, dass – wie bei der Alcabala – auf ein und denselben Umsatz mehrfach Steuer gezahlt wird, erhält ein Unternehmer, wenn er eine Ware verkauft, die er selbst erworben hat, die darauf bereits entrichtete Mehrwertsteuer zurückerstattet – das ist der sogenannte Vorsteuerabzug. Also: Verkauft der Großhändler ein Fass Bier für 100 Euro an den Gastwirt, so werden dabei zehn Euro Mehrwertsteuer fällig, wenn der Steuersatz zehn Prozent beträgt. Diese zehn Euro zahlt der Wirt, und der Großhändler reicht diese an das Finanzamt weiter. Will der Wirt nun dieses Fass mit einem Aufschlag von 20 Euro weiterverkaufen, rechnet er mit den 100 Euro, die er netto (ohne Umsatzsteuer) an den Großhändler gezahlt hat, da er von Finanzamt die vom Großhändler gezahlte Umsatzsteuer von zehn Euro über den Vorsteuerabzug zurückerhält. Sein neuer Nettopreis sind dann 120 Euro (100 Euro Einkaufspreis plus Aufschlag von 20 Euro), darauf kommen dann wieder zehn Prozent Steuern, macht zwölf Euro. Er verkauft das Fass also für brutto 132 Euro und führt zwölf Euro davon an das Finanzamt ab. Bei der Alcabala (also bei der Bruttoallphasenumsatzsteuer) sähe die Rechnung wie folgt aus: Der Großhändler verkauft dem Wirt das Fass Bier für 110 Euro, wovon er zehn Euro ans Finanzamt abführt. Der Wirt verkauft das Fass für 110 Euro plus 20 Euro Aufschlag plus die Steuer von zehn Prozent auf die nunmehr 130 Euro – macht insgesamt 143 Euro – an seinen Kunden; vom Kaufpreis führt er 13 Euro an den Fiskus ab. Insgesamt ist das Bierfass bei der Alcabala mit 23 Euro belastet, bei der Mehrwertsteuer hingegen nur mit zwölf Euro.

Das ist das Prinzip der heutigen Mehrwertsteuer: Jedes Unternehmen schlägt auf den Nettopreis seiner Produkte die Mehrwertsteuer drauf und führt diese ans Finanzamt ab. Damit eine Mehrfachbelastung der Produkte mit Mehrwertsteuer vermieden wird, darf jedes Unternehmen die Mehrwertsteuer, die es auf seine Einkäufe zahlt, vom Finanzamt zurückfordern – das ist der Vorsteuerabzug. Damit wird erreicht, dass die Unternehmen selbst keine Umsatzsteuer tragen müssen, diese landet letztlich da, wo sie landen soll, nämlich beim Verbraucher. Der Endverbraucher eines Gutes darf selbstverständlich keine Vorsteuer geltend machen, er trägt die gesamte Last der Umsatzsteuer, die er mit dem Kaufpreis entrichtet. Das Unternehmen, das von ihm den Kaufpreis erhält, führt die darin enthaltene Umsatzsteuer an das Finanzamt ab. Solange das betreffende Gut also von einem Unternehmen zum nächsten weitergereicht wird, holt man sich die darauf gezahlte Umsatzsteuer stets vom Finanzamt zurück, die Mehrwertsteuer ist für Unternehmen also nur ein durchlaufender Posten. Erst wenn das Gut beim Endverbraucher, also beim Konsumenten, angelangt ist, wird die Steuer endgültig bezahlt. Für ihn ist die Mehrwertsteuer kein durchlaufender Posten, sondern eine definitive Belastung seiner Einkäufe.

Die Umsatzsteuer mit Vorsteuerabzug hat einen großen Vorteil: Jeder Umsatz wird gleich behandelt, egal, wie oft ein Gut weiterverkauft wird; und wenn man den Steuersatz ausreichend in die Höhe schraubt, kann man ein sehr ansehnliches Steueraufkommen erzielen. Das klingt alles prima, wären da nicht Scheinfirmen und Karussellgeschäfte. Willkommen in der Welt des Mehrwertsteuerbetrugs, in der Mobiltelefone jahrelang um die ganze Welt reisen.

Scheinfirmen und Karussellgeschäfte

Die Sperrholzkiste mit den Mobiltelefonen startete ihre Odyssee in Finnland. Von dort aus wanderte sie in den Senegal, flog weiter in die Vereinigten Arabischen Emirate und von dort aus nach Frankfurt, das Endziel ihrer Reise war Frankreich. Doch in Frankfurt wurden die Zöllner misstrauisch: Wieso muss eine Kiste mit Mobiltelefonen quer durch die weite Welt reisen, um von Finnland nach Frankreich zu gelangen? Es waren solche Merkwürdigkeiten, welche die Zollfahnder aufmerksam werden ließen – und schließlich in der Operation „Sunrise" gipfelten, einer groß angelegten deutsch-britischen Polizeioperation am Frankfurter Flughafen und nahe der Schweizer Grenze, bei der im Sommer 2006 innerhalb von fünf Tagen unter anderem 30 000 Mobiltelefone beschlagnahmt wurden, die jahrelang über den Erdball gereist waren.

„Karussellgeschäfte" nennt der Fachmann die Betrügereien, welche die Fahnder in dieser Operation aufdeckten: Über fingierte Lieferketten schleusen Banden teure Produkte wie Mikroprozessoren oder Handys durch die halbe Welt. Solche Karussellgeschäfte verursachen schätzungsweise Schäden von gut zwei Milliarden Euro in Deutschland. „Wozu eine Bank überfallen, es gibt doch die Umsatzsteuer", spottet die *Frankfurter Allgemeine Zeitung* – und liegt damit gar nicht so falsch: Umsatzsteuerbetrug ist nicht so gewalttätig wie ein Bankraub, aber ebenso lukrativ.

Dreh- und Angelpunkt des Umsatzsteuerbetrugs ist der Vorsteuerabzug, also die Tatsache, dass ein Unternehmen, das Güter eingekauft hat, die mit der Mehrwertsteuer belastet sind, die Mehrwertsteuer vom Finanzamt zurückerstattet erhält. Solange es diese Mehrwertsteuer bezahlt, ist diese nur ein durchlaufender Posten. Was aber, wenn das Unternehmen die Mehrwertsteuer nicht bezahlt? Wenn es also Mehrwertsteuer, die es gar nicht gezahlt hat, vom Finanzamt zurückerhält? Beispielsweise so: Man fälscht Rechnungen, auf denen Mehrwertsteuer ausgewiesen ist. Der Unternehmer schreibt eine fingierte Rechnung, die bestätigt, dass er etwas gekauft hat und darauf Mehrwertsteuer entrichtet hat. Diese Rechnung reicht er beim Finanzamt ein und fordert die darauf ausgewiesene Mehrwertsteuer zurück. Geht die Rechnung durch, so erhält er Mehrwertsteuer vom Finanzamt, die er nie gezahlt hat. Das ist kein Kavaliersdelikt, sondern handfester Betrug.

Das lässt sich verfeinern, indem man eine Scheinfirma gründet, die Rechnungen mit Mehrwertsteuer ausstellt. Das Unternehmen „kauft" etwas beim Scheinunternehmen, und lässt sich die bei diesem Kauf angeblich gezahlte Mehrwertsteuer vom Finanzamt zurückerstatten. Das Scheinunternehmen verschwindet mit dem Geld, welches das Unternehmen überwiesen hat, behält die darin enthaltene Mehrwertsteuer – und der Fiskus geht leer aus. Bei den Scheinunternehmern handelt es sich oft um mittellose und auch um alkohol- oder drogenabhängige Personen. Sie erhalten für ihre angebliche unternehmerische Tätigkeit ein paar Euro, bei ihnen ist ansonsten nichts zu holen, und die Androhung von Strafen beeindruckt diese Menschen wenig.

Nach einem ähnlichen Prinzip funktionieren Karussellgeschäfte, in deren Mittelpunkt die Holzkisten am Frankfurter Flughafen stehen. Hier kommt noch ein weiterer Aspekt ins Spiel, nämlich grenzüberschreitender Handel mit Waren. Wenn ein französischer Unternehmer Güter nach Deutschland ausführt, so sind diese Lieferungen mehrwertsteuerfrei. Und diesen Umstand machen sich Betrüger zunutze. Wer seine Waren ins Ausland verkauft, darf dies steuerfrei machen, er erhält also die bereits in der Ware enthaltene Umsatzsteuer vom Finanzamt zurück, muss aber auf den Verkauf ins Ausland keine Mehrwertsteuer zahlen, da die Waren steuerfrei ins Ausland gehen. Erst der ausländische Käufer der Ware muss darauf Mehrwertsteuer entrichten, wenn er sie im Ausland weiterverkauft. Bei Kauf oder Verkauf von Unternehmen im Ausland (Import) oder ins Ausland (Export) ist das oft kein so großes Problem, wenn das Ausland ein Land außerhalb der Europäischen Union ist. Das liegt daran, dass bei Im- und Export von beziehungsweise in diese Länder an den Landesgrenzen kontrolliert wird. Das bedeutet, dass die Ausfuhr zwar mehrwertsteuerfrei erfolgt, aber direkt nach dem Grenzübertritt die jeweilige sogenannte Einfuhrumsatzsteuer erhoben wird, die dem im entsprechenden Land geltenden Umsatzsteuersatz entspricht. Innerhalb der Europäischen Union geht das aber so nicht, da es hier keine Grenzkontrollen mehr gibt. Daher erfolgen Im- und Exporte innerhalb der Europäischen Union zwischen Unternehmen umsatzsteuerfrei; die jeweils Güter einführenden Unternehmen sind allerdings verpflichtet, die entsprechende Umsatzsteuer an die jeweiligen inländischen Finanzbehörden abzuführen. Auf diesem Umstand basieren die sogenannten Mehrwertsteuerkarusselle. Schauen wir uns doch einmal so etwas an.

In einem ersten Schritt verkauft ein Unternehmen in sagen wir Frankreich die Mobiltelefone nach Deutschland an einen Zwischenhändler, ein Scheinunternehmen. Da die Telefone aus Frankreich nach Deutschland eingeführt werden, ist der Kauf für das deutsche Scheinunternehmen mehrwertsteuerfrei. Dann verkauft es die Telefone weiter an ein deutsches Unternehmen, und zwar inklusive Mehrwertsteuer. Diese Mehrwertsteuer müsste es eigentlich an das Finanzamt abführen, was es aber nicht tut, sondern stattdessen von der Bildfläche verschwindet. Das deutsche Unternehmen hingegen, das diese Telefone dem Scheinunternehmen abkauft, hat ja auf diesen Kaufpreis offiziell Mehrwertsteuer entrichtet, und diese Mehrwertsteuer fordert es vom Fiskus zurück. Da das Scheinunternehmen die Mehrwertsteuer, die es von dem Käufer erhalten hat, nicht an das Finanzamt abführt, sondern damit untertaucht, erstattet das Finanzamt dem deutschen Unternehmen eine Mehrwertsteuer, die nie beim Fiskus angekommen ist.

Und um das Ganze richtig lukrativ zu machen, verkauft das deutsche Unternehmen die Mobiltelefone wieder an das französische Unternehmen, natürlich mehrwertsteuerbefreit, und dann geht das ganze Spiel von vorne los – weswegen man es das Karussellgeschäft nennt. Und so reisen Kisten voller Handys quer durch die Welt, ohne jemals einen Kunden zu erreichen – stattdessen betrügen sie respektive die Besitzer der Kisten den Fiskus um Millionen Euro. Die Umsatzsteuerausfälle allein durch Karussellgeschäfte werden auf rund fünf Milliarden Euro jährlich geschätzt.

Um das Ganze nicht so offensichtlich zu gestalten, werden die Waren oft über andere Länder verschifft. Dabei scheint sich die Schweiz großer Beliebtheit unter Mehrwertsteuerbetrügern zu erfreuen: Die Mobiltelefone werden in die Schweiz importiert, in ein Zolllager gebracht und anschließend wieder in ein EU-Land exportiert – ohne dass der Importeur oder der Exporteur dafür Mehrwertsteuer zahlen muss. Mittlerweile werden verschiedene Systeme diskutiert, wie man diesen Betrug besser eindämmen kann, und im Zuge der Mittelknappheitsdämmerung der kommenden Jahre werden sich die EU-Mitgliedsstaaten sicherlich einigen – zu kostbar sind die Mittel aus der Mehrwertsteuer, als dass man sich dauerhaft die Steuerbutter vom Brot nehmen lassen wird.

Doch bei der Butter lauert die nächste Mehrwertsteuerfalle – Butter unterliegt dem sogenannten reduzierten Mehrwertsteuersatz, der so einige Probleme mit sich bringt. Das lässt sich veranschaulichen, indem man einen Schnellimbiss besucht – Zeit für ein Treffen mit dem Liebling aller Kinder: Ronald McDonald.

„Zum Mitnehmen oder essen Sie hier?"

Der lustige Clown ist das Werbemaskottchen des Fast-Food-Konzerns McDonald's, wo täglich Tausende von Burgern, mindestens ebenso viele Portionen Pommes, Eiscreme und sonstiges kalorienhaltiges Essen über den Tresen wandern – nicht zum Wohlgefallen vieler gesundheitsbewusster Mütter und Feinschmecker. Nun ist Fast Food

Geschmackssache und entzieht sich damit einer objektiven Würdigung; was sich aber objektiv diskutieren lässt, ist die Steuerschuld eines Unternehmens – sollte man meinen. Ist aber nicht so.

Begonnen hat der ganze Ärger mit einer einfachen Frage, die man jedes Mal gestellt bekommt, wenn man bei Ronald McDonald einen Burger bestellt: „Zum Mitnehmen oder essen Sie hier?" Offenbar hat man diese Frage auch einigen misstrauischen Finanzbeamten gestellt, denen auffiel, dass einige McDonald's-Filialen sehr hohe Außer-Haus-Umsätze hatten, will heißen: Die meisten Kunden dieser Filialen aßen ihre Burger nicht im Restaurant, sondern ließen sich ihr Menü einpacken und nahmen es mit. Zumindest sah es so aus. Und das machte die Fahnder misstrauisch. Offenbar schummelten die Restaurants: Sie deklarierten etliche Menüs, welche die Kunden im Restaurant verspeisten, als Außer-Haus-Verkäufe und taten so, als würden diese Kunden ihre Burger mitnehmen, statt vor Ort zu essen. Um das zu testen, gingen die Fahnder zum Äußersten: Sie aßen sich als verdeckte Ermittler durch verschiedene McDonald's-Filialen und sicherten sich die Kassenbons. Und siehe da: In der Tat war auf einigen dieser Kassenbons ausgewiesen, dass die Fahnder die Burger mitgenommen hätten, obwohl sie diese im Restaurant verzehrt hatten. Das riecht nach Ärger.

Um zu verstehen, warum das Ärger bedeutete, muss man eine Besonderheit der Umsatzsteuer kennen, nämlich den ermäßigten Steuersatz. Die Umsatzsteuer ist bewusst so konzipiert, dass sie von den Endkonsumenten getragen werden soll – deswegen gibt es ja den Vorsteuerabzug. So weit, so gut, und wenn die Umsatzsteuer auf jeden Verkauf fällig wird, ist sie extrem ergiebig. Wenn wirklich jeder Verkaufsakt am Ende des Tages mit der Steuer belegt wird, kommt zum Schluss ein erkleckliches Sümmchen zusammen. Damit wäre das vordringliche Ziel der Politik – hohe Steuereinnahmen – mithilfe der Umsatzsteuer erreicht.

Doch wie so oft hat die Politik mehrere Ziele, und jetzt wird es kompliziert: Wenn die Umsatzsteuer auf alle Produkte fällig wird, müssen die Bürger auch auf lebensnotwendige Güter Steuern zahlen – Brot, Milch, Wasser, all das, was man zum Überleben braucht. Und da man dem Bürger zumindest das Überleben sichern will, kam man auf die naheliegende Idee, solche lebensnotwendigen Dinge

entweder gar nicht oder aber mit einem reduzierten Mehrwertsteuersatz zu belasten – damit der Bürger mit geringem Gehalt sich trotz
der Umsatzsteuer weiterhin sein Brot und seine Butter leisten kann.
Aus diesem Grund sind Lebensmittel grundsätzlich mit einem niedrigeren Mehrwertsteuersatz belegt, dem sogenannten ermäßigten
Satz.

Mit dieser Ausnahme hat man die Büchse der Pandora geöffnet:
Wenn man bestimmte Güter gar nicht oder zu reduzierten Sätzen
besteuert, um damit bestimmte politische Absichten zu verfolgen – im
Falle der Nahrungsmittel das sozialpolitische Ziel billiger Grundnah-
rungsmittel –, warum nicht weitere politische Vorhaben fördern?
Warum nicht weitere Güter mit geringeren Steuersätzen bei der Umsatzsteuer bevorzugen? Und so kam es auch, mit der zu erwartenden
Konsequenz: Die Liste der Ausnahmen von der Mehrwertsteuer
respektive der Gegenstände, die nur mit dem reduzierten Satz besteuert werden, ist lang und bizarr. Dass Lebensmittel dem reduzierten
Mehrwertsteuersatz unterliegen, ist noch einleuchtend – hier stand
die sozialpolitische Überlegung Pate, dass jeder Mensch sich trotz
Steuer ernähren können muss. Auch lebende Tiere unterliegen dem
ermäßigten Satz, so beispielsweise Maultiere, Hausschweine, Hühner,
Enten, Tauben und Schnecken. Auch das kann man zur Not noch
mit dem Verweis auf die Versorgungsfunktion der Landwirtschaft
rechtfertigen, oder? Aber warum gilt für lebende Schnecken der ermäßigte Satz, während zubereite Schnecken mit 19 Prozent besteuert
werden?

Auch bei anderen Tieren muss man aufpassen: Krabben und Garnelen werden mit dem reduzierten Satz besteuert, Hummer hingegen
mit dem vollen Satz. Um das zu rechtfertigen, muss man annehmen,
dass Hummer nur von reichen Menschen gegessen werden, die sich
19 Prozent leisten können, während die Unterschicht lieber zu Krabben und Garnelen greift. Ein etwas bemühtes Argument – kann man
sich nicht vorstellen, dass auch der einfache Arbeiter gerne Hummer
isst? Auch im Verkehr gibt es Unterschiede im Steuersatz: Bahnfahr-
karten über Strecken bis 50 Kilometer sind billiger, im Fernverkehr
fällt der volle Mehrwertsteuersatz an. Hier standen wohl ähnliche
Ideen Pate wie im Fall der Pendlerpauschale. Ebenfalls mit geringerem Steuersatz kommen Presseerzeugnisse und Bücher davon, ebenso

wie Rollstühle, Krücken, Hörgeräte, Herzschrittmacher, künstliche Hüftgelenke und andere Implantate. Demgegenüber unterliegen Medikamente dem vollen Steuersatz. Alles klar?

Diese reduzierten Mehrwertsteuersätze erklären, warum sich das Finanzamt auf die McDonald's-Filialen stürzte. Dazu muss man nur noch wissen, dass für Mahlzeiten, die in einem Restaurant serviert werden, der volle Mehrwertsteuersatz fällig wird, für Essen aber, das zum Mitnehmen bestimmt ist, nur der reduzierte Satz. Also: Isst der Kunde seinen Burger im Restaurant, dann werden 19 Prozent Mehrwertsteuer fällig, die der Kunde zahlt und McDonald's an das Finanzamt überweist. Nimmt der Kunde hingegen seinen Burger mit nach Hause, so werden nur sieben Prozent Mehrwertsteuer fällig, die McDonald's an die Finanzbehörden überweisen muss. Damit müsste der Kunde eigentlich auch nur sieben Prozent Mehrwertsteuer zahlen – der Burger zum Mitnehmen sollte also billiger sein als der Burger, den man im Restaurant genießt. Ist er aber nicht, wie der fachkundige Ökonom und Burgerexperte weiß.

Und genau hier liegt das Geschäft für den Restaurantbetreiber: Er verkauft einen Burger zu einem Preis, der eigentlich 19 Prozent Mehrwertsteuer beinhaltet und den der Kunde auch zahlt. Tatsächlich führt er aber an das Finanzamt nur sieben Prozent ab, sodass die Differenz – zwölf Prozentpunkte – in die Tasche des Restaurantbetreibers fließt. Eigentlich gehört diese Differenz dem Kunden, aber was der nicht weiß, füllt die Taschen des Restaurantbetreibers. Kein Wunder, dass dieser eine Schwäche für Außer-Haus-Verkäufe hat, denn diese sind damit immer lohnender als Umsätze, die innerhalb des Restaurants gemacht werden. Was liegt also näher, als einige Umsätze, die im Restaurant gemacht wurden, als Außer-Haus-Verkäufe zu deklarieren und sich die Differenz in die eigenen Taschen zu stecken? Der Kunde merkt davon nichts, da er in beiden Fällen den gleichen Preis zahlt. Das Finanzamt allerdings wird damit hintergangen, da es ein Recht auf die vollen 19 Prozent hat – jedenfalls solange das Essen tatsächlich im Restaurant verzehrt wird.

Wer nach dem Sinn dieser Regelung fragt: Warum werden 19 Prozent Mehrwertsteuer fällig, wenn man den Burger vor Ort verzehrt, während nur sieben Prozent fällig werden, wenn man ihn mit nach Hause nimmt?, hat das deutsche Steuersystem nicht verstanden. Hier geht es nicht um Logik, sondern um Einnahmenerzielung und politische Stimmenmaximierung. Selbst im Finanzministerium gibt man hinter kaum noch vorgehaltener Hand zu, dass die reduzierten Sätze keiner Logik folgen, sondern Ausdruck der Durchsetzungsfähigkeit von Interessen sind. Will heißen: Begünstigt wird derjenige, der eine schlagkräftige Lobby hat und am lautesten plärren kann. Das quietschende Rad bekommt das Öl.

Ein paar Beispiele zeigen, wohin das führt: Gewürze, Majoran oder Basilikum werden mit dem niedrigen Satz besteuert, Würzmischungen hingegen mit dem vollen Regelsatz. Einleuchtend? Noch schlimmer kommt es für den Freund der Knolle: So gilt zwar für Pflanz- und Frühkartoffeln der ermäßigte Satz, nicht aber für Süßkartoffeln. Noch Fragen? Ja, warum unterliegen Trüffel und Rennpferde nur dem siebenprozentigen Satz, Babywindeln hingegen den vollen 19 Prozent? Bitte nicht fragen. Fragen Sie auch nicht nach Kulturgütern: Für Bücher gilt der niedrige Satz, Hörbücher jedoch werden voll besteuert, da sie als Tonträger gelten. Leuchtet irgendwie ein, oder? Und der Mehrwertsteuerklassiker sind die Esel, die mit 19 Prozent besteuert werden, im Gegensatz zu den Maultieren, hier werden nur sieben Prozent fällig.

Eine weitere Lobby, die hartnäckig nach dem Mehrwertsteuerprivileg ruft, ist der Deutsche Hotel- und Gaststättenverband (DEHOGA): „Pro 7 Prozent" nennt der Verband seine Aktion, mit der er den reduzierten Mehrwertsteuersatz für das Gastgewerbe fordert. Warum dieses sauer ist, liegt auf der Hand: Wer sein Essen über die Straße verkauft, zahlt nur sieben Prozent Mehrwertsteuer, wer hingegen seine Gäste zum Sitzen einlädt, blecht 19 Prozent. Ein krasser Wettbewerbsnachteil; Essen im Restaurant wird nur wegen der Steuer teurer als der Snack in die Hand. Die Klagen der deutschen Gastwirte und Hotelbetreiber sind laut, ihre Munition scharf: Deutschland, so die Gastwirte, sei „von Ländern mit niedriger Mehrwertsteuer umzingelt", eine reduzierte Mehrwertsteuer für das Gastgewerbe schaffe Spielräume für Preissenkungen und Investitionen – mit 70 000 neuen Arbeitsplätzen in der Branche lockt die Lobby für den Fall, dass man ihr dieses Privileg verleiht. Darüber hinaus sei dies ein Beitrag zur Förderung der „Genuss- und Esskultur" und zur „Stärkung des Tourismusstandortes Deutschland".

Irgendwie ist an dem Argument ja auch etwas dran: Sieben Prozent auf Tiefkühlpizza, Hundefutter, Bergbahnfahrten, Dosen- und Tütensuppen, aber 19 Prozent auf Mineralwasser, und Essen im Restaurant – so richtig begründen lassen sich diese Regelungen nicht, es sei denn, man unterstellt, dass arme Menschen nur Tiefkühlpizza und Tütensuppen essen, aber nie in eine Kneipe gehen. Wer mit Argumenten wie Arbeitsplatzbeschaffung, mehr Investitionen oder Förderung der Genusskultur aufwartet, zerstört den letzten Zweifel daran, dass der reduzierte Mehrwertsteuersatz nicht nur aus sozialpolitischen Erwägungen existiert. Branchenpolitik mit dem reduzierten Satz – Förderung der Gaststätten, der Tiernahrungsindustrie oder des Mauleselstandortes Deutschland – muss damit leben, dass erstens die Einnahmen aus der Mehrwertsteuer wegen der reduzierten Sätze sinken und zweitens die Systematik ermäßigter Mehrwertsteuersätze verloren geht. Niemand kann ernsthaft erklären, warum Hundefutter mit dem reduzierten Steuersatz belegt wird, Kindernahrung hingegen mit dem vollen Satz.

Und die Klagen des oben genannten Verbands zeigten Erfolge: Kaum war der letzte Wahlkampflärm verklungen und die neuen Minister und Staatssekretäre vereidigt, da löste die neue Koalition Wahlkampfversprechen ein, und eines davon war der reduzierte Mehrwertsteuersatz für Beherbergungsleistungen. Das mit dem Wortungetüm „Wachstumsbeschleunigungsgesetz" getarnte Flickwerk aus Steuerentlastungen, Wahlgeschenken und Populismus, das zu Jahresbeginn 2010 in Kraft getreten ist, sieht vor, dass für die „... Vermietung von Wohn- und Schlafräumen, die ein Unternehmer zur kurzfristigen Beherbergung von Fremden bereithält ...", nur der ermäßigte Steuersatz anfällt. Die Begründung, dass mit dieser Steuererleichterung das Wachstum gefördert wird, kann man getrost vergessen – der Versuch, diese Maßnahme mit diesem Argument zu tarnen, ist peinlich. Doch es kommt noch schlimmer: Das Wahlgeschenk an die Hotelbranche wird sich als ein Stück aus dem Tollhaus entpuppen.

Stellen wir uns kurz einmal eine Übernachtung im Hotel vor; sagen wir, Ihre Firma schickt Sie auf eine Dienstreise mit Übernachtung – was passiert mit dem neuen Steuersatz für Übernachtungen? Punkt Nummer eins ist delikat: Übernachtungen werden nun mit sieben Prozent versteuert, das anschließende Frühstück aber mit 19 Prozent. Das

erfordert zwei Abrechnungen, eine mit sieben Prozent für die Übernachtung und eine mit 19 Prozent für das anschließende Frühstück.
Hätte man das Frühstück im Hotel ebenfalls mit dem reduzierten Satz
besteuert, so wäre das ein Nachteil für die angrenzenden Bistros und
Gaststätten gewesen, die nach wie vor 19 Prozent berechnen müssen.
Es versteht sich natürlich von selbst, dass auch Übernachtungen auf
Campingplätzen nun mit sieben Prozent versteuert werden – alles
andere hätte diese Ermäßigung noch skurriler gemacht. Es wird span-
nend sein zu sehen, was die Vermieter von Ferienwohnungen machen
werden – ist das eine „kurzfristige Beherbergung"? Und wenn nein, wie
grenzt man das gegen die Hotels ab? Das dürfte einen Rattenschwanz
diffiziler Rechtsstreitigkeiten nach sich ziehen.

Zudem eröffnet die Ermäßigung dem Hotelier Möglichkeiten: Er
kann das Frühstück billiger machen und die Differenz auf die Übernachtung draufschlagen – das hat den Effekt, dass die Übernachtung
für den Hotelgast billiger wird, da er nun auf einen größeren Teil seiner
Rechnung nun noch sieben Prozent Mehrwertsteuer zahlen muss;
und bezahlt wird dieser Preisnachlass vom Fiskus. Wenn der Hotelier
im Extremfall nur noch einen Euro für das Frühstück berechnet und
die fehlenden 19 Euro auf die Übernachtungsrechnung draufschlägt,
wird es für den Gast billiger – und wie will das Finanzamt ermitteln,
wie teuer das Frühstück wirklich ist? Das dürfte zu netten Sitzungen
im Finanzamt führen, bei denen entnervte Beamte mit den Hoteliers
über den angemessenen Preis für das Frühstück streiten. Auch hier
freuen wir uns gemeinsam mit den Anwälten auf unterhaltsame
Gerichtsverfahren.

Doch vielleicht ist das gar nicht nötig, denn wer sagt denn, dass die
Hotels aufgrund der Mehrwertsteuerermäßigung die Preise für Übernachtungen senken werden? Tun sie dieses nicht, wird der Charakter
dieser Maßnahme als Klientelpolitik offensichtlich: Der Kunde zahlt
nach wie vor den gleichen Preis, doch das Hotel führt von diesem Preis
nicht mehr wie bisher 19 Prozent an das Finanzamt ab, sondern nur
noch sieben Prozent – der Rest verschwindet in den Taschen des Hoteliers. Besonders merken wird das Ihr Chef, der Sie auf Geschäftsreise
geschickt hat: Konnte er bis 2010 sich vom Preis der Übernachtung
19 Prozent vom Finanzamt zurückholen (über den Vorsteuerabzug),
so sind es jetzt nur noch sieben Prozent; die Geschäftsreisen werden

teurer. Für gewerbliche Hotelkunden und Firmen erhöhen sich die Reisekosten erheblich, sollten die Hotels nicht als Reaktion auf die Steuerreduzierung auch ihre Preise senken. Man muss einen merkwürdigen Humor haben, um darüber lachen zu können.

Und dabei sind wir noch nicht einmal bei der wichtigsten Frage angelangt, was die Mehrwertsteuer angeht: Wie ist es mit der Sozialverträglichkeit dieser Steuer bestellt? Diese Frage zu beantworten ist sehr wichtig, weil sie Aufschlüsse darüber gibt, was die Zukunft dem Bürger bringen wird – mehr oder weniger Mehrwertsteuer? Das erinnert an ein unlängst gebrochenes Versprechen und an eine Welt, in der aus null plus zwei drei wird.

Klassenkampf und Luxussteuersatz

In Wahlkampfzeiten ist wenig Platz für Höflichkeiten, und so wundert es nicht, dass die SPD einen wenig versöhnlichen Ton gegenüber der Partei anschlug, die nach der Wahl ihr Koalitionspartner werden sollte: „Deutschland kann sich CDU/CSU nicht leisten", stand da auf Plakaten im Jahr 2005, oder „Neu: jetzt noch teurer: Zwei Prozent Merkelsteuer auf alles!" Keine Frage: Mit der Ankündigung einer Mehrwertsteuererhöhung hatte die CDU der SPD im Wahlkampf eine Steilvorlage geliefert. Um zwei Prozentpunkte wollte die Union den Mehrwertsteuersatz erhöhen, diese Belastung aber durch eine Entlastung bei der Einkommensteuer und den Sozialabgaben kompensieren. Mit Reimen wie „Merkelsteuer, das wird teuer", machten die Sozialdemokraten Stimmung gegen diese Idee.

Als die Wahlen vorbei waren, setzte man sich an einen Tisch und suchte einen Kompromiss der besonderen Sorte. Wenn einer zwei Prozent mehr will und der andere null Prozent, dann wäre der Laie geneigt, einen Kompromiss zwischen der Null und der Zwei, beispielsweise bei der Eins, anzusiedeln. Nicht so in der Politik: Die Partei, die mit der Stimmungsmache gegen die Mehrwertsteuererhöhung etliche Wähler auf ihre Seite gezogen haben dürfte, stimmte einer Erhöhung der Mehrwertsteuer um drei Prozentpunkte zu. Kein Wunder, dass die Wähler Politik als Volksverdummung verstehen: Vor Wahlen versprechen die Parteien Steuerentlastungen, hinterher erhöhen sie die Steuern.

Wie sich doch Zeiten wiederholen: Auch 2009 stand eine Bundestagswahl auf dem Programm, und auch 2009 zogen Politiker mit dem Schlachtruf der Steuersenkung ins Feld, während sie insgeheim die Mehrwertsteuer im Visier haben: Sie soll erhöht werden, um die maroden Staatsfinanzen zu sanieren, die im Zuge der Finanzkrise unter Druck geraten sind. Und natürlich gibt es Streit – soll man die Mehrwertsteuer erhöhen, um den Staatshaushalt zu sanieren?

Das einfachste Argument für mehr Mehrwertsteuer liegt auf der Hand: Sie ist ergiebig. Als Faustformel gilt, dass ein Prozentpunkt bei der Mehrwertsteuer etwa acht bis zehn Milliarden Euro mehr an Steuern bringt. Was also wäre einfacher, als die Steuer um ein paar Prozentpunkte zu erhöhen? Der Grund für die Ergiebigkeit der Mehrwertsteuer ist ihr demokratischer Charakter: Da jeder sie zahlen muss, kommt einiges an Steuern zusammen. Aber dieser demokratische Charakter ist der Pferdefuß an einer Mehrwertsteuererhöhung, wenn wir an die sozialpolitischen Ideen denken, die Politiker mit Steuern verfolgen. Das Problem an der Mehrwertsteuer ist nämlich das, was Ökonomen eine „regressive Belastung" nennen: Sie trifft bezogen auf das Einkommen die ärmeren Bevölkerungsschichten stärker.

Der Grund dafür liegt in den Konsummustern der Menschen: Wer wenig verdient, kann nur wenig sparen und gibt sein Einkommen mehr oder weniger komplett für Konsum aus. Wer hingegen viel verdient, spart einen Teil seines Einkommens und gibt entsprechend den anderen Teil seines Einkommens für Konsum aus. Mit Blick auf die Mehrwertsteuer ist das ein Problem: Wer wenig verdient, gibt sein gesamtes Einkommen aus und zahlt damit auf sein gesamtes Einkommen Mehrwertsteuer, wer mehr verdient, spart und zahlt auf einen geringeren Teil seines Einkommens Mehrwertsteuer. Absolut gesehen zahlt der Großverdiener zwar deutlich mehr Mehrwertsteuer, relativ zu seinem Einkommen jedoch weniger. Will heißen: Je weniger man verdient, desto höher ist die Belastung mit Mehrwertsteuer relativ zum Einkommen.

Sozialpolitisch ist das fatal: Wer die Mehrwertsteuer erhöht, erhöht damit tendenziell die Steuerbelastung des kleinen Mannes. Was also tun? Wer mehr Steuereinnahmen will, muss dem kleinen Mann stärker in die Tasche greifen, wer mehr Umverteilung haben will, muss die Mehrwertsteuer senken und damit auf Steuereinnahmen verzichten. Eine Zwickmühle.

Wer jetzt an den ermäßigten Mehrwertsteuersatz denkt, wittert einen Ausweg: Warum nicht eine größere Anzahl verschiedener Steuersätze einführen? Beispielsweise einen reduzierten Satz für Dinge des täglichen Bedarfs, einen normalen Satz für das tägliche Einerlei und einen erhöhten Satz für Luxusgegenstände wie Schmuck, Perlen oder sonstiges Reiche-Leute-Gedöns. Kann man damit Gerechtigkeit und höhere Steuereinnahmen unter einen Hut bringen?

Ganz so einfach geht es nicht. Zum einen gelten der reduzierte oder der erhöhte Satz für jeden Menschen, will heißen: Auch der Millionär profitiert vom reduzierten Steuersatz auf Lebensmittel, und ebenso leidet der Geringverdiener, wenn er sich doch einmal eine Zigarre gönnt. Das ist das grundsätzliche Problem bei solchen Maßnahmen: Wenn eine Maßnahme nicht auf die Person, sondern das Produkt zielt, ist sie nicht zielsicher. Zielt man auf die Person, dann ist man bei der Einkommensteuer – hier ist Umverteilungspolitik mit dem Steuertarif treffsicherer.

Den zweiten Einwand gegen die Idee verschiedener Mehrwertsteuersätze kennen die Amerikaner bereits: Ihre Luxussteuer ist ihnen direkt auf die Füße gefallen. Wenn die Luxusgüter zu teuer werden, kaufen die Reichen diese nicht mehr, dann gibt es auch keine Steuermehreinnahmen und auch nicht mehr Gerechtigkeit. So bestechend diese Idee auch aussehen mag: Die Mehrwertsteuer ist als Instrument des Klassenkampfes ungeeignet.

Hat man das verstanden, so zeichnet sich ein ganz anderer Weg ab. Warum nicht den ermäßigten Steuersatz streichen – und damit auch alle mit ihm verbundenen Ungereimtheiten – und die Entlastung für die ärmeren Bevölkerungsschichten über Freibeträge bei der Einkommensteuer und höhere Sozialtransfers ausgleichen, wie es das Zentrum für Europäische Wirtschaftsforschung (ZEW) vorgeschlagen hat? Tatsächlich spricht viel dafür, diesen Weg zu gehen. Freibeträge und Sozialtransfer sind wesentlich zielgenauer, als es ermäßigte Mehrwertsteuersätze jemals sein können. Manchmal kann man Probleme dadurch lösen, dass man die Dinge einfacher statt komplizierter macht – und vielleicht sogar gerechter.

Dieses Argument wiegt umso schwerer, als aufgrund ihrer Ergiebigkeit die Mehrwertsteuer stets eine der ersten Anlaufstellen für
Politiker ist – vor allem in Zeiten erhöhter Mittelknappheit. Aber
woher kommt diese Mittelknappheit, und welche Folgen wird sie für
den Steuerbürger haben? Um diese Fragen zu beantworten, muss man
ein wenig zurück in die Vergangenheit reisen – zu einem dramatischen
Donnerstag vor mehr als 70 Jahren im fernen New York, einem Donnerstag, der die Welt für alle Zeiten verändern sollte.

11 | Blut, Schweiß, Konjunktur und die gefährlichste Steuer der Welt

| Ein Buch revolutioniert die Welt

Am Donnerstag, dem 24. Oktober 1929, begann das Drama: Nach anfänglich festen Kursen an der Wall Street stürzten die Kurse ab. Um halb elf war die Börse von „blinder, hoffnungsloser Angst erfüllt", wie Augenzeugen berichten. Am Nachmittag trafen sich namhafte Banker und beschlossen eine Stützungsaktion. Nach diesem Treffen trat der Seniorpartner der Morgan-Gruppe, Thomas Lamont, vor Reporter und verkündete, dass es an der Börse einen „etwas unglücklichen Verlauf" gegeben habe. So kann man das auch sehen.

Die Worte der Banker und demonstrative Stützungskäufe festigten die Börse – zumindest vorübergehend. Aber die Katastrophe war nur aufgeschoben: Am Montag, dem 28. Oktober, gaben die Kurse wieder bei großen Umsätzen heftig nach, und der 29. Oktober ging als der schlimmste Tag des New Yorker Aktienhandels in die Geschichte ein. In den ersten Handelsminuten fielen die Kurse mancher Werte alle zehn Sekunden um einen Dollar. Der Aktienmarkt an der Wall Street war ein tumultartiges Chaos. Vor der Börse sammelten sich Menschenmengen, vor den Filialen der Börsenmaklerfirmen bildeten sich Menschentrauben. Aktien wurden für ein Butterbrot verkauft. Eine Selbstmordwelle hing in der Luft. Um die Wall Street herum drängten sich Tausende Menschen, Zeitungsjungen liefen durch die Straßen und priesen ihre Blätter mit den Worten an: „Lest und weint!" Die letzte Notiz des Börsentickers an diesem Tag um kurz nach halb sechs: „Gesamtumsatz heute 16 410 000 (Aktien). Gute Nacht". In den folgenden Tagen kam es immer wieder zu Phasen der Erholung und weiteren Kursstürzen – aber erst drei Jahre später, am 8. Juli 1932, erreichte der Dow-Jones-Index seinen Tiefstwert von 41 Punkten. Das waren nur noch knapp zehn Prozent des Höchstwertes vom September 1929.

Diese Ereignisse des Jahres 1929 bilden einen Wendepunkt in der modernen Wirtschaftsgeschichte – nichts sollte mehr so sein wie zuvor. Was war passiert? Bis zum Jahr 1929 war der Aktienmarkt Spiegel einer prosperierenden Wirtschaft: Die Goldenen 20er-Jahre hatten technischen Fortschritt wie Fließbänder, Flugzeuge, Rundfunk und Tonfilm gebracht, kräftige Produktivitätssteigerungen bei gering steigenden Löhnen, stabilen Preisen und geringer Arbeitslosigkeit prägten diese Jahre. Zum Höhepunkt der Börsenentwicklung 1929 aber gärte ein gefährliches Gebräu aus wirtschaftlichen Fehlentwicklungen, politischen Missgriffen und falschen Finanzmarktregelungen, angereichert mit Herdenpsychologie. Die Folge war ein drastischer Absturz der Weltwirtschaft; den Goldenen 20ern folgte die große Depression: Zwischen 1930 und 1939 belief sich die Arbeitslosigkeit in Amerika im Schnitt auf 18 Prozent, die Preise fast aller Güter fielen, das Sozialprodukt sank alleine zwischen 1929 und 1933 um 30 Prozent und stieg erst 1939 wieder auf das Niveau von 1929. Die Zeit war reif für einen Mann, der die Wirtschaftstheorie neu erfinden sollte. Die Zeit war reif für John Maynard Keynes.

„Ich traue mir zu, ein Buch zu schreiben, das die Art und Weise, wie die Welt über Wirtschaftsprobleme denken wird, revolutionieren wird", soll er gegenüber dem Dichter George Bernard Shaw geäußert haben – und er hat es getan: Die *General Theory of Employment, Interest and Money*, die Keynes im Jahr 1936 veröffentlichte, revolutionierte das wirtschaftswissenschaftliche Denken. Keynes gilt als einer der einflussreichsten Ökonomen aller Zeiten.

Vor Keynes war die sogenannte klassische Ökonomie die vorherrschende Doktrin – ihren Ideen zufolge tendieren Volkswirtschaften stets zu einem Gleichgewicht; Massenarbeitslosigkeit und eine taumelnde Weltwirtschaft gab es in der Ideenwelt dieser Ökonomen nicht. Menschen wollen eher mehr als weniger konsumieren, und wenn so viele Menschen arbeiten und konsumieren wollen, wieso sollen dann das Sozialprodukt, also die Menge der konsumierbaren Güter, und die Beschäftigung sinken? Aus der Sicht der damaligen Ökonomen war Massenarbeitslosigkeit nicht möglich – das ist die Erkenntnis eines Theorems, das nach seinem Entdecker Saysches Theorem genannt wurde. Die Grundidee dieses Theorems ist, dass jedem Angebot immer eine entsprechende Nachfrage gegenübersteht.

Wenn wir das Geld als Tauschmittel einmal außen vor lassen, so wird dieser Gedanke klarer: Niemand bietet ein Gut (oder auch seine Arbeitskraft) an, ohne dafür eine entsprechende Gegenleistung in Form eines anderen Gutes oder einer anderen Dienstleistung zu erhalten. Damit kann es nicht zu einem Ausfall an Nachfrage kommen, da jedes Gut, das produziert und angeboten wird, immer auch Einkommen und damit Nachfrage in gleicher Höhe geschaffen hat.

Warum sollte es in einer solchen Welt zu Problemen wie Arbeitslosigkeit oder mangelnder Nachfrage kommen? Die Unternehmen können ihre Produktion jederzeit absetzen, da den von ihnen hergestellten Produkten Einkommen in entsprechender Höhe gegenüberstehen. Auch Sparen führt in der Welt der klassischen Ökonomen nicht zu einem Ausfall von Nachfrage, da die gesparten Gelder dazu führen, dass die Zinsen sinken und deshalb die Investitionen steigen, die ja auch Teil der gesamtwirtschaftlichen Nachfrage sind. Und sollte es zu einem Überschussangebot an Waren oder Arbeitskräften kommen, dann sinken die Preise respektive die Löhne und die Nachfrage steigt wieder. Unter dem Strich lässt sich mit dieser Theorie nicht erklären, warum Menschen arbeitslos werden und der Güterberg, den sie herstellen, sinkt.

Die große Depression strafte diese Ideen Lügen: Massenarbeitslosigkeit, sinkende Produktion, sinkende Preise – schlimm, wenn sich die Realität so wenig um kluge Theorien schert. Der Weg war frei für eine neue Theorie – die keynesianische Theorie, welche die Welt revolutionieren sollte. Nicht nur Experten sehen in Keynes den einflussreichsten Ökonomen des 20. Jahrhunderts – und angesichts der Entwicklungen seit dem Jahr 2007 ist es möglich, dass er auch für das 21. Jahrhundert einer der einflussreichsten Ideengeber für die Wirtschaftspolitik sein wird. Was war seine Idee?

Keynes suchte die Ursachen der Weltwirtschaftskrise auf der Nachfrageseite: Ein Ausfall von Nachfrage, so seine Idee, führt dazu, dass die Produzenten ihre Produktion nach unten anpassen, was zu sinkenden Lohneinkommen und weiter sinkender Nachfrage führt – ein Teufelskreis aus Arbeitslosigkeit und sinkenden Preisen, sogenannter Deflation, entsteht. Damit wies Keynes den Weg zu einer neuen wirtschaftspolitischen Therapie: Wenn Nachfrage ausfällt, soll der Staat einspringen und diese Lücke mit kreditfinanzierten

Staatsausgaben stopfen. Unter der Bezeichnung „antizyklische Globalsteuerung" reüssierte dieses Konzept in den 60er-Jahren weltweit, in der Bundesrepublik wurde es sogar in Gesetzesform gegossen: Das vom damaligen Wirtschaftsminister Karl Schiller initiiere Stabilitäts- und Wachstumsgesetz ist ein Kind der keynesianischen Ideen. Ob die Maßnahmen des Stabilitäts- und Wachstumsgesetzes wirklich dazu beigetragen haben, die damalige Rezession der Jahre 1966/67 zu bekämpfen, oder ob das Gesetz nicht viel zu spät kam (es wurde erst im Juni 1967 beschlossen und 1968 war der Spuk schon vorbei), ist bis heute umstritten.

Die Grundidee der antizyklischen Fiskalpolitik ist einfach – und wird oft falsch interpretiert oder missbraucht: Kommt es zu einem Ausfall der Nachfrage, also zu einer Rezession, so entfaltet der Staat eigene Nachfrage und sorgt dafür, dass die Unternehmen ihre Produktion nicht einschränken müssen und damit die Krise verschärfen. Den zweiten Teil dieser Politik vergessen Politiker allerdings gerne: Wenn die Wirtschaft in Fahrt kommt, darf der Staat die zusätzlichen Steuereinnahmen, die damit einhergehen, nicht dazu verwenden, um seine Ausgaben zu erhöhen, sondern er muss die Defizite ausgleichen, die er in der Rezession aufgrund seiner Ausgabenpolitik angehäuft hat. Daher auch der Begriff „antizyklische Fiskalpolitik": In schlechten Zeiten gibt der Staat Geld aus, das er nicht hat, um es in guten Zeiten durch höhere Einnahmen wieder hereinzuholen. Den zweiten Teil dieser Politik ignorieren Politiker, denn Geld ausgeben ist einfacher, als den staatlichen Geldsegen wieder zurückzunehmen – vor allem, wenn Wahlen vor der Tür stehen.

Antizyklische Fiskalpolitik bedeutet zudem nicht, dass der Staat dauerhaft Nachfrage entfaltet, um die Wirtschaft zu stabilisieren. Man muss sich diese Art der Fiskalpolitik eher vorstellen wie das Anschieben eines Autos: Wenn der Motor nicht anspringen will, so hilft es oft, wenn jemand anschiebt – zweiten Gang einlegen, Kupplung langsam kommen lassen, und der Wagen läuft wieder. Hat der Motor aber ein ernsthaftes – Ökonomen sagen strukturelles – Problem, so hilft auch das Anschieben nicht – der Wagen braucht eine Reparatur respektive ein neues Gefährt muss her.

Und genau so versuchte die deutsche Regierung im Jahr 2009 ihr Glück: Sie bezahlte ihre Bürger dafür, dass sie neue Wagen kauften respektive ihre alten Autos zerstörten. Zeit für einen Besuch beim Autohändler.

„Wie bei einem Tsunami"

Mit einer solchen Wirkung hatte niemand gerechnet: „Es ist absurd, wie ein Tsunami", beschrieb ein Händler den Ausnahmezustand in seinen Ausstellungsräumen. Andere Händler fühlten sich an die Zeiten der Wiedervereinigung erinnert, als ein gigantischer Nachfrageschub aus Ostdeutschland die Autohäuser überrollte. Händler versuchten, ihre Kunden mit Sekt, Knabbereien und Spielecken für Kinder bei Laune zu halten, während diese auf die völlig überlasteten Verkäufer warten mussten. Rentner, junge Eltern, Studenten, selbst Käufer von Luxusautos – sie alle kamen, um sie sich zu sichern: die Prämie.

Die Abwrackprämie – offiziell „Umweltprämie" genannt – war der Star des Konjunkturpakets der Bundesregierung. Nach dem Zusammenbruch der Kredit- und Finanzmärkte im Zuge der amerikanischen Immobilienkrise brach die Konjunktur ein, die Nachfrage ging weltweit zurück – eine klassische keynesianische Rezession. Vor allem der deutsche Außenhandel, das Zugpferd des deutschen Wohlstands, schrumpfte in manchen Branchen um mehr als die Hälfte.

Unter dem Strich entstand im Herbst des Jahres 2008 eine klassische keynesianische Situation: Ein Ausfall von Nachfrage aus dem Ausland, ein dadurch bedingter Rückgang der inländischen Produktion, sinkende Lohneinkommen und weiter sinkende Nachfrage – der keynesianische Teufelskreis aus Arbeitslosigkeit und Deflation drohte. In dieser Situation warf die Bundesregierung alles in die Waagschale und suchte nach Mitteln und Wegen, die inländische Nachfrage zu stärken, um diesen Teufelskreis zu durchbrechen. Das ist klassische Konjunkturpolitik: In wirtschaftlich schwachen Zeiten greift der Staat in die Tasche und stimuliert mit seinen geliehenen Mitteln die Nachfrage. Und ein Stimulus für die Nachfrage sollte die Abwrackprämie sein.

Das Prinzip der Abwrackprämie: Jeder, der ein mindestens neun Jahre altes Auto verschrotten ließ und sich dafür ein neues Auto kaufte, erhielt vom Staat satte 2 500 Euro Zuschuss auf den Neuwagen – geschenktes Geld. Dieses geschenkte Geld muss die Sinne vieler Deutscher benebelt haben – daher die Tsunami-Szenen bei den Autohändlern. Geschenktes Geld, ein neues Auto, dazu ein angenehmes Schlussverkaufsgefühl, da nur begrenzte Mittel für die Prämie zur Verfügung standen – welcher Deutsche konnte da widerstehen?

Die Abwrackprämie war aus zweierlei Gründen strategisch geschickt gewählt: Zum einen ist die Automobilindustrie eine deutsche Schlüsselindustrie; wer hier die Nachfrage stimuliert, kann sich sicher sein, dass der stimulierende Effekt groß ist. Zum anderen sind die Deutschen autoverrückt, und wer den Bürgern einen Zuschuss für ein neues Auto spendiert, sichert sich deren Wohlwollen an der Wahlurne. Klingt, als könnte man mit einer Klappe zwei Fliegen schlagen.

Konjunkturpolitisch war die Prämie wohl ein Erfolg – sie verhinderte einen Totaleinbruch beim Absatz von Automobilen. Wie nachhaltig dieser Stimulus allerdings war, wird sich noch zeigen müssen. Einen weiteren Einwand gegen diese Prämie beschert der gesunde Menschenverstand: De facto hat der Staat Bürger dafür bezahlt, dass sie noch funktionierende Autos zerstören. Niemand kann ernsthaft behaupten, dass eine Nation dadurch reicher wird, indem sie ihre Bürger dafür bezahlt, Werte zu zerstören. Das ist einer der wesentlichen Kritikpunkte am Keynesianismus: Im Bestreben, mit staatlichen Ausgaben die Konjunktur zu stimulieren, vergessen die Regierenden allzu oft die Frage nach der Sinnhaftigkeit dieser Ausgaben. Streng genommen ist es in der vulgären Variante des Keynesianismus gleichgültig, wofür der Staat die stimulierenden Gelder ausgibt – Hauptsache, er gibt Geld aus. Aber noch einmal: Kann man ein Land dadurch reicher machen, dass man Geld und Ressourcen verschwendet oder Werte zerstört? Und: Gibt es Alternativen zur konjunkturpolitisch motivierten Zerstörung von Werten?

Diesen gibt es in der Tat: Steuern, genauer gesagt Steuererleichterungen. Diese passen durchaus in die keynesianische Idee, die Nachfrage zu stimulieren. Senkt der Staat in einer Rezession die Steuern, so haben die Bürger ein höheres verfügbares Einkommen und können dementsprechend mehr konsumieren, was die Konjunktur stützt. Dies steht nicht nur im Einklang mit den Ideen von Keynes, diese Politik hat einen weiteren großen Vorteil: Jeder Bürger bekommt über die Steuererleichterung seine persönliche Abwrackprämie, die er so einsetzen kann, wie er es als sinnvoll erachtet. Bei der Abwrackprämie waren alle Bürger gekniffen, die keinen Wagen hatten, keinen alten Wagen hatten, keinen Neuwagen haben wollten (oder sich leisten konnten). Oder auch Bürger, die statt eines neuen Autos lieber ein neues Paar Schuhe oder eine neue Küche gehabt hätten und einen staatlichen Obolus dazu gerne mitgenommen hätten. Darüber hinaus hätte man hier zwei Fliegen mit einer Klappe geschlagen, indem man über die Steuererleichterung auch Verteilungspolitik betreiben könnte, indem man die Steuerbelastung für Geringverdiener stärker senkt als für Großverdiener.

Das wäre nicht nur verteilungspolitisch sinnvoll gewesen, sondern hätte auch zum Kampf gegen den Konsumunwillen der Bürger beigetragen: Wie die Überlegungen zur Umsatzsteuer gezeigt haben, konsumieren Menschen mit geringerem Einkommen einen größeren Anteil ihres Einkommens als Menschen mit hohem Einkommen. Hätte man die Einkommen der Geringverdiener entlastet, so hätte man davon ausgehen können, dass sie diesen Einkommensschub komplett konsumieren und damit die Konjunktur beleben – ganz so, wie man es konjunkturpolitisch will. Bei Menschen mit höherem Einkommen hätte man erwarten müssen, dass diese einen Teil der Steuererleichterungen in den Sparstrumpf stecken, was nicht so konjunkturförderlich gewesen wäre.

Also: Eine Steuererleichterung, vor allem für Personen mit kleineren Einkommen, wäre eine echte konjunkturpolitische Alternative gewesen – hätte aber die Politik dazu verdammt, mit weniger Einnahmen zu leben. Stattdessen hat man über Mehrausgaben Schulden gemacht – letztlich führen beide Maßnahmen zu höherer Staatsverschuldung. Höhere Staatsschulden haben immer – gleich, auf welchem Weg sie zustande kamen – Folgen für die Besteuerung, und zwar für die künftige. Das lehrte uns schon ein großer, längst verstorbener Ökonom.

Die Schulden von heute sind die Steuern von morgen

Mit nur 22 Jahren und 800 Pfund in der Tasche versuchte der junge David Ricardo sein Glück an der Börse – 20 Jahre später gehörte er zu den reichsten Männern Englands. Einen seiner größten Gewinne machte er mit der Spekulation auf britische Kriegsanleihen, die er kurz vor der Schlacht von Waterloo erwarb: Die Engländer gewannen die Schlacht, die britischen Staatsanleihen stiegen rasant im Kurs und machten Ricardo reich. Sein Berufskollege und Freund Thomas Malthus, seines Zeichens ebenfalls ein berühmter Ökonom, hatte auf Ricardos Rat ebenfalls Anleihen gekauft, verlor aber am Vorabend der Schlacht die Nerven und verkaufte – eine ärgerliche Sache.

David Ricardo ist vor allem wegen seiner Idee des komparativen Vorteils bekannt, eine auch heute noch wichtige Theorie zur Erklärung des Außenhandels. Weniger bekannt, aber ebenso wichtig ist seine Idee der sogenannten Ricardo-Äquivalenz, die besagt, dass die Schulden von heute die Steuern von morgen sind, ein Motto, das sich beispielsweise auf der Homepage des Steuerzahlerbundes findet.

Die Grundidee ist rasch erklärt: Geht man davon aus, dass der Staat seine Schulden eines Tages zurückzahlen muss, so bleibt ihm nichts anderes übrig, als das Geld für diese Schulden aufzutreiben, indem er Steuern von seinen Bürgern erhebt. Also: Der Staat verschuldet sich heute und zahlt seine Schulden morgen zurück, indem er die Steuern erhöht und aus den Steuererlösen seine Gläubiger auszahlt. Das ist für die Bürger eine fatale Erkenntnis: All die Wohltaten, die der Staat ihnen heute auf Pump gewährt, müssen später bezahlt werden, und dazu braucht der Staat Steuern, die er sich nur bei denen holen kann, denen er vorher diese Wohltaten gewährt hat. Was immer der Staat uns aus seinem scheinbar unerschöpflichen Füllhorn ausschüttet, wird er sich später in Form von Steuern zurückholen. Staatliche Wohltaten, die mit Schulden finanziert werden, sind nur Wohltaten auf Zeit, die Steuerkeule folgt ihnen auf dem Fuß.

Für die Konjunkturpolitik mittels Schulden kann das fatale Folgen haben: Wenn die Bürger diesen Zusammenhang erkennen und ernst nehmen, wissen sie, dass die Konjunkturwohltaten, die ihnen der Staat heute schenkt, morgen höhere Steuern zur Folge haben, und werden möglicherweise weniger Geld ausgeben, um für die spätere Steuererhöhung gewappnet zu sein. Im schlimmsten Fall haben die schuldenfinanzierten Konjunkturausgaben dann gar keine Wirkung mehr: Die Bürger nehmen die Konjunkturgeschenke des Staates an und legen sie unters Kopfkissen, um damit später die Steuern begleichen zu können, die der Staat erheben wird, um die Schulden abzutragen, mit denen er eben jene Konjunkturgeschenke finanziert hat. Im schlimmsten Fall wird damit die schuldenfinanzierte Konjunkturpolitik dank der Ricardo-Äquivalenz komplett wirkungslos.

Nun muss man nicht ganz so kompromisslos sein und erwarten, dass dieses Argument in seiner theoretischen Reinheit Geltung hat, aber der Grundgedanke ist klar: Erkennen die Bürger, dass der Staat die heutigen Wohltaten morgen wieder via Steuern einsammeln wird, werden sie ihre Ausgabenlust zügeln und damit die Wirkung der schuldenfinanzierten Konjunkturprogramme schmälern. Nun wissen Politiker um diese Gefahr, weswegen die Idee naheliegt, dieser Steuerfalle auszuweichen, indem man lautlos besteuert, und zwar mit der gefährlichsten Steuer der Welt. Wie soll das gehen? Die Antwort liefert uns eine skurrile, trillionenschwere Werbekampagne.

„Das Geld stapelte sich einen Meter hoch im Büro"

Beim Werbefestival in Cannes versammeln sich die großen Namen der Werbung, um sich selbst zu feiern und die besten Ideen aus ihrer Mitte heraus zu prämieren. Zumeist sind das die Kampagnen großer Konzerne, denn diese verfügen auch über das nötige Kleingeld, um teure Werbeagenturen dafür zu bezahlen, dass sie bunte, schillernde Werbeseifenblasen kreieren. Doch diese Konzerne waren nicht in der Lage, gleich Trillionen für ihre Kampagne auszugeben, wie die geldknappe Wochenzeitung *The Zimbabwean*.

Die Zeitung („Eine Stimme für die ohne Stimme") erscheint allerdings nicht in Simbabwe, sondern im benachbarten Südafrika, da Simbabwe unter dem Diktator Robert Mugabe alles andere als liberal ist und auch nicht für seinen pfleglichen Umgang mit Journalisten und Regimekritikern bekannt ist. Und zu kritisieren gibt es an dieser Diktatur genug, de facto hat Mugabe sein Land in den wirtschaftlichen Ruin getrieben. Vor allem die Inflation, die ständige Geldentwertung, macht den Bürgern des Landes zu schaffen; die jährlichen Inflationsraten liegen teilweise über 200 Prozent. Das bedeutet, dass das Geld in Simbabwe pro Jahr dramatisch an Kaufkraft verliert. Bei einer jährlichen Inflationsrate von 200 Prozent kostet ein Produkt, das Anfang des Jahres zehn Dollar gekostet hat, am Ende des Jahres 30 Dollar. Hat sich das Gehalt im selben Zeitraum nicht verändert, dann hat sich dessen Kaufkraft damit um zwei Drittel reduziert. Um zu erkennen, dass dies ein Problem ist, muss man kein ausgebildeter Ökonom sein: Wenn der Chef am Anfang des Jahres zehn Dollar Gehalt auszahlt und die Lebensmittel zehn Dollar kosten, ist die Welt in Ordnung. Wenn man aber am Ende des Jahres diese zehn Dollar noch nicht ausgegeben hat, die Lebensmittel aber nun 30 Dollar kosten, hat man ein Problem.

In einer stark inflationären Wirtschaft wird Geld zum Schwarzen Peter: Steigen die Preise der Güter, so sinkt die Kaufkraft der Geldscheine. Und je schneller die Preise steigen, umso schneller wird das Geld wertlos, das man mit sich in der Brieftasche herumträgt. Im schlimmsten Fall – bei so hohen Inflationsraten wie in Simbabwe – geht das im Tagesrhythmus. Wer für sein Geld etwas haben will, tut gut daran, es so rasch wie möglich auszugeben und Sachwerte zu erwerben. Da aber niemand freiwillig einen Schwarzen Peter annimmt, wird das offizielle Geld ein Muster ohne Wert, das niemand als Zahlungsmittel akzeptiert. Das endet in einer sogenannten Hyperinflation, in der die Preise stündlich steigen. Eine Hyperinflation, so scherzen Ökonomen, liegt vor, wenn der Geldtransporter einer Bank überfallen wird, die Räuber aber nicht das Geld mitnehmen, sondern die Reifen klauen. Besser kann man das nicht illustrieren.

Eine weitere Erscheinungsform einer solchen Hyperinflation sind Geldscheine mit absurd hohem Nennwert: So druckte Simbabwe angesichts der galoppierenden Preise Banknoten im Nennwert von 100 Billionen Dollar – die trotz dieser unvorstellbar hohen Summe de facto rasch wertlos waren; spätestens, als der Simbabwe-Dollar abgeschafft wurde. Aber was mit den vielen Billionengeldscheinen anfangen? Hier kamen die Werber auf eine Idee: Sie sammelten die wertlosen Scheine der (ehemaligen) Landeswährung zu Tausenden ein, bedruckten sie mit dem Slogan „Kämpft gegen das Regime, das das Land gelähmt hat", und verteilten sie als Werbeflyer. Neben dem Symbolgehalt dieser Aktion gab es auch noch ein praktisches Motiv für diese Kampagne: Papier wäre teurer gewesen als die ehemalige Landeswährung – „Es ist billiger, auf Geld zu drucken als auf Papier", stand auf den wertlosen Scheinen. Da ist er, unser Geldtransporter mit den geklauten Reifen. Die Werber gingen sogar so weit, mehrere Scheine zu großen Plakaten zusammenzukleben, mit denen sie Werbung machten – „Dank Mugabe taugt dieses Geld nur als Tapete" stand darauf. So sieht eine Hyperinflation aus. Beteiligten zufolge stapelte sich das wertlose Geld während der Kampagne meterhoch in den Büros.

Hyperinflationen sind verheerend – und keine Seltenheit. Auch die Deutschen erlebten in den 1920er-Jahren, was es heißt, wenn das Geld täglich weniger wert wird. Am Ende dieser Phase konnte man mit einer Schubkarre voller Geld nicht einmal ein Brot kaufen, spielten Kinder mit Geldbündeln, wurde Geld zum Heizen benutzt – und waren die Vermögen breiter Bevölkerungsschichten für immer zerstört. Und das ist einer der gefährlichen Punkte an der Inflation.

Was passiert hier? Bei einer Inflation sind all diejenigen die Verlierer, die in Form von Geldwerten sparen. Man legt Anfang des Jahres 100 Euro beiseite, um zu Weihnachten ein paar Schuhe zu kaufen, die im Januar noch 100 Euro kosten. Doch dank der Inflation ist der Preis der Schuhe im Dezember auf 300 Euro gestiegen – die Ersparnisse vom Januar sind damit nur noch ein Drittel wert. Und wenn alle Preise steigen – genau das ist das Wesen der Inflation –, so sinkt die Kaufkraft der Ersparnisse dramatisch. Egal, was man kaufen will, es ist alles teurer geworden. Nominal hat man immer noch 100 Euro in der Tasche, real aber, also gemessen an den Gütern, die man damit kaufen kann, sind es nur noch 33 Euro, die Inflation hat das reale Vermögen dramatisch geschrumpft. Man kann sich Inflation vorstellen wie eine Brieftaschenmotte: Am Jahresanfang legt man 100 Euro in die Brieftasche – öffnet man diese wieder zum Jahresende, so haben die Motten 66 Euro aufgefressen; wir finden nur noch 33 Euro, respektive ein drittel Paar Schuhe vor. Nun stelle man sich die gleiche Veranstaltung nicht mit 100 Euro, sondern mit der kompletten Altersvorsorge vor – da wird ein komplettes Lebenssparwerk zerstört.

Genau das passierte in den 1920er-Jahren: Menschen, die jahrelang in Geldwerten gespart hatten, sahen ihre gesamten Ersparnisse innerhalb kürzester Zeit von der Wucht der Inflation pulverisiert – wenn ein Brot schon eine Milliarde Mark kostet, was will man da mit den paar Tausend Mark, die man zuvor in jahrelanger Mühe angespart hat? Es war auch diese Zwangsenteignung vieler Bürger, die sie radikalen politischen Parteien in die Arme trieb.

Nun kann man sich auf den Standpunkt stellen, dass Hyperinflationen eine Sache der Vergangenheit oder etwas für Diktaturen sind – und damit hoffentlich recht haben. Doch dieses Argument unterschätzt die Wucht der Inflation auf lange Frist: Eine moderate Inflationsrate von nur zwei Prozent jährlich führt dazu, dass die Kaufkraft des Geldes sich in rund 35 Jahren halbiert. Wer heute 1 000 Euro in den Strumpf steckt, um damit in 35 Jahren einkaufen zu gehen, kann dann nur noch die Hälfte dessen dafür kaufen, was er heute dafür bekommt. Dabei sind 35 Jahre keine allzu lange Zeitspanne, wenn man an die Altersvorsorge denkt, und zwei Prozent gelten als mäßige Preissteigerungsrate; zwei Prozent sind die Zielmarke der Europäischen Zentralbank. Bei einer Inflationsrate von fünf Prozent ist das Geld schon nach etwa 15 Jahren nur noch die Hälfte wert. Steigt die Inflationsrate auf neun Prozent, so hat sich der Geldwert bereits nach etwa acht Jahren halbiert.

Diese Überlegungen machen klar, warum die Steigerung der Lebenshaltungskosten allgemein gefürchtet wird: Die Zahlungen in Geld, beispielsweise Löhne, Gehälter und Zinsen, verlieren ihre Kaufkraft. Dem wirken zwar nominale Zinssätze und nominale Löhne, die mit der Inflationsrate steigen, entgegen. Dennoch richten *steigende* Inflationsraten volkswirtschaftlich Schaden an – man kann nicht darauf hoffen, dass ein Anstieg der nominalen Zinsen und Löhne die Wucht der Inflation auf Dauer stoppen kann. Auch als Gläubiger sollte man die Inflation fürchten: Wer heute jemandem 100 Euro auf zehn Jahre verleiht, bekommt bei einer Inflationsrate von etwas mehr als sieben Prozent am Ende dieser zehn Jahre Geld zurück, das nur noch die Hälfte seiner Kaufkraft hat – sofern der Kredit nicht gegen Preissteigerungen abgesichert ist.

Der Gedanke, dass Gläubiger bei Inflation die Gekniffenen sind, bringt uns auf eine neue Fährte: Offenbar profitieren manche Schuldner von der Inflation. Wer sich heute Geld leiht, und einen Sachwert, sagen wir ein Haus, kauft, muss dieses Geld ja später zurückzahlen. Doch dank der Inflation fällt die Rückzahlung des Kredits wesentlich leichter – allerdings nur, wenn der Zinssatz nicht inflationsbedingt angepasst wird. Unter dem Strich hat man heute ein Haus erworben, für das man morgen eine Geldsumme zurückzahlt, mit der man – dank der Inflation – dieses Haus nicht mehr kaufen könnte. Verloren hat der Gläubiger, gewonnen der Schuldner. Und das ist der springende Punkt: Wer ist der größte Schuldner im Land? Das kann uns vielleicht ein New Yorker Immobilienhändler verraten.

Der größte Schuldner im Land

Seymour Durst war Immobilienhändler, und zwar ein recht erfolgreicher, der überall in New York investierte. Dabei hatte er ein einfaches Prinzip: Kaufe nur an Orten, die man zu Fuß erreichen kann – eine extrem clevere Strategie, wie sich herausstellte. Aber Durst war mehr als ein Immobilienhändler, er war auch ein Philanthrop, der viel Engagement im sozialen Bereich zeigte. Und er war ein Mann mit einer Botschaft: Aus seinen Immobiliengeschäften hatte er leidvoll erfahren müssen, was alles schiefgehen kann, wenn sich der Staat zu sehr einmischt, sodass er zu der Meinung kam, dass der Staat sich so weit wie möglich aus privaten Angelegenheiten heraushalten sollte. Und sichtbarster Ausdruck der staatlichen Einmischung war für Durst das Ausmaß der Staatsverschuldung – was könnte besser dokumentieren, wie sehr sich der Staat in die Wirtschaft einmischt?

Um diese Einmischung jedermann sichtbar zu machen, schenkte er der Stadt New York eine Schuldenuhr: Seit 1989 kann jeder Bewohner New Yorks, der in der Nähe der 43. Straße umherschlendert, auf einer digitalen Uhr ablesen, wie hoch der aktuelle Schuldenstand Amerikas ist – insgesamt und pro Kopf gerechnet. Unbarmherzig wird dort im Sekundentakt die Staatsverschuldung digital protokolliert und publik gemacht. Im Zuge der Finanzkrise musste die Schuldenuhr provisorisch erweitert werden: Als die Staatsverschuldung der Vereinigten Staaten 14-stellig wurde, reichte die bisherige Anzahl der Stellen auf der Schuldenuhr nicht mehr aus; das Dollarzeichen in der ersten

Position wurde mit der Ziffer eins ergänzt. Derzeit plant man, die Uhr gleich um zwei Ziffern zu erweitern – angesichts des aktuellen Tempos der Staatsverschuldung keine abwegige Idee.

Wen es nach Berlin verschlägt, der kann dort die Schuldenuhr für Deutschland bewundern, die gleichfalls unbarmherzig tickt und seit 2008 den Pulsschlag deutlich erhöht hat. Mittlerweile sprechen wir von einer Staatsverschuldung von mehr als 1,6 Billionen Euro Ende 2008, die in den kommenden vier Jahren wohl auf mehr als zwei Billionen Euro steigen wird. Umgerechnet hat damit jeder Deutsche vom Baby bis zum Rentner Schulden von rund 20 000 Euro – und bald werden es mehr als 24 000 Euro sein.

Nicht erst seit der Finanzkrise, aber seit Ausbruch der Krise ganz besonders darf man behaupten: Der größte Schuldner weit und breit ist der Staat. Und wie jeder andere Schuldner muss der Staat diese Schulden eines Tages zurückzahlen. Natürlich hat auch der Staat die Möglichkeit einer Insolvenz – man erklärt, dass man seine Schulden einfach nicht mehr zurückzahlen wird. Diese Ultima Ratio haben Staaten zu allen Zeiten genutzt, doch ist das der letzte Akt der Verzweiflung: Einem Land, das seine Schulden nicht zurückzahlt, leiht niemand mehr etwas.

Gott sei Dank hat der Staat eine Einnahmenquelle, die Normalsterblichen nicht zur Verfügung steht: Er kann Steuern erheben. Das ist ja genau die Idee der Ricardo-Äquivalenz: Der Staat verschuldet sich heute und zahlt seine Schulden später wieder zurück, indem er Steuern erhebt. Doch das ist nicht die einzige Möglichkeit, wenn man an die Inflation denkt: Der Staat kann sich entschulden, indem er seine Schulden weginflationiert.

Das wird deutlich, wenn man an die Wirkungen der Inflation auf Gläubiger und Schuldner denkt: Der Gläubiger leiht dem Schuldner einen kleinen Betrag, sagen wir 80 Milliarden Euro. Mit diesen 80 Milliarden kauft der Schuldner – der Staat – allerlei Konjunkturpakete, abgewrackte Autos oder Autobahnen. 20 Jahre später, wenn diese Schulden wieder zurückgezahlt werden sollen, hat der Zahn der Inflation diesen 80 Milliarden kräftig zugesetzt: Jetzt lassen sich mit den gleichen 80 Milliarden nur noch viel weniger Konjunkturpakete, Autos, Autobahnen kaufen, und die Rückzahlung fällt dem Schuldner viel leichter. Die Gläubiger haben verloren.

Wer das erkennt, versteht, warum die gefährlichste Steuer der Welt in keinem Gesetzestext steht – es ist die Inflation. Inflation wirkt wie eine Steuer auf den Besitz von Geld: Mit jedem Tag, den man es besitzt, sinkt seine reale Kaufkraft. Der Berg der Güter, die man mit diesem Geld kaufen kann, schrumpft dank der Inflation Tag um Tag. Was die Inflation von einer normalen Steuer unterscheidet, ist die Tatsache, dass die Erträge dieser Steuer nicht an das Finanzamt gehen – aber sie finden dennoch den Weg in den Staatssäckel, und zwar über die Staatsverschuldung. Vereinfacht gesagt: Der Staat nimmt heute Schulden auf, die dank der Inflation in einigen Jahren, wenn sie zurückgezahlt werden sollen, sehr viel weniger wert sind und so leichter zurückgezahlt werden können. Der Staat profitiert von der Inflation, der Bürger, der keine Sachwerte hat, bezahlt. Da aber die Gläubiger des Staates nicht dumm sind, haben sie diese Falle erkannt und achten sehr darauf, zu welchen Konditionen der Staat Schuldverschreibungen ausgibt und welche Geldpolitik die jeweiligen Zentralbanken, die dafür verantwortlich sind, betreiben.

Dennoch ist Inflation eine gefährliche und unsoziale Steuer: Unsozial, weil sie vor allem diejenigen trifft, die sich kein Haus, keine Aktien, keinen Schmuck oder sonstige wertbeständige Dinge kaufen können, die eine Inflation überleben – das sind in der Regel Menschen mit geringerem Einkommen. Gefährlich deswegen, weil auch schleichende Inflation sich irgendwann beschleunigen kann und die reale Volkswirtschaft bedroht.

Der Staat kann demnach ein Interesse an Inflation haben, zumal die Inflationssteuer zunächst unmerklich ist, also auf weniger Steuerwiderstand stößt – und Steuerhinterziehung enorm erschwert. Darüber hinaus bietet Inflation noch eine zweite versteckte Einnahmenquelle für den Staat, nämlich die sogenannte kalte Progression. Dahinter verbirgt sich ein einfacher Effekt, der durch den progressiven Tarif der Einkommensteuer entsteht: Steigen inflationsbedingt die Einkommen, so müssen die Bürger automatisch höhere Einkommensteuer zahlen, vor allem, wenn sie dank einer Einkommenserhöhung in eine höhere Progressionsstufe rutschen – das Wesen des progressiven Tarifs ist es ja gerade, dass mit steigendem Einkommen die Steuerbelastung überproportional steigt. Solange dem steigenden Einkommen infolge der Inflation keine höhere Kaufkraft gegenübersteht, ist der

Steuerzahler gekniffen: Er kann sich für sein gestiegenes Einkommen nicht mehr Güter kaufen, da diese durch die Inflation teurer geworden sind, muss aber überproportional höhere Steuern zahlen, so, als ob er tatsächlich leistungsfähiger geworden wäre.

Die Sondereinnahmen für den Staat aus der kalten Progression sind beträchtlich: Das Institut für Angewandte Wirtschaftsforschung (IAW) in Tübingen hat ausgerechnet, dass dem Staat ausgehend vom Jahr 2006 über sechs Jahre hinweg auf diesem Weg rund 63 Milliarden Euro zufließen werden – ohne dass man dem Wahlvolk höhere Steuern verkünden müsste. Das Institut hat fiktiv für das Jahr 2011 ausgerechnet, wie stark die unterschiedlichen Einkommensgruppen davon betroffen sind: Wer zwischen 10 000 und 15 000 Euro im Jahr verdient, zahlt rund 8,4 Prozent mehr Steuern, wenn sein Bruttolohn um knapp zwei Prozent ansteigt. Für ledige Menschen mit einem Einkommen zwischen 75 000 und 100 000 Euro steigt die Steuerschuld dagegen nur um rund 2,7 Prozent. Ob acht oder drei Prozent, keine Frage: In Sachen Inflation ist der Verlierer immer der Bürger.

Leider muss man befürchten, dass die Inflationsgefahren in den kommenden Jahren eher zu- als abnehmen werden: Im Zuge der Bekämpfung der Finanzkrise haben Notenbanken weltweit Geld in die Finanzsysteme gepumpt, um deren Zusammenbruch zu verhindern. Und sobald diese Krise ausgestanden ist, müssen die Aufräumarbeiten einsetzen – irgendjemand muss die Zeche bezahlen. Womit wir bei der letzten Frage wären: Was erwartet den Steuerzahler in den kommenden Jahren? Und der Startschuss für diese Frage ist schon wieder: ein ganz besonderer Tag.

12 | Aufräumarbeiten: Was kommt?

Und schon wieder: Ein ganz besonderer Tag

Der 15. September 2008 war ein besonderer Tag, nicht nur für Deutschland, sondern für die ganze Welt. Als sich Banker, Finanzmarktakteure, Händler, Analysten und Politiker am Morgen auf den Weg an ihre Arbeitsplätze machten, wussten sie bereits, dass ihnen ein turbulenter Tag bevorstehen würde: Bis zum späten Sonntagabend hatten in Amerika Politiker und Vertreter der Banken um das Schicksal der amerikanischen Investmentbank Lehman Brothers gerungen – mit dem Ergebnis, dass die Bank in die Insolvenz geschickt wurde. Die amerikanische Regierung wollte nicht wieder mit Steuermilliarden eine Bank retten, sodass Lehman Brothers unter Gläubigerschutz nach Kapitel elf des amerikanischen Insolvenzrechts gestellt wurde. Laut Insolvenzgericht saß Lehman Brothers auf einem Schuldenberg von 613 Milliarden Dollar. Und die Welt stand vor einem Trümmerhaufen, der vormals „Finanzsystem" hieß.

Die Investmentbank mit Hauptsitz in New York beschäftigte im Jahr 2007 weltweit rund 28 600 Angestellte und war eine Bank mit Tradition: Die Bank wurde 1850 in Montgomery, Alabama, gegründet, von den aus Rimpar bei Würzburg emigrierten jüdischen Brüdern Lehman, Söhnen eines fränkischen Viehhändlers. Die Keimzelle der Bank war der Handel mit Baumwolle, rund 150 Jahre später handelte die Bank mit sogenannten Credit Default Swaps, mit denen sich Investoren durch Zahlung einer Prämie gegen den Ausfall eines Schuldners absichern können. Dieser Handel mit Credit Default Swaps wurde der Bank im Zuge der Immobilienkrise zum Verhängnis; die Lehman-Pleite gilt heute als der offizielle Startschuss für die größte Wirtschaftskrise seit dem Zweiten Weltkrieg.

Über die Ursachen dieser Krise werden sich Experten und solche, die es gerne wären, wohl noch Jahre streiten, über die fiskalischen Folgen hingegen kaum: Im Zuge der Krisenbekämpfung sind die

Schuldenberge der meisten westlichen Industrienationen dramatisch gewachsen. Auch Deutschland hat versucht, die Krise mit Geld auszuwaschen: Im Superwahljahr 2009 konnte es gar nicht genug Geld sein, das man ins Feuer warf, galt es doch zu verhindern, dass es noch vor der Wahl zu einem größeren Einbruch am Arbeitsmarkt kam. Deutschland lebte bis zum 27. September 2009 auf geborgter Zeit.

Der Wahlsonntag ist vorbei, und nach der Regierungsbildung müssen die Aufräumarbeiten beginnen, die geborgte Zeit und das geborgte Geld müssen zurückgezahlt werden – wie soll der Schuldenberg, den die Regierung angehäuft hat, abgetragen werden? Keine Frage, das kann nur über höhere Steuern gelingen, womit eine der großen politischen Debatten für die kommenden Jahre feststeht: Welche Steuern wird, welche Steuern soll die Politik erhöhen? Eine offensichtliche Antwort auf diese Frage liegt nahe: Sollen doch diejenigen, denen man die Schuld an der Krise gibt, dafür bezahlen. Das ist eine der politisch herausragenden Optionen in der großen Steuererhöhungsdebatte: Besteuern wir doch die Börse. Vor allem, wenn man glaubt, dass die Menschen dort nicht das verdienen, was sie bekommen.

„Die Gehälter sind nicht zu rechtfertigen"

Manche Menschen verdienen einfach nicht, was sie erhalten: „Die Gehälter junger Finanzprofis sind nicht zu rechtfertigen", war aus den Reihen der Gewerkschaften zu vernehmen. In einer Gesellschaft, die großen Wert auf Einkommensgleichheit lege, seien diese Gehälter nicht zu rechtfertigen, vor allem nicht angesichts der wohl eher unproduktiven Tätigkeiten, denen diese Leute nachgehen. Was hier klingt wie eine der typischen Debatten unter dem Eindruck der jüngsten Finanzkrise, sind aber Zitate, die rund 25 Jahre alt sind: Zu Beginn der 80er-Jahre bewegten die schwedischen Gewerkschaften mit diesen Argumenten die Regierung dazu, eine Steuer auf Finanztransaktionen, eine Börsenumsatzsteuer, einzuführen. Interessanterweise waren es nicht die befürchteten Ineffizienzen des Marktes, mit denen man diese Steuer rechtfertigte, sondern schlichtweg der Gedanke, dass da ein paar Menschen zu viel verdienen – wie auch immer man das messen will.

Heute, rund 25 Jahre später – das schwedische Experiment ist längst vorbei –, ist die Idee, Finanztransaktionen zu besteuern, wieder salonfähig. Für Politiker ist die Börsenumsatzsteuer eine Steilvorlage: Man kann mittels dieser Steuer die anonymen Finanzmärkte bestrafen, denen man die Schuld an der Finanzkrise gibt, und gleichzeitig prächtige Steuereinnahmen generieren. Zwei Fliegen auf einen Streich. Und sozusagen als Zugabe soll eine solche Steuer die wilden Ausschläge an den Finanzmärkten dämpfen – wenn die Spekulanten mehr Geld fürs Spekulieren aufbringen müssen, so die Überlegung, werden sie auch weniger spekulieren, das sollte die Kurskapriolen an der Börse zähmen. Könnte man meinen. Aber funktioniert das?

Die Idee ist einfach: Man erhebt eine Steuer auf jede Wertpapiertransaktion. Wann immer eine Aktie, eine Schuldverschreibung oder was sonst noch verkauft wird, so wird dafür ein Obolus an den Staat fällig. Und je nach Steuersatz, den man auf diese Transaktionen einführt, sollte dabei einiges zusammenkommen: Das linke Lager rechnet in seinen kühnsten Visionen vor, dass bei Börsenumsätzen von 3,8 Billionen Euro in Deutschland bei einem Steuersatz von einem Prozent 38 Milliarden Euro Steuereinnahmen winken. Weitet man diese Steuer auch auf Transaktionen aus, die nicht über die Börse laufen, sondern direkt zwischen Geschäftspartnern (die Börse spricht hier von sogenannten „Over-the-counter-Geschäften") abgewickelt werden, dann würden die Einnahmen sogar noch höher ausfallen.

Mit Blick auf bisherige Erfahrungen mit dieser Steuer sind diese Schätzungen optimistisch. Bis 1991 gab es in Deutschland eine Börsenumsatzsteuer mit einem Steuersatz von einem Promille auf öffentliche Anleihen und von 2,5 Promille auf den Kurswert anderer festverzinslicher Papiere und auf Aktien. Deutsche Staatsanleihen waren ausgenommen, ebenso der Handel zwischen den Banken. Besteuert wurde jede Transaktion, also Kauf und Verkauf von Wertpapieren. Insgesamt spülte diese Steuer dem Fiskus knapp 425 Millionen Euro in die Kassen – allerdings bei einem im Vergleich zum angepeilten Steuersatz sehr niedrigen Satz. Auch ein Blick auf den Finanzplatz London legt nahe, die Erwartungen an die Ergiebigkeit einer solchen Steuer nicht zu überschätzen: So existiert in Großbritannien eine sogenannte Stamp Tax auf den Verkauf bestimmter Wertpapiere in Höhe von 0,5 Prozent des Verkaufspreises. Diese Steuer erbrachte an einem der größten und wichtigsten Finanzplätze der Welt gerade einmal 3,8 Milliarden Pfund für den Staat. Schwer vorstellbar, dass der Finanzplatz Deutschland – eher ein Leichtgewicht unter den internationalen Finanzmärkten – mehr erwirtschaften kann.

Auch der Blick nach Schweden ist kaum ermutigend: Dort entschloss sich die Regierung angesichts des Drucks der Gewerkschaften, 1984 eine Steuer von insgesamt einem Prozent auf Börsentransaktionen einzuführen; in den folgenden Jahren wurde diese Steuer immer wieder erhöht und auf weitere Finanzinstrumente ausgedehnt. Das Ergebnis war – enttäuschend. Im ersten Jahr ihrer Einführung, 1984, erbrachte die Steuer gerade einmal 820 Millionen Schwedenkronen, das waren nur 0,37 Prozent des gesamten Steueraufkommens. In den folgenden Jahren stieg dieser Ertrag auf lediglich 2,6 Milliarden Kronen. Als sich die Regierung auf Druck der Gewerkschaften entschloss, die Steuersätze zu verdoppeln und die Bemessungsgrundlage zu verbreitern, stiegen die Einnahmen nur geringfügig – ein Anstieg der Steuersätze um 100 Prozent erbrachte einen Anstieg der Steuereinnahmen um gerade einmal 22 Prozent.

Der Grund für die enttäuschend niedrigen Einnahmen ist rasch benannt: Die schwedischen Banken, Finanzunternehmen und Anleger flohen in Scharen von der schwedischen Börse. Als die Regierung die Steuersätze verdoppelte, gingen 60 Prozent des Handelsvolumens der elf an der Stockholmer Börse am meisten gehandelten Aktien ins Ausland – und mit ihnen die Steuereinnahmen. Schon 1990 waren 50 Prozent des Handelsvolumens der schwedischen Börse ins Ausland geflohen – mit entsprechenden Folgen für die Steuereinnahmen. Die Aktie von Ericsson – eines der damals wichtigsten Unternehmen des Landes – wurde zu mehr als 70 Prozent im Ausland gehandelt. Als die Steuer 1987 auf Zinsprodukte ausgeweitet wurde, brach der Handel mit Anleihen an der Börse Stockholm um geschätzte 85 Prozent ein. Erst als die Regierung das Experiment Börsenumsatzsteuer 1991 beendete, kehrten die Umsätze langsam wieder an die schwedische Börse zurück. Das Experiment war auf der ganzen Linie gescheitert.

Nun kann man sich auf den Standpunkt stellen, dass Kleinvieh auch Naturdünger macht und ein paar Millionen oder wenigstens die ein oder andere Milliarde dem Staatssäckel guttun, und wenn dieses Geld von reichen Bankern gezahlt wird – was soll daran verkehrt sein? Grundsätzlich nichts, doch wer sich an die Überlegungen zur Steuerüberwälzung erinnert, weiß, dass derjenige, der die Steuer zahlt, nicht immer derjenige ist, der sie trägt.

Wie sieht das im Falle der Börsenumsatzsteuer aus? Als Erstes muss man konstatieren, dass vor allem Unternehmen, Banken und vermögende Anleger dieser Steuer mit Leichtigkeit entfliehen werden – nur wenige Steuern lassen sich vermeiden, indem man auf dem Computerbildschirm hinter der Box „Handelsplatz" ein Häkchen macht oder weglässt. Steuervermeidung per Mausklick, völlig legal. Auch erfahrene Kleinanleger werden diesen Weg gehen. Aber was ist mit der breiten Masse, mit den Millionen von Versicherungskunden, Riester-Sparern, Fondsanlegern und Couponschneidern, wie man Zinssparer nennt? Oftmals wissen sie gar nicht, wofür und wie viel Gebühren ihnen das Finanzinstitut berechnet, dem sie ihr Geld anvertrauen. Schwer vorstellbar, dass diese Anleger – der Durchschnittssparer und Durchschnittsbürger – sich weigern, den Aufschlag zu zahlen, denen ihnen die Finanzinstitute aufbrummen werden, wenn die Börsenumsatzsteuer kommt. Damit werden der kleine Mann und die kleine Frau die Dummen sein: Während verständige Anleger, wohlhabende Privatleute und Unternehmen der Steuer per Mausklick entkommen, werden sie über höhere Gebühren auf ihre Lebensversicherung, ihre Fonds, ihre Altersvorsorge diese Steuer tragen – von reichen Bankern, denen man auf diese Weise etwas mehr Geld abnimmt, keine Spur. Solange man nicht glaubt, dass die Mineralölsteuer aus der Brieftasche des Tankwarts bezahlt wird, sollte man nicht davon ausgehen, dass die Börsenumsatzsteuer von denen getragen wird, die an der Börse handeln.

So betrachtet muss man daran zweifeln, dass die Börsenumsatzsteuer viel Geld in die Kassen des Staates spült. Darüber hinaus wird das Geld, das der Staat einnimmt, zu einem großen Teil aus den Taschen des Durchschnittsbürgers stammen. Bleibt noch der letzte Pfeil im Köcher der Befürworter der Börsenumsatzsteuer: Kann man mit dieser Steuer das wilde Auf und Ab an den Börsen dämpfen? Wissenschaftler bezweifeln, dass diese Idee funktioniert. Warum? Das versteht jeder, der einmal versucht hat, etwas zu verkaufen.

Wer als Verkäufer Erfolg haben will, befolgt eine einfache Regel: Gehe dorthin, wo möglichst viele Käufer sind – das erhöht die Chance, einen guten Preis für die Ware zu erzielen. Für den erfolgreichen Käufer gilt: Er sollte dort kaufen, wo die meisten Verkäufer sind – das erhöht die Chance, einen möglichst guten Preis zu bekommen. Für Verkäufer und Käufer gilt also gleichermaßen: Am besten man geht dorthin, wo viele Käufer und Kunden sind, das sichert den besten Preis.

Was aber passiert, wenn man auf einem Markt verkauft, auf dem sich nur wenige Käufer tummeln? Dann wird man als Verkäufer einen schlechteren Preis erzielen. Noch schlimmer wird es, wenn man den gleichen Gegenstand – sagen wir eine Aktie – häufiger verkaufen will auf einem Markt, auf dem nur wenige Käufer unterwegs sind: Dann wird man, je nachdem, welcher Käufer gerade anwesend ist, stets unterschiedliche Preise erzielen. Montags verkauft man die Aktie zu zehn Euro, weil zufällig jemand am Markt ist, der diese Aktie ganz dringend braucht. Am Dienstag hingegen findet sich niemand, der die Aktie unbedingt haben will – muss man dennoch verkaufen, muss man den Preis nun deutlich senken, sagen wir auf fünf Euro. Das Ergebnis: heftigste Kursschwankungen innerhalb von zwei Tagen, einfach nur deswegen, weil nicht genügend Käufer am Markt sind. Umgekehrt gilt diese Argumentation auch für Anleger, die Aktien kaufen wollen – je weniger Verkäufer am Markt sind, umso höher die Preisschwankungen, also die Kursturbulenzen.

Diesen Effekt konnte man noch vor wenigen Jahren an der Börse bewundern, vor allem am sogenannten Neuen Markt, an dem um die Jahrtausendwende Aktien von Technologieunternehmen gehandelt wurden. Dort zeigte sich der Zusammenhang zwischen der Anzahl der Käufer und Verkäufer einer Aktie, der sogenannten Liquidität, und den Kursschwankungen, der Volatilität, unbarmherzig: Je weniger Aktien eines Unternehmens gehandelt wurden, umso drastischer waren die Kursausschläge. Vor allem Kleinanleger erwischte es oft kalt: In Unkenntnis dieser Zusammenhänge stellten sie Aktien zum Verkauf – doch da sich kaum Käufer fanden, wurden diese Aktien teils zu einem Schrottpreis verkauft. Profis standen an der Seitenlinie, warteten, bis Anleger Aktien zum Verkauf anboten, und fischten sie für ein Butterbrot ab. Das passiert, wenn zu wenige Käufer und Verkäufer am Markt sind, wenn die Märkte zu illiquide sind.

Für Börsen ist ein Mangel an Käufern und Verkäufern also Gift – er führt zu heftigen Kurskapriolen. Wenn die Börsenumsatzsteuer tatsächlich greift und die Akteure an der Börse daraufhin weniger Aktien kaufen und verkaufen, weil sie das Land verlassen, dann wird diese Börse weniger liquide – mit der Folge größerer Kursschwankungen. Damit kann die Börsenumsatzsteuer dazu führen, dass die Kurskapriolen an der Börse zunehmen, statt zu sinken.

Unter dem Strich fällt die Bilanz der Börsenumsatzsteuer damit wenig ermutigend aus: Das Aufkommen dürfte nicht sonderlich hoch sein, zudem muss man befürchten, dass die Last dieser Steuer auch, wenn nicht sogar überwiegend, dem Durchschnittsbürger aufgebürdet wird, und zu allem Überfluss könnte diese Steuer für einen Rückgang der Umsätze an den Finanzmärkten und damit zu höheren Kursausschlägen führen. Ziemlich viele Einwände für eine Steuer, die bestenfalls eine Nebenrolle im großen Steuererhöhungskonzert spielen kann. Von den Ineffizienzen, dem Nachteil für den Finanzstandplatz Deutschland und den gestiegenen Kosten der Eigenkapitalbeschaffung der Firmen einmal ganz abgesehen. Darüber hinaus ist schwer absehbar, ob eine solche Steuer nicht mit dem EU-Recht kollidiert.

Das sind ziemlich viele Einwände gegen diese Steuer – ihr Beitrag zur Lösung der Schuldenkrise wird eher symbolischer Natur sei. Wenn diese Steuer das Licht der bundesdeutschen Realität erblicken sollte, dann eher, weil Politiker dem Volkszorn auf die Finanzbranche ein Opfer bringen wollen. Auf dem gleichen Altar, so steht zu vermuten, wird man versuchen, ein weiteres Opfer zu bringen, und mithilfe dieses Opfers auch den Staatssäckel zu füllen. Wer darüber redet, reiche Banker zu besteuern, ist rasch bei der Idee, nicht den Verkauf der Aktien, sondern deren Besitz zu besteuern, und auch den Besitz vieler weiterer Vermögensgegenstände. Womit wir bei der Idee wären, Vermögen zu besteuern. Und wer könnte besser für eine solche Abgabe plädieren als Reiche?

„Wir wollen mehr Steuern zahlen"

Es passiert wohl nicht häufig, dass Bürger darum bitten, mehr Steuern zu zahlen – aber es passiert: „Wir, die wir durch Erbschaft, Arbeit, erfolgreiches Unternehmertum oder Kapitalanlage zu einem Vermögen gekommen sind, fordern, dass alle Wohlhabenden an den Kosten zur Abfederung der Krise ... beteiligt werden", schreibt die „Initiative Vermögender für eine Vermögensabgabe" auf ihrer Homepage. Menschen mit einem Vermögen von mehr als 500 000 Euro, so die Idee der Initiatoren, sollen eine auf zwei Jahre befristete Vermögensabgabe in Höhe von fünf Prozent zahlen, danach solle man eine Vermögensteuer in Höhe von mindestens einem Prozent einführen. Unterzeichnet haben diese Initiative Ärzte, Pädagogen, ein Philosoph, Lehrer und eine Dame und ein Herr, die sich nur mit Pseudonym nennen lassen wollen. Sie alle geben an, „ein Vermögen in der Größenordnung von 500 000 Euro" zu besitzen. Insgesamt 46 Unterzeichner habe man bereits, dazu kommen 150 Unterstützer, die angegeben haben, kein Vermögen von mehr als 500 000 Euro zu besitzen. Eine solche Initiative mutet schon merkwürdig an, vereinzelt wurden Zweifel an ihrer Ernsthaftigkeit und Seriosität geäußert – was kein Grund dafür ist, sich nicht mit der Forderung nach einer Besteuerung großer Vermögen zu beschäftigen. Schließlich ist die Idee so alt ist wie die Steuer selbst. Was kann eine Vermögensteuer?

Die Idee ist politisch gesehen bestechend: Warum nicht mehr Geld von den Reichen nehmen, die es sich leisten können? Und da sich nur eine kleine Minderheit in Deutschland als reich empfindet, stößt diese Idee auf wenig Widerstand. Doch der Teufel steckt – wie bei großen Ideen so oft – im Detail. Und er beginnt mit der Frage danach, was eigentlich Vermögen ist.

Das klingt auf den ersten Blick befremdlich, bei näherem Hinschauen aber wird das Problem klar: Was ist Vermögen? Autos, Häuser, Bilder, Schmuck, Aktien, Bargeld – das ist alles irgendwie „Vermögen". Die Grenze zwischen einem Gebrauchsgegenstand und einem Vermögensgegenstand ist fließend und lässt sich nicht objektiv festlegen. Ist ein Sportwagen ein Vermögensgegenstand oder ein Gebrauchsgegenstand? Was, wenn man eine Sammlung von Sportwagen hat? Was ist mit Bildern, mit Kunst? Teurem Porzellan? Schmuck? Was ist mit der Ausbildung, die ja im Grunde genommen auch Vermögen darstellt – schließlich ermöglicht sie es ihrem Besitzer, ein höheres Einkommen zu erzielen. Man muss dieses Problem pragmatisch lösen – mit allen daraus resultierenden Ungerechtigkeiten und Problemen. Im Extremfall müssen die Steuerprüfer durch jeden Haushalt ziehen und nach Vermögensgegenständen suchen, die sie der Steuer unterwerfen können. Und dann werden sich die Steuerpflichtigen mit dem Finanzamt darüber streiten, ob die alte Gitarre an der Wand oder der Schmuck der Gattin Vermögen sind oder nicht. Das klingt nach einem Konjunkturprogramm für Anwälte, Steuerprüfer und Richter.

Das nächste Problem besteht darin, dass der Zustand „vermögend" zeitabhängig ist. Was heute viel wert ist, kann morgen nur noch Papier sein – das haben wir in den vergangenen Jahren schmerzlich gelernt. Das stellt die Finanzbehörden vor eine schwierige Frage: Über welchen Zeitraum will man Vermögen besteuern? Das Aktienpaket, das heute 100 000 Euro wert ist, wiegt morgen vielleicht nur noch die Hälfte – welchen Wert besteuern wir nun? Im schlimmsten Fall bekommt man am 31. Dezember einen Steuerbescheid auf sein Aktienvermögen, das am 2. Januar des nächsten Jahres auf null fällt – und zahlt Steuern auf ein vernichtetes Vermögen. Also müsste man auf Durchschnittswerte abstellen – mit entsprechendem administrativem Aufwand. Dabei haben wir noch nicht einmal davon gesprochen, dass das Aktienvermögen, das wir besteuern, nur auf dem Papier besteht. Wenn der Aktionär eines Tages dieses Vermögen realisieren will, muss er vielleicht feststellen, dass die Aktien viel weniger – oder aber auch viel mehr – wert sind, als er und das Finanzamt angenommen haben. Insofern würde man bei der Besteuerung von Wertpapiervermögen nur sogenannte Buchwerte – also Vermögen, das auf dem Papier steht – besteuern.

Und die Probleme nehmen zu, wenn man Vermögensgegenstände bewerten muss, die nicht auf Geld lauten: Was ist ein Gegenstand wert? Diese Frage ist schwieriger, als man annimmt. Bei liquiden Vermögensgegenständen wie Aktien ist das kein Problem: Den Wert einer Aktie kann man täglich durch einen Blick in den Kursteil der Zeitung ermitteln. Doch was ist mit dem Wert beispielsweise einer Immobilie? Eine Immobilie ist ein Unikat, es gibt keine zwei Häuser, die gleich sind – weswegen jedes Haus einen anderen Wert hat. Jede Immobilie ist, was Lage, Ausstattung, Alter und vieles mehr angeht, einzigartig. Den Marktpreis eines solchen Unikats kann man nur ermitteln, indem man es verkauft. Doch man kann den Hausbesitzer kaum dazu zwingen, sein Haus zu verkaufen, nur damit das Finanzamt dessen wahren Wert ermittelt. Also muss man schätzen: Man sucht nach vergleichbaren Objekten oder orientiert sich an Quadratmeterpreisen und Erfahrungswerten. Klingt praktikabel, kann aber nicht darüber hinwegtäuschen, dass wir den wahren Wert nur schätzen – die Steuerforderung nur auf Vermutungen beruht. Darüber hinaus kostet das Schätzen des Wertes wiederum Geld, und das nicht zu knapp.

Damit einher geht ein weiteres Problem, nämlich das Problem der Stichtagsbezogenheit: Es reicht nicht, den Wert einer Immobilie einmalig zu schätzen – was, wenn ein Jahr später eine Autobahn neben dem Haus verläuft? Dann verliert es beträchtlich an Wert, und das muss bei der Ermittlung der Steuerlast berücksichtigt werden. Will heißen: Man muss den Wert des Hauses jedes Mal neu ermitteln, wenn man die Steuer darauf kassieren will. Ein absurd hoher Aufwand, der die Ertragskraft dieser Steuer deutlich schmälert.

Wer eine flächendeckende Vermögensteuer erheben will, muss also durch ganz Deutschland ziehen und jede Immobilie auf ihren Wert hin schätzen, und das nicht nur einmalig, sondern im Zweifelsfall jedes Jahr oder immer, wenn der Hausbesitzer nicht mit dem vom Finanzamt veranschlagten Wert seines Häuschens einverstanden ist. Die Kosten für diese Schätzungen werden die erhofften Erträge aus der Vermögensteuer kräftig senken. Genau dieses Problem einer hinreichend angemessenen Bewertung von Immobilien hat dazu geführt, dass das Bundesverfassungsgericht 1995 die Erhebung der Vermögensteuer ausgesetzt hat. Während Wertpapiere nämlich mit ihrem aktuellen Kurswert der Vermögensteuer unterworfen wurden, mussten die Besitzer von Immobilien nur eine Steuer auf den sogenannten Einheitswert zahlen, einen Wert, der zuletzt in den 60er-Jahren erhoben und nur noch einmal in den 70er-Jahren angepasst wurde. Schon nach einigen Jahren stand dieser Wert in keinem Verhältnis mehr zu den geschätzten Verkehrswerten der Häuser. Die Folge: Während die Immobilienbesitzer aufgrund des niedrigen Einheitswertes seiner Immobilie eine recht geringe bis gar keine Vermögensteuer zahlen musste, wurde der Aktionär und Wertpapierbesitzer satt zur Kasse gebeten. Damit waren Aktien und anderes leicht zu bewertendes Vermögen stärker von der Vermögensteuer betroffen als Immobilien – ein Verstoß gegen den Grundsatz der Gleichbehandlung. Und solange nicht alle Vermögensarten gleich behandelt werden, darf diese Steuer nicht mehr erhoben werden. Diese Hürde muss die Politik nehmen, bevor sie Vermögen besteuern darf. Und das ist nicht die einzige Hürde.

Die nächste Hürde ist das sogenannte Betriebsvermögen: Ein großer Teil der Vermögen in Deutschland ist in Unternehmen investiert, und auf diesen Investitionen aus der Vergangenheit basieren die Arbeitsplätze in den Unternehmen. Eine Steuer auf die Unternehmenssubstanz – genau das wäre eine Vermögensteuer auf Betriebsvermögen – soll eine gute Idee sein? Besteuert man die Unternehmenssubstanz, so besteuert man Unternehmen unabhängig von ihrem Gewinn. Das bedeutet, dass man letztlich auch den Aufbau der Unternehmenssubstanz über neue Investitionen verteuert – während man mit anderen Politikinstrumenten gleichzeitig Investitionen subventioniert. Das klingt nicht gut. Zudem müssen Unternehmen auch Vermögensteuer zahlen, wenn sie Verluste machen. Welche Probleme die Besteuerung von Unternehmensvermögen nach sich zieht, hat gerade die jüngste Reform der Erbschaftsteuer gezeigt. Will man Unternehmen nicht in ihrer Existenz gefährden, bleibt kaum ein anderer Weg, als sie weitgehend von dieser Steuer auszunehmen oder sie anderweitig zu entlasten. Zu welchen bürokratischen und sonstigen rechtlichen Kapriolen und Ungereimtheiten das führen kann, zeigt die neue Erbschaftsteuer. Sollen wir uns das jetzt auch noch in Form einer Vermögensteuer antun? Und was hätten wir letztlich davon?

Womit der heikelste Punkt der Vermögensteuer angesprochen wäre: Wie ergiebig kann diese Steuer sein? Das Deutsche Institut für Wirtschaftsforschung (DIW) sieht Potenzial von bis zu 25 Milliarden Euro für eine Vermögensteuer von einem Prozent. Das klingt optimistisch: Im letzten Jahr ihrer Erhebung – das war 1996 – beliefen sich die Erträge der Vermögensteuer auf lediglich neun Milliarden D-Mark, also rund 4,6 Milliarden Euro. Woher dann der Optimismus der Forscher? Er resultiert aus der Ausgestaltung dieser Steuer – und hier lauern die nächsten Fallen.

Da wäre zunächst der Steuersatz: Je höher man diesen festlegt, desto höher werden die Einnahmen des Staates sein, vorausgesetzt, die Bürger beantworten die höheren Steuern nicht mit Steuerflucht und Steuerausweichung. Doch vielleicht ist dies nicht einmal das größte Problem: Ein zu hoher Steuersatz dürfte vermutlich beim Bundesverfassungsgericht scheitern. In seinem Urteil zur Vermögensteuer hat das Verfassungsgericht 1995 festgestellt, dass das Einkommen der Bürger nicht beliebig mit Steuern belastet werden darf. Wenn auch die Ausführungen dazu nicht sehr präzise sind, so bestehen doch Bedenken, wenn die Belastung mit Steuern den sogenannten Halbteilungsgrundsatz gravierend verletzt. Wenn auch dieser Grundsatz vom Verfassungsgericht neuerdings nicht mehr weiterverfolgt wird, so darf dennoch vermutet werden, dass der Spielraum für einen höheren Steuersatz bei der Vermögensteuer nicht sehr groß ist. Deswegen besteht wenig Aussicht, mit der Vermögensteuer große Steuerschätze zu heben.

Doch es gibt einen Ausweg. Wenn man den Satz nicht zu hoch ansetzen kann, so bleibt die alte Weisheit von Dschingis Khan: Halte die Steuersätze niedrig, besteuere dafür möglichst viel. Im Fachjargon nennt man das „Verbreiterung der Bemessungsgrundlage". Konkret heißt das, dass man nicht nur die Millionäre zur Kasse bittet, sondern die breite Mittelschicht der Bevölkerung getreu der Maxime: Wenn nicht viel zu holen ist, muss man von vielen viel holen. Hier machen es nicht die hohen Vermögen, sondern die hohe Anzahl derjenigen, denen man eine Vermögensteuer auferlegt.

Das ließe sich bewerkstelligen, indem man die Freibeträge für eine solche Steuer entsprechend niedrig ansetzt: Nicht erst ab 500 000 Euro, sondern beispielsweise ab 150 000 Euro oder 200 000 Euro bittet man den Bürger zur Kasse – womit jeder Eigenheimbesitzer in der Steuerfalle sitzt. Das Problem: Je niedriger man den Freibetrag ansetzt, umso mehr verliert die Vermögensteuer den Charakter einer Steuer für Wohlhabende und wird zu einer allgemeinen Abgabe auf Besitz. Und am Ende wird die Steuer, die Reiche treffen soll, zu großen Teilen von Durchschnittsbürgern mit Reihenhäuschen und Altersvorsorgevermögen gezahlt. Je mehr die Steuer auf fiskalische Ergiebigkeit abstellt, umso mehr verliert sie den Charakter einer umverteilenden Steuer und wird zu einer einfachen Steuer.

So sieht das auch das DIW: „Vermögensteuern scheinen nur eine Chance zu haben, wenn man sie durch niedrige Freibeträge auf eine breite Basis stellt und im Gegenzug die Steuersätze moderat hält", lässt sich das Institut zitieren. Dann aber würden die Mehrbelastungen „bis weit in die Mittelschicht" hineinreichen. Diese Passage der DIW-Expertise fand sich interessanterweise kaum in den Zeitungsartikeln, die sich mit dieser Studie beschäftigten. Die Politik hat damit die Wahl, entweder die Vermögen der Reichen zu besteuern, was diese Steuer zu einem fiskalischen Rohrkrepierer macht, oder aber auf mehr Einnahmen zu setzen, indem sie den Mittelstand schröpft. Und bei all diesen Problemen war noch nicht die Rede von den negativen Folgen einer solchen Steuer für das Wachstum einer Volkswirtschaft, die unter Experten unbestritten sind.

Damit erweist sich die Vermögensteuer als eine weitere Chimäre, allenfalls tauglich für lautes Wahlkampfgetöse – andere Alternativen sind gefragt. Und wenn man weiterhin bei den Reichen bleiben will, dann bleibt nur noch eine Option: deren Einkommen, genauer gesagt, die umstrittene Reichensteuer. Und natürlich gibt es auch darum heftiges Gerangel. Neu dabei ist eher, dass sich ein CSU-Politiker und ein Politiker der Linken einmal einig sind.

„Symbolische Politik mit Placeboeffekt"

Das hat man selten: Politiker des rechten wie linken Lagers, die am gleichen Strang ziehen: „Ökonomisch unsinnige Neidsteuer", polterte der Vorsitzende der CSU-Landesgruppe im Bundestag, Peter Ramsauer; „symbolische Politik", die letztlich nur geringe Auswirkungen habe und „niemandem hilft", pflichtete ihm Gustav Horn, Leiter des gewerkschaftsnahen Instituts für Makroökonomie und Konjunkturforschung bei. Der Wirtschaftswissenschaftler Rudolf Hickel, wissenschaftlicher Fahnenträger der Linken, attestiert der Reichensteuer einen „reinen Placeboeffekt" und die Partei Die Linke lehnt die Reichensteuer ebenfalls ab.

Ziel dieser Kritik ist die von der Großen Koalition eingeführte Reichensteuer, die vorsieht, dass Bürger (nach dem damals geltenden Einkommensteuertarif) ab einem zu versteuernden Einkommen von

250 001 Euro für Ledige respektive 500 002 Euro für Verheiratete einen Spitzensteuersatz von 45 Prozent statt der bisherigen 42 Prozent zahlen müssen. Den Erfolg der Reichensteuer kann man kaum als einen solchen bezeichnen: Mit rund 1,3 Milliarden Euro an zusätzlichen Steuereinnahmen rechnete die Große Koalition – angesichts des gigantischen Schuldenbergs, den wir von der Finanzkrise geerbt haben, ein Tropfen auf der heißen Herdplatte.

Dennoch – wer die Steuereinnahmen erhöhen will, wird kaum an der Einkommensteuer vorbeikommen, sie ist neben der Mehrwertsteuer die ergiebigste Steuer, zudem bietet sie aufgrund ihres progressiven Charakters die Möglichkeit, dem Gerechtigkeitsempfinden der Bürger Genüge zu tun. Doch was genau kann man tun?

Zunächst einmal ist die Reichensteuer in der jetzigen Form keine sehr geschickte Lösung: Will man die Einkommen von Wohlhabenden stärker besteuern, so sollte man das in den jeweiligen Einkommensteuertarif einarbeiten: Es gibt keinen Grund dafür, in den Einkommensteuertarif einen Sprung im Steuersatz wie bei der Reichensteuer einzubauen. Will man die höheren Einkommen stärker zur Kasse bitten, dann erhöht man die entsprechenden Steuersätze – mehr nicht. Der einzige Grund, statt einer einfachen Tarifanpassung den Weg eines Sprungs im Tarif wie bei der Reichensteuer zu wählen, besteht in der politischen Geste: Die Einführung einer explizit benannten Reichensteuer wird vom Wahlvolk registriert und als solche gewürdigt, die Erhöhung der Steuersätze hat vermutlich nicht die gleiche Öffentlichkeitswirkung. Insofern haben die Kritiker der Reichensteuer recht: Hier ging es vor allem um den Anschein; die Einnahmen der Steuer rechtfertigen bei Weitem nicht den Rummel, der darum gemacht wurde.

Aber soll man die Einkommensteuertarife erhöhen, darf man, muss man? Diese Frage lässt sich objektiv nicht beantworten. Kritiker haben recht, wenn sie darauf hinweisen, dass die zehn Prozent der einkommensstärksten Bürger bereits jetzt mehr als 50 Prozent des Einkommensteueraufkommens zahlen – das muss nicht heißen, dass da nicht doch Luft ist, um die Reichen stärker zu belasten. Ökonomisch gesehen lassen sich nur zwei Dinge mit Sicherheit sagen: Erstens bedeuten höhere Steuersätze mehr Steuerwiderstand, Steuerflucht und Steuerhinterziehung und geringere Anreize zum Investieren, Arbeiten und Sparen. Ab welchem Steuersatz die Schraube überdreht wird, lässt sich allerdings nicht sagen. Die zweite Gewissheit ist ebenfalls unangenehm: Will man mit der Einkommensteuer deutlich höhere Einnahmen erzielen, so reicht eine Erhöhung der Einkommensteuer für die Reichen nicht aus – wer mehr Steuergelder haben will, muss der breiten Masse, also dem Mittelstand, in die Tasche greifen. Das ist aktuell bereits der Fall: Schon bei einem zu versteuernden Einkommen einer Person (eines Ehepaares) von 52 882 Euro (105 764 Euro) wird der – abgesehen von der Reichensteuer – Spitzensteuersatz der Einkommensteuer von 42 Prozent (im Jahr 2010) erreicht. Keine Überraschung, denn nur so lassen sich hohe Einnahmen generieren. Vermutlich werden aber nur die wenigsten derjenigen, die den Spitzensteuersatz zahlen, sich für reich halten.

Entscheidend für die Frage, was wir den Bürgern an höheren Einkommensteuern zumuten können, wird die in Sonntagsreden so gerne beschworene Solidarität der Bürger sein: Je geringer die Akzeptanz höherer Steuern ist, umso schwieriger wird es, höhere Einkommensteuern durchzusetzen – sonst drohen Steuerbetrug und Steuerausweichung sowie Stimmenverluste bei der nächsten Wahl. Doch die Akzeptanz dieser Steuern hängt nicht nur von deren Höhe ab, sondern vermutlich viel stärker noch von der empfundenen Steuerbelastung – und die stimmt selten mit der tatsächlichen Steuerbelastung überein. Auch die vermutete Belastung lässt sich ermitteln: Man fragt den gemeinen Steuerbürger danach.

Das haben die Sozial- und Wirtschaftspsychologen Erich Witte, Christina Mölders und Oliver Peytsch getan: Sie fragten Bürger aus allen Einkommensschichten nach ihrer eigenen vermuteten Steuerbelastung und verglichen diese mit der tatsächlichen Belastung, die diese Menschen, gemessen an ihrem tatsächlichen Einkommen, haben. Das Ergebnis war interessant: In den unteren Einkommensklassen überschätzten die Befragten ihre Steuerbelastung systematisch, in den oberen Steuerklassen unterschätzten sie diese hingegen. Personen mit einem geschätzten monatlichen Bruttolohn von 1 800 Euro (Mittelwert) beispielsweise vermuteten im Durchschnitt ihre Steuerbelastung bei etwa 18 Prozent – die tatsächliche Belastung in diesem Einkommensbereich beträgt hingegen nur zehn Prozent. Diejenigen mit einem geschätzten monatlichen Bruttolohn von 7 100 Euro

(Mittelwert) vermuteten im Durchschnitt eine Steuerlast von knapp 18 Prozent – tatsächlich zahlen sie aber 30 Prozent. Dieselben Bürger gaben übrigens die als gerecht empfundenen Steuersätze im Mittel mit zwölf Prozent in der erstgenannten und ebenfalls zwölf Prozent in der letztgenannten Gruppe an; insgesamt lagen hier die Angaben für die unterste Einkommensgruppe bei drei Prozent und zwölf Prozent in der obersten Gruppe; die Gruppe mit dem höchsten als gerecht empfundenen Steuersatz (17 Prozent) war diejenige mit einem geschätzten mittleren monatlichen Bruttolohn von 2 800 Euro.

Der Grund für die Fehleinschätzung der Bürger in Bezug auf ihre Einkommensteuerlast liegt in der Komplexität dieser Steuer – wer weiß schon, was er da zahlt? Diese Überlegungen weisen auf den Königsweg zur Einkommensteuerreform hin: Weniger Einzelfallregelungen, weniger Ausnahmeregelungen – das Einkommensteuerrecht sollte dramatisch entrümpelt werden. Und je mehr man die Löcher im Einkommensteuerrecht schließt, umso leichter wird man sich damit tun, die Steuersätze möglicherweise sogar zu senken – weniger Ausnahmeregelungen bedeuten mehr Steuereinnahmen. Kann das gerecht sein? Das kommt auf den Gerechtigkeitsbegriff an, den man unterstellt: Man mag es beklagen, wenn bestimmte Dinge nicht mehr von der Steuer absetzbar sind, das mag ungerecht sein. Auf der anderen Seite bedeutet das, dass sich die individuelle Steuerbelastung nicht mehr danach bemisst, wie genau man das Einkommensteuerrecht kennt, wie klug der Steuerberater ist und an welches Finanzamt man gerät – eine einfachere Einkommensteuer bedeutet zugleich eine gleichmäßigere Einkommensbesteuerung für alle. Auch das ist ein wichtiger Aspekt der Gerechtigkeit.

Allerdings sollte man hier die Hoffnungen nicht zu hoch ansetzen: Bisher sind noch alle Versuche zu einer Vereinfachung der Einkommensteuer gescheitert, weil weder die verschiedenen Lobbyorganisationen noch die Politiker ein Interesse daran haben, die Steuer zu vereinfachen – sonst könnten die Bürger erkennen, wie hoch ihre Belastung wirklich ist und es gäbe weniger Möglichkeiten, politische Geschenke an einzelne Interessengruppen zu verteilen – auf Kosten der Allgemeinheit.

Vermutlich wird eine andere Steuer eine Hauptrolle bei der Sanierung der Staatsfinanzen spielen – eine Steuer, die damit leben muss, dass ein T-Shirt, das auf einer Kloschüssel sitzt, Stimmung dagegen macht.

„Ich sch... auf die Mehrwertsteuererhöhung"

Noch kurz vor der wohl größten Steuererhöhung in der Geschichte der Bundesrepublik Deutschland war im Einzelhandel der Teufel los: Unternehmen beschworen in Werbespots, die anfallenden Mehrkosten auf keinen Fall beim Kunden abzukassieren, ein Textildiscounter ließ sogar ein T-Shirt auf eine Kloschüssel steigen und plärren, dass es auf die „Mehrwertsteuererhöhung sch...". Je nach Kalkulation und politischer Position kam man auf Mehrkosten von neun bis 64 oder 20 bis 40 Euro, die diese Steuererhöhung den Bürger pro Monat koste.

Die Chancen stehen nicht schlecht, dass der Textildiscounter sein Kloschüssel-T-Shirt noch einmal in den Kampf um Kunden schicken wird – die Mehrwertsteuer ist einfach zu ergiebig, als dass eine Regierung an ihr vorbeigehen könnte. Das muss nicht verkehrt sein – bei näherem Hinsehen kann man einer Mehrwertsteuererhöhung einiges abgewinnen. Erstens wird sie auf breiter Basis erhoben – das bedeutet, dass jeder ohne Ansehen der Person sie zahlen wird; Ausweichmöglichkeiten und Gestaltungsoptionen wie bei der Einkommensteuer gibt es kaum. Ein Pluspunkt gegenüber der Einkommensteuer. Ein weiterer Pluspunkt dieser Steuer besteht darin, dass sie eben den Konsum besteuert, nicht aber Investitionen und Sparen – das ist für das langfristige Wachstum einer Volkswirtschaft deutlich besser als die Einkommensteuer, die Investitionen verteuert und die Entscheidung zwischen Sparen und Konsum verzerrt. Aus dieser Perspektive ist die Mehrwertsteuer wachstumsfreundlicher als die Einkommensteuer. Zwei zu null für die Mehrwertsteuer.

Doch ein großes Aber bleibt: Ist die Mehrwertsteuer nicht sozial ungerechter als die Einkommensteuer? Hier steht das Argument von der regressiven Wirkung der Mehrwertsteuer im Raum: Da reiche Menschen einen größeren Anteil ihres Einkommens sparen, zahlen sie relativ betrachtet weniger Mehrwertsteuer als ärmere Menschen, die ihr gesamtes Einkommen ausgeben. In Relation zu ihrem Einkommen werden ärmere Menschen mit der Mehrwertsteuer stärker belastet, was unserem Gerechtigkeitsempfinden widerspricht. Aber vielleicht ist dieses Problem nicht ganz so groß, wie es scheint, wenn man eine einfache Annahme macht: dass Geld hauptsächlich dann Nutzen stiftet, wenn man es ausgibt, also konsumiert. So gesehen ist Sparen lediglich ein temporärer Konsumverzicht – letztlich werden diese Ersparnisse doch in Konsum umgesetzt – und besteuert. Damit relativiert sich das Problem der ungerechten Mehrwertsteuer. Letztlich zeigt sich Reichtum im Konsum, und solange alle Ersparnisse irgendwann in Konsum umgesetzt werden, wird dieser Reichtum besteuert – mit der Mehrwertsteuer. Das Sparen, das ja letztlich die Ursache der regressiven Wirkung der Mehrwertsteuer ist, ist so betrachtet nur eine Steuerstundung.

Auf den Punkt gebracht bedeutet die Mehrwertsteuer, dass derjenige, der viel konsumiert, auch viel Steuern bezahlt. Nimmt man als Indikator der Leistungsfähigkeit eines Menschen nicht sein Einkommen, sondern seinen Konsum, so hat die Mehrwertsteuer durchaus umverteilende Wirkung: Sie besteuert diejenigen, die viel konsumieren, also die entsprechende Leistungsfähigkeit haben, stärker. Der Konsumverzicht der Reichen ist nur eine Steuerstundung. Damit diese Stundung nicht über das Ableben hinaus erfolgt, kann man eine höhere Mehrwertsteuer mit einer entsprechenden Erbschaft- und Schenkungsteuer flankieren – das erhöht zusätzlich die Anreize, das Geld auszugeben.

So gesehen ist eine Mehrwertsteuererhöhung vielleicht noch das kleinere – und wohl auch ergiebigste – Übel. Doch man darf sich keinen Illusionen hingeben: Leistungsfähigkeit über den Konsum statt über das Einkommen zu bestimmen, kollidiert stark mit der etablierten Vorstellung, die Leistungsfähigkeit am Einkommen zu messen. So gesehen wird die Einkommensteuer eine unverzichtbare Komponente im Steuersystem bleiben. Aber möglicherweise wird ihre Bedeutung im Vergleich zur Mehrwertsteuer etwas zurückgehen, was keine schlechte Sache sein muss – kloschüsselsitzende T-Shirts hin oder her.

13 | Zahltag oder: Wir wollen unser Geld zurück

„Steuern sind ein erlaubter Fall von Raub."
Thomas von Aquin

Die Bürger der Stadt Cotaxtla hatten genug vom Finanzamt: Sie erschlugen den regionalen Steuereintreiber und seine Assistenten, und auch die Spezialagenten, welche von den Behörden aufgrund dieser Ereignisse in die Stadt geschickt wurden, überlebten ihre Mission nicht – zu allem Übel kleideten die rebellischen Steuerbürger die Leichen der Agenten in teure Gewänder und setzten sie an eine Festtafel, wo sie die toten Bankettgäste spöttisch fragten, ob sie denn nicht essen möchten. Als der Regierungschef – es handelte sich um den Aztekenherrscher Montezuma, wir schreiben das Jahr 1485 – dies erfuhr, befahl er im ersten Zorn, die Stadt dem Erdboden gleichzumachen und alle Erinnerung an sie vom Antlitz der Erde zu tilgen. Doch dann hatte er Einsehen – statt die Stadt zu verwüsten, verfügte er nach der Niederschlagung des Aufstands lediglich, dass die Steuern zur Strafe verdoppelt werden – für einen Aztekenherrscher eine humane Geste.

Keine Frage, was die Steuerrebellion angeht, sind die Zeiten gesitteter geworden – heute gehen frustrierte Steuerbürger anders vor: In Amerika beispielsweise organisieren sie sich in Interessengemeinschaften und verkaufen Aufkleber oder Buttons mit Aufschriften wie „California Tax Revolt" oder „Those who can, do, those who can't, tax" („Wer es kann, macht's, wer es nicht kann, besteuert"). Sie organisieren sich in „Tea Party"-Protestgruppen, in Anspielung auf die Boston Tea Party, die wir als Startschuss zu Unabhängigkeitskrieg kennengelernt haben. In Deutschland hält man sich lieber an den Rechtsweg und legt Einspruch ein: Ende 2009 lagen bei den Finanzämtern knapp zehn Millionen unerledigte Einsprüche, so viele wie noch nie. Das ist die deutsche Variante der Steuerrevolte.

Und die Chancen für eine erfolgreiche Revolte stehen nicht schlecht. Der deutsche Steuerbescheid wird immer löchriger, immer mehr Bescheide gelten nur noch vorläufig oder werden angefochten: Ob Solidaritätszuschlag, Pendlerpauschale, Steuerberatungskosten, Arbeitszimmer, Vorsorgeaufwendungen, Beiträge zu Rentenversicherungen, Leibrenten, Entlastungsbetrag für Alleinerziehende, kindbezogene Freibeträge, Haushaltsfreibeträge, Grundfreibetrag, pauschale Werbungskosten beziehungsweise Betriebsausgaben – immer mehr Aspekte des deutschen Steuerrechts stehen auf dem juristischen Prüfstand, und mit jedem Aspekt des Steuerrechts, der den Gerichten zur Überprüfung vorgelegt wird, steigen die Chancen der Bürger, einen Teil ihres Gelds zurückzubekommen – und Änderungen des Steuerrechts zu erwirken.

Die Finanzämter, so sagen Profis, werden zunehmend von Einsprüchen überflutet, immer mehr Steuerbescheide sind vorläufig – eine stille Bankrotterklärung eines in seinen eigenen Details längst erstickten Steuerrechts. Im Bemühen, Gerechtigkeit zu schaffen und die Steuereinnahmen zu sichern, hat der Gesetzgeber ein Monster geschaffen, das er selbst nicht mehr beherrscht. Ganz offen wurde diese Kapitulation zuletzt in Niedersachsen und Nordrhein-Westfalen: In beiden Ländern sahen sich die Finanzämter nicht in der Lage, bestimmte Steuererklärungen zu bearbeiten – obwohl die Änderung, um die es ging, seit zwei Jahren in Kraft war. So kam es vor, dass Steuerpflichtige von ihrem Sachbearbeiter aufgefordert wurden, gegen den eigenen Bescheid Einspruch einzulegen. Den relevanten Betrag sollen sie selbst ausrechnen, das könne der amtliche Computer nicht – anders übrigens als die Standardsoftware der Steuerberater, die das ohne Probleme leistet.

Selbst gestandene Steuerexperten gestehen, dass sie das deutsche Steuerrecht nicht mehr überblicken, geschweige denn Sinn und logische Struktur finden; und hinter vorgehaltener Hand erklären sie, dass die Höhe des Steuerbescheids unterschiedlich ausfällt – je nachdem, bei welchem Finanzamt die Steuererklärung eingereicht und von welchem Sachbearbeiter sie bearbeitet werde. Kein Wunder, dass die deutsche Steuerrevolte sich ihren Weg durch die Instanzen bahnt – mit zunehmendem Erfolg.

Doch vermutlich sind das alles nur temporäre Siege: In Zeiten leerer Kassen wird dem Staat nichts anderes übrig bleiben, als noch tiefer in die Taschen seiner Bürger zu greifen. Als die Steuer im 16. Jahrhundert den Leuten mehr als die Hälfte ihres Einkommens wegnahm, kam es zu Bauernaufständen – heute zahlt ein Single 53 Prozent seines Einkommens, wenn man Steuern und Sozialversicherungen zusammenrechnet. Konfrontiert mit dieser Parallele, zog sich der amtierende Finanzminister Wolfgang Schäuble in einem Interview aus der Affäre, indem er den damaligen Staat als Wegelagerer und Raubritter beschrieb, die sich vom Geld dieser armen Kerle finanziert haben – das sei nicht zu vergleichen mit dem heutigen Gemeinwesen. Natürlich. Doch auch der moderne Steuerbürger hat eine Schmerzgrenze, und mittelalterliche Wegelagerer und Raubritter scheuten vor der 50-Prozent-Marke zurück. Der moderne Staat offenbar weniger, denn nichts deutet darauf hin, dass die Steuerlast der Deutschen in den kommenden Jahren sinken wird. Da hilft auch die gute Laune des Finanzministers nicht, der im gleichen Interview verbreitete, er zahle seine Steuern gern und könne trotzdem gut leben. Schön für ihn, für viele Bürger ist das nicht immer der Fall.

Ihnen allen bleibt der schwache Trost, dass schon die Römer sich mit ungerechten Steuern, und Pseudosteuerreformen herumplagen mussten. Das zeigt beispielsweise der Kommentar des römischen Senators Caspius bezüglich der Steuerreform des römischen Kaisers Hadrian um das Jahr 282 vor Christus:

> „Lobend gleichzustellen ist diese deine Steuerreform ... allen Steuerreformen, die da waren, sind oder kommen werden. Sie ist modern, gerecht, erleichternd und kunstvoll. Modern, weil jede der alten Steuern einen neuen Namen trägt, gerecht, weil sie alle Bürger des Römischen Reichs gleich benachteiligt, erleichternd, weil sie keinem Steuerzahler mehr einen vollen Beutel lässt, und kunstvoll, weil du in vielen Worten versteckst: dem Kaiser zu geben, was des Kaisers ist, und dem Bürger zu nehmen, was des Bürgers ist."

Hoffen wir, dass der Staat dem Bürger lässt, was des Bürgers ist.

Literatur und Anmerkungen

Allgemein verwendete Literatur

Adams, Charles: *For good and evil. The impact of taxes in the course of civilization, second edition*, Madison Books, Lanham, Maryland 2001. – Auf diesem Werk basieren viele Beispiele aus der Geschichte der Besteuerung, die in diesem Buch erzählt werden, die weiteren Quellen sind in den jeweiligen Kapiteln angegeben.

Birk, Dieter: *Steuerrecht*, 12. Aufl., C. F. Müller, Heidelberg u. a. 2009.

Bohley, Peter: *Die öffentliche Finanzierung*, R. Oldenbourg Verlag, München, Wien 2003.

Brümmerhoff, Dieter: *Finanzwissenschaft*, 9. Aufl., Verlag Franz Vahlen, München, Wien, 2007, Kapitel 16–22.

Camphausen, Otto von: Steuerrecht im Überblick, Schäffer-Poeschel Verlag, Stuttgart 2008.

Cansier, Dieter: *Finanzwissenschaftliche Steuerlehre*, Lucius & Lucius (UTB), Stuttgart 2004.

Neumark, Fritz; Andel, Norbert; Haller, Heinz (Hrsg.): *Handbuch der Finanzwissenschaft*, Band II, 3. Aufl., J. C. B. Mohr (Paul Siebeck), Tübingen 1980.

Reding, Kurt; Müller, Walter: *Einführung in die Allgemeine Steuerlehre*, Verlag Franz Vahlen, München 1999, Kapitel 7–10.

Scherf, Wolfgang: *Öffentliche Finanzen. Einführung in die Finanzwissenschaft*, Lucius & Lucius (UTB), Stuttgart 2009, Kapitel E 1–E 5.

Literatur und Anmerkungen zu den einzelnen Kapiteln

Zahltag oder: Auf dem Weg in den Steuerstaat

Alles zum Steuerzahler-Gedenktag finden Sie unter www.Steuerzahler.de.

Den Platz 106 von 133 Ländern finden Sie in:
World Economic Forum (2009), The Global Competitiveness Report 2009–2010, S. 153.

Die 47 Seiten Verwirrung, Unklarheiten und Rechtsstreitigkeiten finden Sie in:
Kessler, Wolfgang; Spengel, Christoph: „Checkliste potenziell EG-rechtswidriger Normen des deutschen direkten Steuerrechts" – Update 2009, in: *Der Betrieb* (DB) 2009, Beilage 1/2009 zu Heft Nr. 5.

Die Steuersünder und ihre Strafen:
Hüsgen, Jörn: „Reue zeigen", in: *Wirtschaftswoche* Nr. 012 vom 12.03.1998, S. 266, URL: http://www.spiegel.de/spiegel/print/d-13683757.html.
Brinkbäumer, Klaus: „Poussier mir den Chef", in: Spiegel Online, URL: http://www.spiegel.de/spiegel/print/d-7833323.html.
Der Fall Becker: o. V.: „Bewährungsstrafe gegen Becker: ,Nie mehr diese Angst'", in: Spiegel Online, URL: http://www.spiegel.de/panorama/0,1518,219620,00.html.
Haberer, Stephan: „Die Razzia mit dem Paukenschlag", in: *Euro am Sonntag*, 24.02.2008, Nr. 8, S. 14–17.
o. V.: „Freddy Quinn verurteilt", in: Focus Online, URL: http://www.focus.de/finanzen/steuern/steuerhinterziehung_aid_88758.html.
Palan, Dietmar; Hetzer, Jonas: „Der Raubzug des Steuerstaats", in: *Manager Magazin*, 01.01.2003, Nr. 1, S. 100.

Die Statistik zu den Steuerfahndern finden Sie in:
o. V.: „Ergebnisse der Steuerfahndung im Jahr 2008", in: Monatsbericht des BMF September 2009.

Zur Steuermoral, zu Steuerwiderstand und zur empfundenen Steuerlast:
Alm, James; Sanchez, Isabel; Juan, Ana de: „Economic and noneconomic factors in Tax compliance", in: *Kyklos*, Vol. 48, 1995, pp. 3–18.
Franzen, Wolfgang: „Was wissen wir über Steuerhinterziehung? Teil 1: Theoretische Erklärungsansätze für eine weitverbreitete Ausnahme von der Regel", in: *Neue Kriminalpolitik* 2/2008, S. 72–79.
Frey, René; Torgler, Benno: „Entwicklung und Stand der Steuermoralforschung". In: *Wirtschaftswissenschaftliches Studium*, Heft 3 (März 2002), S. 130–135.

Jonas, Eva: „Ein Modell der Steuerzufriedenheit – psychologische Grundlagen (un)ökonomischen Handelns", in: Fischer, Lorenz; Ekkehard, Thomas; Kutsch, Stephan: *Finanzpsychologie*, Oldenbourg, München, Wien 1999, S. 160–187.

Kirchgässner, Gebhard: „Moralische Aspekte der Besteuerung", in: Rose, Manfred (Hrsg.): *Integriertes Steuer- und Sozialsystem*, Heidelberg: Physica 2003, S. 215–241.

Klotz, Werner: „Über den Verfall der guten Sitten im Steuerrecht", in: Kirchhof, Paul; Offerhausl, Klaus; Schöberle, Horst (Hrsg.): *Steuerrecht, Verfassungsrecht, Finanzpolitik*, Verlag Dr. Otto Schmidt, Köln 1994, S. 289–307.

Prinz, Aloys: „Kann Raub ohne Sünde geschehen?" Besteuerung aus moraltheologischer und finanzwissenschaftlicher Sicht. Volkswirtschaftliche Diskussionsbeiträge der Westfälischen Wilhelms-Universität Münster, Beitrag Nr. 335.

Prinz, Aloys: „Steuermoral und Religiosität in Ost- und Westdeutschland", in: *Schmollers Jahrbuch* 124 (2004), S. 511–537.

Proschke, Christian; Witte, Erich: „Psychologische Faktoren der Steuergerechtigkeit", in: Witte, Erich (Hrsg.): *Sozialpsychologie wirtschaftlicher Prozesse*, Lengerich, Pabst Science Publishers (2002), S. 256–288.

Tipke, Klaus: Besteuerungsmoral und Steuermoral, Nordrhein-westfälische Akademie der Wissenschaften, Vorträge, Wiesbaden 2000.

Die Zahlen zu den Steuerfahndern und weitere Zahlen zum Steuerbetrug und den Folgen finden Sie in:

Deutscher Bundestag: Drucksache 16/8661 16. Wahlperiode, 27.03.2008. Antwort der Bundesregierung auf die Kleine Anfrage der Abgeordneten Dr. Volker Wissing, Frank Schäffler, Dr. Hermann Otto Solms, weiterer Abgeordneter und der Fraktion der FDP – Drucksache 16/8423 – Anwendung des Steuerstrafrechtes in Deutschland.

Friedrich-Ebert-Stiftung: „Volkssport Steuerhinterziehung? Für mehr Steuerehrlichkeit und Steuergerechtigkeit". Herausgegeben vom Wirtschafts- und sozialpolitischen Forschungs- und Beratungszentrum der Friedrich-Ebert-Stiftung, Abt. Wirtschaftspolitik, August 2003.

Die Zahlen zur Schwarzarbeit und die Aussagen von Friedrich Schneider finden Sie in:

Wettach, Silke: „Boomende Sparte", in: *Wirtschaftswoche* Nr. 17 vom 20.04.2009, S. 8.

Hier verteidigt der Bund den Nichtanwendungserlass:

o. V.: „BMF: Nichtanwendungserlasse sind keine Willkür des Bundes", in: *Der Betrieb*, vom 24.07.2009, Heft 30.

Dazu auch die Gegenseite:

o. V.: „Nichtanwendungserlasse ... und damit basta", in: *Der Steuerzahler*, Juli 2009, S. 128.

Das Urteil zum Fall Tipke

Urteil vom 09.03.2004 – 2 BvL 17/02, URL: http://www.bverfg.de/entscheidungen/ls20040309_2bvl001702.html.

Zu den politischen Aspekten der Besteuerung:
Wigger, Berthold: „Warum einfach, wenn es auch kompliziert geht?", in: *Frankfurter Allgemeine Zeitung* Nr. 44 vom 21.02.2004, S. 13.

Steuergeschichten

Alle biblischen Zitate stammen aus:
Die Bibel. Einheitsübersetzung. Altes und Neues Testament. Freiburg, Basel, Wien 1998.

Adams, Charles: *For good and evil. The impact of taxes in the course of civilization, second edition*, Madison Books, Lanham, Maryland 2001.

Buchholz, Werner: *Geschichte der öffentlichen Finanzen in Europa in Spätmittelalter und Neuzeit. Darstellung, Analyse und Bibliographie*, Akademie Verlag, Berlin 1996.

Schmölders, Günter: „Bart und Hochzeit, Fenster und Pelze – kein Ende der Steuerbelastung in Sicht. Kuriosa der Steuergeschichte", in: Schultz, Uwe (Hrsg.): *Mit dem Zehnten fing es an. Eine Kulturgeschichte der Steuer*, Verlag C. H. Beck, München 1992, S. 245–256.

Tillmann, Georg: *Zur Geschichte direkter und indirekter Besteuerung*. Schriften der Finanzwissenschaftlichen Abteilung, Bonn 1987.

Velte, Peter J.: „Grundzüge der Steuergeschichte", in: *Steuern und Finanzen. Informationen zur politischen Bildung* 241, 4/1993, S. 5–8.

Wiegard, Wolfgang: „Die Geburt der Steuer aus der Macht des Staates. Von der Schatzkammer des Monarchen zur Sozialkasse der Bürger". Funkkolleg: Steuern. Das Geld der Gesellschaft, Studienheft 1, Studieneinheit 2, Tübingen 1995.

Bärte, Morde und Nachtigallen: Skurrile Steuern

Soweit nicht anders angegeben, haben wir in diesem Kapitel auch die Quellen aus dem vorherigen Kapitel genutzt.

Das schreibt die BBC zu Lady Godiva:
o. V.: „Lady Godiva: The naked truth." URL: http://news.bbc.co.uk/2/hi/in_depth/uk/2000/newsmakers/1507606.stm.

Zur Kopfsteuer in Großbritannien:
o. V.: „Elegante Abfuhr", in: *Spiegel* Nr. 11/90, S. 167–170.
o. V.: „Steuer als Waffe", in: *Spiegel* Nr. 10/90, S. 184.

Zur gescheiterten Luxussteuer in den Vereinigten Staaten:
Mankiw, Nicholas Gregory: *Grundzüge der Volkswirtschaftslehre*, 3. Aufl., Schäffer-Poeschel Verlag, Stuttgart 2004.

o. V.: „Mehrwertsteuer: Fischer plädiert für Luxussteuer", in: Stern.de vom 24.07.2005, URL: http://www.stern.de/politik/deutschland/mehrwertsteuer-fischer-plaediert-fuer-luxussteuer-543451.html.

o. V.: „Weniger Steuern auf Luxuswagen", in: *Hamburger Abendblatt* Nr. 278 vom 28.11.1995, S. 23.
URL: http://80.237.193.200:8000/article.php?url=/ha/1995/xml/19951128xml/habxml951012_10878.xml.

Die Logik des Steuerspargrabs

Die Warnung für die Zahnärzte:
o. V.: „Vorsicht, Liebhaberei", in: *Zahnärztliche Mitteilungen* 7/2002, S. 86.
URL: http://www.zm-online.de/m5a.htm?/zm/7_02/pages2/finanz2.htm.

Der Terminator und die deutschen Steuersparer:
Beck, Hanno: „Das ‚dumme Geld' kommt nach Hause. Der Terminator rettet die Welt – mit deutschen Anlegergeldern", in: *Frankfurter Allgemeine Zeitung* vom 14.08.2003.

Der Fall VIP und Andreas Schmid:
o. V.: „Hohe Haftstrafen für ehemalige Geschäftsführer
Anleger in VIP-Medienfonds müssen mit Rückforderungen des Fiskus rechnen", in: *medien aktuell* vom 19.11.2007, S. 4.
o. V.: „Steuernachforderungen: ‚VIP Medienfonds' sorgen für Ärger", in: *Consultant*, Vol. 9, Heft 04/2007, S. 4.
o. V.: „VIP Medienfonds: Erneute Hausdurchsuchung", in: *Fondszeitung* vom 31.01.2008.

Zu den Medienfonds allgemein:
Kedell, Stephanie von: „High Noon – Showdown für Medienfonds", in: *ASSCompact*, Juli 2009, S. 70–71.
o. V.: „Wie im falschen Film", in: *Portfolio international* vom 09.11.2009.

Sie wollen in ein Denkmal investieren?
o. V.: „Denkmalschutzimmobilien: Bauträger fürchten ums Geschäft mit Denkmälern", in: *Immobilien Zeitung* Nr. 10 vom 27.04.2006, S. 4.

Im Vorhof zur Hölle: Wie hoch ist Ihr Einkommen?

Zu den aktuellen Regelungen im Einkommensteuerrecht:
Birk, Dieter: *Steuerrecht*, 12. Aufl., C. F. Müller, Heidelberg u. a. 2009, § 5, S. 176 ff.

Grundsätzliches zur Festlegung der Bemessungsgrundlage der Einkommensteuer aus finanzwissenschaftlicher Sicht:
Andel, Norbert: „Einkommensteuer", in: Neumark; Andel; Haller (Hrsg.): Handbuch der Finanzwissenschaft, 3. Aufl., Band II, S. 332–401, insbesondere § 2, S. 334 ff.

Der steuerfreie BMW:
BFH Urteil vom 02.09.2008, Aktenzeichen X R 8/06. URL: http://www.bundesfinanzhof.de/www/entscheidungen/2008.11.26/10R806.html.

Die Handelsvertreterin für Kosmetik:
BHF Urteil vom 02.09.2008, AZ X R 25/07.

Zur Pendlerpauschale:
Geckle, Gerhard: „Pendlerpauschale: Kernaussagen und Erwartungen", in: *SteuerConsultant* 1/09, S. 26–27.
o. V.: „Neuregelung der Pendlerpauschale verfassungswidrig", in: *AssCompact* Nr. 01 vom 05.01.2009, S. 96.

Das Toupet:
FG Rheinland-Pfalz, Urteil vom 12.11.2008 – Aktenzeichen 2 K 1928/08, Urteil zur Einkommensteuer 2006 vom 12.11.2008.

Rechtsstreitigkeiten, geprellte Ehemänner, Detektive, Trinkgelder; Sonderdiäten, Vaterschaftsklagen:
BFH Urteil vom 21.02.1992 AZ.: III R 88/90 Rechtsnormen: EStG § 33, BGB § 1361.
BFH Urteil vom 30.10.2003 Az.: III R 32/01 Rechtsnorm: EStG § 33.
BFH Urteil vom 18.03.2004 Az.: III R 31/02 Rechtsnorm: EStG § 33.
Urteil vom 21.06.2007 III R 48/04.
FG Düsseldorf Urteil vom 09.05.2003 Az.: 18 K 7931/00 E Rechtsnorm: EstG § 33.
FG Münster Urteil vom 03.04.2003 Az.: 3 K 1240/01 E (Anm.) Rechtsnorm: EstG § 33.

Zur Haushaltshilfe:
Neuregelung des Bundesfinanzministeriums Az. IV C 4-S-2296b-60/60.

Friedrich Schneider und die Schwarzarbeit:
Bonstein, Julia; Dettmer, Markus: „Wenn der Postmann klingelt", in: *Spiegel*, 3/2004, S. 58–60.
o. V.: „Zentrale Ergebnisse zum Thema Schwarzarbeit". INSM-Pressekonferenz mit Prof. Friedrich Schneider am 08.03.2007 in Berlin zum 50. Jahrestag des Schwarzarbeits-Gesetzes, URL: http://archiv.insm.de/Umfragen___Studien/Studien/Studien/Zentrale_Ergebnisse_zum_Thema_Schwarzarbeit.html.
Schneider, Friedrich: „Wirtschaftswissenschaftler, im Gespräch mit Rigobert Kaiser", BR-ONLINE, URL: http://www.br-online.de/alpha/forum/vor0605/20060517.shtml Sendung vom 17.05.2006, 20.15 Uhr.

Enste, Dominik H.; Hardege, Stefan: „Regulierung und Schattenwirtschaft“, *IW-Trends* – Vierteljahresschrift zur empirischen Wirtschaftsforschung aus dem Institut der deutschen Wirtschaft Köln, 34. Jahrgang, Heft 1/2007.

Der Weg in die Hölle: Die Illusion der gerechten Steuer

Zur Steuergerechtigkeit aus wirtschafts- und sozialpsychologischer Sicht erfahren Sie mehr auf der Homepage von Professor Erich H. Witte (Fachbereich Psychologie, Universität Hamburg) „Just Taxes. Steuern und Steuergerechtigkeit“, URL: http://www.uni-hamburg.de/fachbereiche-einrichtungen/fb16/absozpsy/just_taxes.html.

Die Möglichkeit, Steuergerechtigkeit durch Steuervereinfachung zu fördern, wird empirisch für Deutschland untersucht von:
Fuest, Clemens; Peichl, Andreas; Schaefer, Thilo: „Führt Steuervereinfachung zu einer „gerechteren“ Einkommensverteilung?“, *Perspektiven der Wirtschaftspolitik*, Band 8, Heft 1, 2007, S. 20–37.

Der skurrile Text zum Baukindergeld und dem Dienstmädchenprivileg stammt aus:
Finanz-Rundschau 17/2008, S. 837–838.

Zu den Steuervergünstigungen und den Kindern:
Bundesministerium der Finanzen: „Einundzwanzigster Subventionsbericht. Bericht der Bundesregierung über die Entwicklung der Finanzhilfen des Bundes und der Steuervergünstigungen für die Jahre 2005–2008“.
o. V.: „Darstellung der geltenden Familienförderung“, in: *Monatsbericht des Bundesministeriums der Finanzen*, September 2005, S. 45–52.
o. V.: „Staatliche Leistungen für die Förderung von Familien“, in: *Monatsberichte der Deutschen Bundesbank*, April 2002, S. 15–32.
o. V.: „153 verschiedene Töpfe“, in: *Parlament*, Nr. 29/30, Juli 2008, S. 11.
Rosenschon, Astrid: „Finanzhilfen des Bundes – eine Aktualisierung“, *Kieler Arbeitspapiere* 1313 (2007), Institut für Weltwirtschaft, Kiel.
Rosenschon, Astrid: „Finanzpolitische Maßnahmen zugunsten von Familien – Eine Bestandsaufnahme für Deutschland“, *Kieler Arbeitspapiere* 1273 (2006), Institut für Weltwirtschaft, Kiel.

Die Berechnungen der Deutschen Bundesbank zu den Grenzsteuersätzen stehen bei:
Deutsche Bundesbank: „Öffentliche Finanzen in der Krise – Ursachen und Handlungserfordernisse“, in: *Monatsberichte der Deutschen Bundesbank*, März 2004, S. 15–37.

Die Steuerbelastung aus den Beispielen können Sie selbst ausrechnen; die angegebenen Werte wurden berechnet mit dem interaktiven Abgabenrechner des Bundesministeriums der Finanzen für die Einkommensteuer 2009. Internet URL: https://www.abgabenrechner.de/ekst/ekst.jsp? [04.01.2010]; die Grenzbelastung nach Tarifen findet sich auf der Homepage des Bundesministeriums der Finanzen (BMF).

Zum Splitting und der Geschichte der Ehegattenbesteuerung:
Haberecht, Undine: „Geschichte der Ehegattenbesteuerung", 08.04.2003, in: URL: http://www.jurathek.de/5462 [04.01.2010].

Wer zahlt wie viel Steuern?
Bundesministerium der Finanzen: Beitrag der Steuerpflichtigen zum Steueraufkommen 2007, URL: http://www.bundesfinanzministerium.de/nn_3380/DE/Wirtschaft__und__Verwaltung/Steuern/001__Starke__Schultern__a,templateId=raw,property=publicationFile.pdf.

Das antike Orakel und moderne Steuersünden

Den zurzeit aktuellen Stand der Unternehmensbesteuerung finden Sie bei:
Birk, Dieter: *Steuerrecht*, 12. Aufl., C. F. Müller, Heidelberg u. a. 2009, § 6, S. 322 ff.

Eine ausführliche finanzwissenschaftliche Analyse der Unternehmensbesteuerung bietet:
Homburg, Stefan: *Allgemeine Steuerlehre*, 5. Aufl., Verlag Franz Vahlen, München 2007, Kapitel 7, S. 225 ff.

Zu den Zielen der Reform der Unternehmensbesteuerung werden Sie informiert von:
Lietmeyer, Volker; Petzold, Oliver: „Bedingungen und Ziele für eine Reform der Unternehmensbesteuerung", in: *Wirtschaftsdienst*, Heft 9, 2005, S. 590–599.

Standpunkte zur Notwendigkeit einer Harmonisierung der Unternehmensbesteuerung in der Europäischen Union:
Nachtrag: Sollte die Unternehmensbesteuerung innerhalb der EU harmonisiert werden? (Stellungnahmen von Christoph Spengel und Wolfgang Eggert), *ifo Schnelldienst* 13/2004, S. 3–8.

Wer Genaueres über die Frage des Steuerwettbewerbs und der Steuerkoordination in der EU wissen will, kann hier nachlesen:
Zodrow, George R.: „Tax competition and tax coordination in the European Union", *International Tax and Public Finance* 10, 2003, S. 651–671.

Der Fall Vodafone:
o. V.: „Betriebsprüfung zur Teilwertabschreibung beendet", Pressemitteilung von Vodafone, URL: http://www.vodafone.de/unternehmen/presse/97964_157411.html.
o. V.: „Bis in alle Ewigkeit", in: *Wirtschaftswoche* Nr. 26 vom 17.06.2004, S. 30.
o. V.: „Steuerpolitik Teilwertabschreibungen und der Fall Vodafone", in: *Sparkasse*, Juli 2004, Nr. 07, S. 309.

o. V.: „Stoppt Steuerklau. Stoppt Vodafone. Internationale Steuergerechtigkeit jetzt!", URL: http://attac-nuernberg-fuerth.de/public/fileadmin/Dokumente/Vodafone-Aktion_23.07.2004/Vodafone_Flugblatt.pdf.

Der „Klassiker" der Betriebswirtschaftslehre ist:
Wöhe, Günter: *Einführung in die Allgemeine Betriebswirtschaftslehre*, 23. Aufl., Verlag Franz Vahlen, München 2008.

Die Steuerreform des Gummistiefelkanzlers:
Sigloch, Jochen: „Unternehmenssteuerreform 2001 – Darstellung und ökonomische Analyse", in: *Steuer und Wirtschaft* 2/2000, S. 160–176.
Köstler, Bernd: „Blitzstart ins Reformjahr", in: *Junge Karriere* Nr. 12 vom 01.12.2003, S. 140.
Hermann, Rico A.; Stetter, Thorsten: „Mittelstand: Personengesellschaften sind steuerlich günstiger", in: *ZEW News*, Juli/August 2003, S. 7.

„Ein Gespenst geht um"

Marx, Karl: *Manifest der Kommunistischen Partei*, kann online nachgelesen werden unter:
URL: http://gutenberg.spiegel.de/?id=5&xid=1738&kapitel=1#gb_found [12.01.2010].

Rendezvous mit dem Kapital

Wer trägt die direkten Unternehmenssteuern? Die dort zitierte Quelle lautet:
Desai, Mihir A.; Foley, C. Fritz; Hines, James R.: „Labor and capital shares oft he corporate income tax burden: International evidence", Working Paper, Harvard University, December 2007.

Weitere Ergebnisse finden Sie bei:
Felix, Alison; Hines, James R.: „Corporate taxes and union wages", 14.12.2009, URL: http://www.voxeu.org/index.php?q=node/4363 [12.01.2010] und Quitzau, Jörg: „Wer trägt die Last von Unternehmenssteuern?", *Deutsche Bank Research* Nr. 288, 20.01.2004, URL: http://www.dbresearch.de/PROD/DBR_INTERNET_DE-PROD/PROD0000000000072683.PDF [12.01.2010].

Eine Insel mit zwei Bergen: Ein Ausflug zur Steueroase

Den heiligen Antonius finden Sie hier:
Zander, Hans Conrad: *Antonius für Steuerzahler. Die 14 besten Nothelfer für die moderne Seele*, Gütersloher Verlagshaus, Gütersloh 2009, S. 15–23.

Einen Überblick über prominente Steuerflüchtlinge finden Sie bei

o. V.: „Die Republik-Flüchtlinge. Wer bleibt, wer geht", in: *Manager Magazin* Nr. 12 vom 01.12.2003, S. 116.

Die rechtlichen Hintergründe zur Steuerflucht, Bono Vox, verräterische Bankiers, Bradley Birkenfeld und Beihilfen zur Steuerhinterziehung:

Browning, Lynnley: „Gimme Shelter", in: *Bilanz* Nr. 3 vom 16.02.2007, S. 42–45.

o. V.: „So leicht gründet man eine Stiftung in Liechtenstein", in: *Welt* vom 19.02.2008

URL: http://www.welt.de/welt_print/article1688472/So_leicht_gruendet_ man_eine_Stiftung_in_Liechtenstein.html.

o. V.: „Vaduz vorm Kadi", in: Portfolio international vom 10.11.2009.

Rullkötter, Stefan: „Liechtenstein – Fürsorgliche Belagerung", in: *Euro-Finanzen* Nr. 10 vom 01.10.2008, S. 120–123.

Schönwitz, Daniel: „Schleuser in Nadelstreifen – Wie die Schweiz geknackt wird", in: *Wirtschaftswoche* Nr. 38 vom 15.09.2008, S. 140–145.

Wallner, Anna-Maria; Hetzel, Helmut: „Warum U2 nach Amsterdam flüchtet", in: DiePresse.com vom 03.03.1990, URL: http://diepresse.com/home/leben/ mensch/457529/index.do.

Und hier das U2-Forum: http://www.u2-forum.com/showthread.php?t= 20141&page=3.

Worgulla, Niels; Söffing, Matthias: „Steuerhinterziehungsbekämpfungsgesetz", in: *FR – Finanz-Rundschau* 12/2009, S. 545–555.

Der Philharmoniker:

Neumann, Conny: „Schwarzgeld-Trick: Mit 110.000 Euro legal über die Grenze", Spiegel Online vom 01.07.2009, URL: http://www.spiegel.de/wirtschaft/ 0,1518,633464,00.html.

o. V.: „Wie der Philharmoniker seine Unschuld verlor", in: derStandard.at vom 01.07.2009, URL: http://derstandard.at/1245820547333/Taschenspielertrick-Wie-der-Philharmoniker-seine-Unschuld-verlor.

Zur Selbstanzeige:

Offerhaus, Tom: „Die Selbstanzeige – Der Weg zurück in die Steuerehrlichkeit bei Hinterziehung von Kapitaleinkünften", in: *AssCompact*, Juli 2009, S. 106–107.

Das Interview mit dem Erbprinzen von Liechtenstein:

Harbusch, Nikolaus: „Warum machen Sie Geschäfte mit Verbrechern?", *Bild* fragte den Erbprinzen von Liechtenstein, URL: http://www.bild.de/BILD/ politik/2009/03/23/erbprinz-von-liechtenstein/im-bild-interview.html.

Die OECD und ihr Kampf gegen Steueroasen:

o. V.: „Overview of the OECD's work on countering international tax evasion. A Background Information Brief", Genf, 05.01.2010, URL: http://www.oecd. org/dataoecd/32/45/43757434.pdf.

Die wenig freundlichen Worte der Schweizer über Herrn Steinbrück:

o. V.: „Kritik an der Schweiz: Steinbrück legt nach", in: *SparkassenZeitung*, 20.03.2009, Nr. 12, S. 2

o. V.: „Steinbrück ist der hässliche Deutsche", in: *Tagesspiegel* vom 21.03.2009

Die EU-Richtlinien, Quellensteuer und schwarze Listen:

Bundesfinanzministerium: Mehr Steuergerechtigkeit, EU- Zinsertragsteuerricht-linie tritt am 01. Juli 2005 in Kraft, URL: http://www.bundesfinanzministerium. de/nn_82/DE/Wirtschaft__und__Verwaltung/Steuern/Internationales__ Steuerrecht/003.html.

Flick, Hans; Randt, Carsten: „Die Steueroasen drohen zu versanden", in: *Frank-furter Allgemeine Zeitung* Nr. 82 vom 07.04.2009, S. 23.

Haberer, Stephan: „Die große Trockenheit", in: *Euro am Sonntag* vom Nr. 15 vom 11.04.2009, S. 28–29.

Hecht, Stephen A.; Seevers, Martin H.: „Aufgabe des Bankgeheimnisses berührt deutsche Anleger", in: *Vermögen & Steuern* 6/2009, S. 42–44.

o. V.: „Europäische Zinsbesteuerungsrichtlinie: Ab dem 1. Januar 2010 beginnt der umfassende Informationsaustausch aller EU-Länder", in: *Vermögen & Steu-ern* Heft 1/2010, S. 7.

o. V.: „Steueroasen werden ausgetrocknet", in: *Parlament*, 59. Hg., Nr. 28 (2009), S. 1.

Richtlinie 2003/48/EG des Rates vom 03.06.2003 im Bereich der Besteu-erung von Zinserträgen, in: Amtsblatt der Europäischen Union L 157 vom 26.06.2003.

Richtlinie 2005/60/EG des Europäischen Parlaments und des Rates vom 26.10.2005 zur Verhinderung der Nutzung des Finanzsystems zum Zwecke der Geldwäsche und der Terrorismusfinanzierung, in: Amtsblatt der Europäischen Union vom 25.11.2005.

Schraner, Johannes J.: „Schwache schwarze Listen", in: *Schweizer Bank* Nr. 3 vom März 2009, S. 42.

Das Urteil des Bundesfinanzhofs – wann dürfen Banken den Finanzämtern nach Anforderung Kontodaten ihrer Kunden weiterleiten?

BFH-Urteil vom 09.12.2008 (VII R 47/07).

Das Steuerhinterziehungsbekämpfungsgesetz.

Gesetz zur Bekämpfung der Steuerhinterziehung (Steuerhinterziehungsbe-kämpfungsgesetz) Bundesgesetzblatt Jahrgang 2009 Teil I Nr. 48, ausgegeben zu Bonn am 31.07.2009, URL: http://www.bundesfinanzministerium.de/ nn_4146/DE/BMF__Startseite/Aktuelles/Aktuelle__Gesetze/Gesetze__Ver-ordnungen/040__SteuerhinterziehunsbekG__anl,templateId=raw,property= publicationFile.pdf.

Der deutsche Amnestieversuch:

o. V.: „Gesetz zur Förderung der Steuerehrlichkeit: Bilanz der ‚Steueramnestie'", in: *Monatsbericht des BMF*, September 2005, S. 41–43.

Die deutschen Steuerflüchtlinge und Harald Schmid:

Müller, Leo: „Die geräuschlose Teutonenschwemme. Deutsche Unternehmer stimmen mit den Füssen über das Steuersystem ab", in: *Cash* vom 02.10.2003, S. 6.

o. V.: Harald Schmidt war nicht gerne Steuerflüchtling, in: Netzeitung vom 26.02.2008, URL: http://www.netzeitung.de/entertainment/people/915139. html?Harald_Schmidt_war_nicht_gerne_Steuerfluechtling.

Pellinghausen, Walter: „Neue rote Pässe", in: *Wirtschaftswoche* Nr. 42 vom 13.10.2008, S. 56.

Student, Dietmar; Müller, Henrik: „Die Republik Flüchtlinge: Standortwettbewerb; Standortflucht: Wer bleibt, wer geht – die detaillierten Ergebnisse einer mm-Exklusivstudie", in: *Manager Magazin*, 01.12.2003, Nr. 12, S. 116.

Toller, Andreas: „Der Berg ruft", in: *Wirtschaftswoche* Nr. 46 vom 09.11.2009, S. 106.

Die Lex Horten und die Reaktionen des Gesetzgebers:

Alpers, Lutz: „Wegzugsbesteuerung verstößt gegen EU-Recht", in: *Consultant* 6/2004, S. 30–31.

Europäischer Gerichtshof: Hughes de Lasteyrie du Saillant (Rs. EuGH C-9/02), Urteil vom 11.03.2004, URL: http://curia.europa.eu/jurisp/cgi-bin/gettext. pl?lang=de&num=79959688C19020009&doc=T&ouvert=T&seance= ARRET.

o. V.: Gesetz über steuerliche Begleitmaßnahmen zur Einführung der Europäischen Gesellschaft und zur Änderung weiterer steuerrechtlicher Vorschriften (SEStEG)", Bundesgesetzblatt Jahrgang 2006 Teil I Nr. 57 vom 12.12.2006, URL: http://www.bundesfinanzministerium.de/nn_32866/DE/BMF__ Startseite/Aktuelles/Aktuelle__Gesetze/Gesetze__Verordnungen/011__ SEStEG__anl,templateId=raw,property=publicationFile.pdf.

Pellinghausen, Walter: „Das Glück gefunden", in: *Bilanz* Nr. 21 vom 05.12.2008, S. 106.

Tabak, Schnaps und Sprit

Die Liste der Güter, die mit dem ermäßigten Satz der Umsatzsteuer belastet werden, befindet sich in Anlage 2 zu § 12 Umsatzsteuergesetz.

Zur darauf bezogenen neuesten Rechtsprechung des Bundesfinanzhofs siehe *Der Steuerzahler*, Ausgabe NRW, Januar 2010, S. 10.

Zu den Karussellgeschäften:

Parsche, Rüdiger: „Trotz Erhöhung des Mehrwertsteuersatzes 2007 auf 19 % ging die Ausfallquote auf 9 % zurück und dürfte auch 2008 bei 9 % liegen", in: *ifo Schnelldienst*, 12/2008, S. 55–56.

Sachverständigenrat zur Begutachtung der gesamtwirtschaftlichen Entwicklung: „Die Chance nutzen – Reformen mutig voranbringen", Jahresgutachten 2005/2006.

Schäfers, Manfred: „Kampf dem Karussellgeschäft", in: Frankfurter Allgemeine Zeitung Nr. 7 vom 09.01.2006, S. 11.

Spilcker, Axel: „Die Schwindler-AG", in: Focus Nr. 38/2006, S. 62, URL: http://www.focus.de/politik/deutschland/razzia-die-schwindler-ag_aid_213565.html.

Zu McDonald's geht es hier:
Kurz, Felix: „Futtern für den Fiskus", in: Spiegel 17/2005.

Die Argumente der Gastronomiebranche für sieben Prozent finden Sie unter:
http://www.prosiebenprozent.de

dazu auch
Balz, Matthias: „Zur Wahl des anzuwendenden Mehrwertsteuersatzes im Bereich der Gastronomie", in: ifo Schnelldienst 6/2009, S. 20–21.

Das Wachstumsbeschleunigungsgesetz
Gesetz zur Beschleunigung des Wirtschaftswachstums (Wachstumsbeschleunigungsgesetz) vom 22.12.2009, Bundesgesetzblatt Jahrgang 2009 vom 30.12.2009, URL: http://www.bundesfinanzministerium.de/nn_53848/DE/BMF__Startseite/Aktuelles/Aktuelle__Gesetze/Gesetze__Verordnungen/044__a,property=publicationFile.pdf.

Blut, Schweiß, Konjunktur und die gefährlichste Steuer der Welt

Ein hervorragendes Buch über Keynes und den Keynesianismus (wenn Sie die trockenen VWL-Bücher vermeiden wollen, die Keynes erklären):
Braunberger, Gerald: *Keynes für Jedermann. Die Renaissance des Krisenökonomen*, Frankfurter Allgemeine Buch, Frankfurt am Main 2009.

Den Zimbabwean finden Sie unter
http://www.thezimbabwean.co.uk/
Hülsen, Isabell: „Werbekampagne auf Geldscheinen", in: Spiegel Online vom 03.07.2009, URL: http://www.spiegel.de/panorama/gesellschaft/0,1518,633854,00.html.
o. V.: „Trillion Dollar Campaign from Zimbabwe", Zimbabwean, URL: http://www.thezimbabwean.co.uk/2009062522237/weekday-top-stories/trillion-dollar-campaign-from-zimbabwe.html.

Hier etwas über Seymour Durst:
Oser, Alan S.: „Seymour B. Durst, Real-Estate Developer Who Led Growth on West Side, Dies at 81", in: New York Times vom 20.05.1995, URL: http://www.nytimes.com/1995/05/20/obituaries/seymour-b-durst-real-estate-developer-who-led-growth-on-west-side-dies-at-81.html?pagewanted=1.
Stephey, M. J.: „A Brief History of the Times Square Debt Clock", in: Time vom 14.10.2008, URL: http://www.time.com/time/business/article/0,8599,1850269,00.html.

Die kalte Progression finden Sie hier:

Gottfried, Peter; Witczak, Daniela: „Gesamtwirtschaftliche Auswirkungen der „heimlichen Steuerprogression" und steuerpolitische Handlungsoptionen zur Entlastung von Bürgern und Wirtschaft", IAW-Kurzbericht 1/2008.

Aufräumarbeiten: Was kommt?

Die vermutete Belastung und die Einschätzung einer fairen Steuer finden Sie bei:

Witte, Erich H.; Mölders, Christina; Peytsch, Oliver: „Gerechte Einkommensteuerhöhe: Das Verhältnis von Erwartung, Wunsch und Wirklichkeit", in: *Wirtschaftspsychologie*, Heft 2/2009, S. 90–100.

Zur Vermögensteuer:

Hier betteln Millionäre um höhere Steuern:
http://www.appell-vermoegensabgabe.de/.

Bach, Stefan: „Vermögensbesteuerung in Deutschland: Eine Ausweitung trifft nicht nur Reiche", in: *DIW Wochenbericht* Nr. 30/2009 (76. Jahrgang) vom 22.07.2009, S. 478–486.

Zentrum für europäische Wirtschaftsforschung: „Wiedereinführung der Vermögensteuer schadet dem Standort Deutschland", URL: ftp://ftp.zew.de/pub/zew-docs/gutachten/Vermoegensteuer.pdf.

Zum Aufkommen der Vermögensteuer vgl. Bundesfinanzministerium, URL: http://www.bundesfinanzministerium.de/nn_53848/DE/BMF__Startseite/Service/Downloads/Abt__I/19618__11,property=publicationFile.pdf.

Zur Börsenumsatzsteuer

Bundesregierung: Antwort der Bundesregierung auf die Kleine Anfrage der Abgeordneten Frank Schäffler, Jens Ackermann, Dr. Karl Addicks, weiterer Abgeordneter und der Fraktion der FDP – Drucksache 16/12333 – Einführung einer Börsenumsatzsteuer in Deutschland, Deutscher Bundestag Drucksache 16/12571, 16. Wahlperiode, 03.04.2009.

Habermeier, Karl; Kirilenko, Andrei: „Security transactions taxes and financial markets", *IMF Working Paper* 01/51, May 2001.

Das Aufkommen der deutschen Börsenumsatzsteuer finden Sie beim Bundesministerium der Finanzen, URL: http://www.bundesfinanzministerium.de/nn_53848/DE/BMF__Startseite/Service/Downloads/Abt__I/19617__10, property=publicationFile.pdf.

Das meint Peter Ramsauer zur Reichensteuer:

http://www.peter-ramsauer.de/aktuelles/interviews/334-26quot-3blebensplanung-ohne-zwang-26quot-3b

und das meint Gustav Horn dazu:

o. V.: „Ein riskantes Spiel", in: *Berliner Zeitung* vom 12. November 2005.

und Rudolf Hickel:
o. V.: „Koalitionsvertrag Kritik von allen Seiten", in: *Manager Magazin* vom 13.11.2005, URL: http://www.manager-magazin.de/unternehmen/artikel/ 0,2828,384710,00.html.

Zahltag oder: Wir wollen unser Geld zurück

Welche Aspekte der Steuer stehen auf dem Prüfstand? Das lesen Sie hier:
Bundesfinanzministerium: BMF-Schreiben vom 01.04.2009 (IV A 3 – S 0338/07/10010 – (2009/0158373), URL: http://www.bundesfinanzministerium.de/nn_53848/sid_4A36A35D2A26BC574DC18DE69AFDF405/ DE/BMF__Startseite/Aktuelles/BMF__Schreiben/Veroffentlichungen__ zu__Steuerarten/abgabenordnung/072__a,property=publicationFile.pdf.

Hier resignierte das Finanzamt:
Schäfers, Manfred: „Das Steuerrecht überfordert die Finanzämter", in: *Frankfurter Allgemeine Zeitung* vom 30.11.2009, URL: http://www.faz.net/s/ RubEC1ACFE1EE274C81BCD3621EF555C83C/Doc~EA4B31C78CF 7B44AB8A430FE47CC1B773~ATpl~Ecommon~Scontent.html.

Der Finanzminister zahlt gerne Steuern und denkt über Raubritter nach:
„Ich zahle meine Steuern gerne", Interview mit Wolfgang Schäuble, in: *Frankfurter Allgemeine Sonntagszeitung* vom 27.12.2009, URL http://www.faz.net/s/ Rub0E9EEF84AC1E4A389A8DC6C23161FE44/Doc~E5F32949495DB 4D55AF3F4803225700B1~ATpl~Ecommon~Scontent.html.

Und hier können Sie das Zitat von Caspius nachlesen:
Lehner, Ludwig: *Die steuerliche Plage. Kurioses aus dem Steueralltag*, 2. Aufl., Kiehl Verlag, Ludwigshafen 1984.

Register